Lk⁷/1609

LES SOIRÉES

DE

L'ABBÉ TRANCHANT.

Lk⁷/1609

LES SOIRÉES

DE

L'ABBÉ TRANCHANT,

OU

ENTRETIENS, ANECDOTES ET SOUVENIRS

RELATIFS A L'HISTOIRE DE CAMBRAI;

PAR EUGÈNE BOULY,

Avocat, Membre de la Commission Historique du département du Nord.

CAMBRAI,
Imprimerie de C. CARPENTIER, Grand'Place, 76.
1845

LES SOIRÉES

DE

L'ABBÉ TRANCHANT.

PRÉAMBULE.

Il existait à Cambrai, en 1793, un homme vénérable, un savant chroniqueur, un archéologue distingué, nommé *François-Dominique Tranchant*. Ce vieillard, véritablement ami de son pays, puisqu'il avait employé de longues années de sa vie à en étudier l'histoire, avait été chapelain de Notre-Dame, jusqu'à l'époque des troubles révolutionnaires. En 1791 il avait refusé de prêter serment à la constitution civile du clergé. Il s'était alors confiné dans une humble et obscure retraite où, vû son grand âge, la loi l'autorisait à passer le peu de jours qu'il lui restait à vivre : Pauvre vieillard ! que le martyre attendait, et dont Joseph Lebon, ce grand violateur des lois divines et humaines, devait être le bourreau.

L'abbé Tranchant, alors sexagénaire, était d'un caractère facile et agréable ; des habitudes sérieuses et mélancoliques n'excluaient pas chez lui une douce et naturelle gaîté ; il aimait les arts et ceux qui les cultivent ; artiste lui-même, il peignait admirablement les rubriques. Il avait la mémoire parfaitement fournie ; il contait avec une facilité remarquable.

De pareilles qualités le faisaient rechercher par beaucoup d'honnêtes gens. Mais le bon vieillard s'isolait, le plus qu'il pouvait, de la terre qui ne lui présentait plus que tristes spectacles, que funestes présages. Tout son désir était de se faire oublier. Il ne quittait pas sa retraite et n'y recevait que peu de visites, le soir, à l'heure de la causerie ; consacrant le reste de son temps à ses pieuses méditations et à ses travaux historiques.

Du reste, dans sa vertueuse indulgence, loin de maudire ce siècle qui finissait si mal, il le plaignait sincèrement. Sans rancune, comme sans colère contre le présent, il s'inclinait devant les décrets de la Providence ; homme du passé, il aimait encore les hommes de l'avenir ; et ses meilleurs amis étaient quelques jeunes gens qui recueillaient avidement ses conseils et ses discours.

Souvent le soir, tandis que le vent d'hiver, la rigueur des frimats, la tristesse, l'inquiétude, résultats des événemens de l'époque, retenaient chacun auprès du foyer domestique, les jeunes amis de l'abbé Tranchant venaient secrètement se ranger autour de lui, dans son modeste cabinet. Là, au milieu de ses livres, de ses manuscrits, assis dans un vieux fauteuil de cuir que lui avait laissé le célèbre abbé MUTTE dont il avait été le collaborateur, le chapelain de Notre-Dame racontait à son cercle attentif, des anecdotes piquantes, des faits historiques, ignorés jusque-là. Tantôt il esquissait à grands traits l'histoire dramatique et pittoresque de la cité de Saint-Géry. Tantôt descendant dans les détails, il retraçait la vie des évêques et des comtes du Cambrésis. D'autrefois, il parlait à ses auditeurs des mœurs, des usages, des fêtes naïves de nos pères ; il rapportait les superstitions, les croyances populaires. Il leur communiquait de précieux documens qu'il avait sauvés de l'oubli ; ou bien il leur donnait lecture de quelques pages de ses précieux manuscrits ; des notes curieuses qu'il avait prises sur divers sujets intéressans. D'autres fois encore, il dissertait sur les antiques monumens du pays. Il exhibait des chartes, des diplômes ; il lisait des condamnations judiciaires. Puis il contait les grandes luttes des bourgeois au profit de l'émancipation communale, et il en parlait avec la justesse, avec les vues larges et *libérales* d'un homme qui devançait les temps, et dont la sage prévoyance, la sévère justice faisaient à tous part égale de droits et de liberté.

N'oubliez pas tout ce que je confie à votre mémoire, disait souvent l'abbé Tranchant à son jeune auditoire : un épouvantable naufrage se prépare et bien des souvenirs s'engloutiront avec les hommes qui les possèdent. Ces documens précieux, ces manuscrits anciens que je conserve aujourd'hui, deviendront peut-être la cause de ma perte (1). N'importe, j'aime mieux périr un jour

---

(1) L'abbé Tranchant a été guillotiné, à Cambrai, en 1794, comme coupable d'avoir conservé *des écrits fanatiques*.

avec eux, que de les détruire lâchement. Il me semble que je n'ai pas le droit de jeter au néant tous ces titres de la grande famille. Ce serait renier mon pays; ce serait rougir du passé, de ce passé qui a fait notre gloire et qui, quoiqu'on en dise, nous a valu aussi un peu de bonheur et de liberté. Ayez donc bonne mémoire, car vous serez sans doutes appelé à devenir comme la tradition vivante des notes écrites et des souvenirs du vieillard qui s'en va à la tombe, et dont il se pourrait qu'un jour les bourreaux hâtassent le pas.

Plusieurs des jeunes gens à qui l'abbé Tranchant parlait ainsi, furent frappés de ses conseils et de ses paroles, hélas! trop prophétiques; et pour aider leur mémoire, ils résolurent de prendre des notes à la suite des visites qu'ils lui faisaient. Un bon nombre de ces notes a été fortuitement retrouvé il y a quelques années. Nous les publions aujourd'hui sous le titre de *Soirées de l'abbé Tranchant*.

PREMIÈRE SOIRÉE.

QUELQUES MOTS SUR L'ART CHRÉTIEN. — ANALYSE DE L'HISTOIRE DE CAMBRAI.

Un soir du mois d'octobre 1793, cinq jeunes gens arrivaient exactement et presqu'au même instant chez le vénérable abbé Tranchant. Ils étaient pressés d'assister à la conférence qui allait avoir lieu, car le chapelain de Notre-Dame leur avait promis qu'il leur retracerait succinctement toute la grande et poétique histoire de Cambrai. Ces jeunes gens aimaient leur pays ; pour eux les souvenirs de la patrie avaient un attrait tout particulier ; nul plus que le bon prêtre, n'était digne de leur en parler.

En arrivant, ils trouvèrent l'abbé Tranchant occupé à examiner un christ en ivoire d'une grande beauté. — J'admire, leur dit-il, cette œuvre délicieuse de Joseph Rosset. Elle est datée de 1764. Ce célèbre ivoirier a fait des chefs-d'œuvre, et il est bon de remarquer que c'est l'art chrétien qui a enfanté toutes ces merveilles. Voyez, messieurs, et dites s'il y a un type profane qui présente à l'artiste de pareilles ressources. Considérez cette tête pleine d'expression. Sur cette figure, la souffrance humaine, la majesté divine, les douleurs de l'âme, les espérances du ciel ne sont-elles pas empreintes et visibles à tous les yeux ? Et ce corps, et ces membres crispés par la douleur, conservant encore néanmoins une pureté de formes plus qu'humaine ; et cet abandon du torse que les forces épuisées ne peuvent plus soutenir, et cette grace, cette rondeur de mouvemens jetées adroitement sur tant de douleurs comme un voile qui les laisse pressentir en en cachant le hideux : ne sont-ce pas là des beautés dont on ne retrouve nulle part, hors du christianisme, les sources mystérieuses? Voilà pourtant ce qu'ils ont proscrit! Déplorables aveugles qui ne voient pas qu'en frappant la religion, ils frappent l'art et les artistes ; qu'en desséchant la racine, ils enlèvent la sève à l'arbre tout entier.

Que de poésie, que de verve, dans cette petite merveille ! Eh bien ! elle est condamnée à la destruction, et c'est pour la dérober à la lumière du siècle, qu'un vieillard me l'a apportée ce matin. Bientôt, Messieurs, je vous parlerai plus longuement de l'art et de ses productions ; je vous ferai examiner en détail ces magnifiques bahuts, ce prie-Dieu, ces vases anciens qui meublent mon cabinet. Aujourd'hui j'ai une autre dette à payer : je vous ai promis une esquisse rapide de notre histoire locale, je vais l'essayer. Elle sera comme une charpente sur laquelle vous pourrez adapter par la suite, et à leur place respective, les divers détails du grand édifice dont je n'aurai d'ailleurs occasion d'examiner que certaines parties.

L'homme qui retrace dans son souvenir l'histoire de notre antique cité, voit se déployer devant lui un magnifique spectacle. D'immenses tableaux pleins de poésie, pleins de mouvement; tantôt sombres comme la tempête, tantôt éblouissans comme les feux de l'aurore, se déroulent successivement devant lui. Aux mœurs dures et sauvages de l'enfant du paganisme, succèdent les douces habitudes, les généreux usages du chrétien fervent. Puis vient la chevalerie avec ses tournois et ses fêtes guerrières. Les étendards aux brillantes couleurs s'agitent dans la plaine; le soldat bardé de fer chevauche en compagnie de la pélerine au long rosaire bénit. Puis c'est le bourgeois qui dresse son beffroi, qui sonne l'heure de la liberté et quelquefois de la licence; qui s'émancipe et proclame la *commune*. Puis, que sais-je? Ce sont les savans, les chroniqueurs, les artistes. Et à travers tous ces siècles, au-dessus de tous ces hommes; de la gloire, des misères; des jours heureux, des années de deuil.... un pâle rayon de soleil, une longue nuit sans étoiles. Le sort des cités ressemble beaucoup à celui de l'homme.

Mais ces tableaux majestueux, je ne les étalerai pas à vos regards : cela m'entraînerait trop loin. Il faudrait entrer dans de grands détails; ce n'est pas là mon but. Mieux vaudrait, pour vous, les lire dans le *diffus* Carpentier ou dans le livre de l'abbé Dupont.

J'ai une foule de manuscrits qui traitent de la vie de nos évêques, je n'en ai pas un qui contienne spécialement l'histoire civile de notre cité. Cependant, Messieurs, vous êtes laïcs, vous êtes d'un siècle qui mettra le peuple avant tout; je vais donc vous présenter notre histoire sous un jour nouveau, en la divisant par époques plus en rapport avec la manière dont vous envisagerez un jour les événemens.

Ici l'abbé **Tranchant** se recueillit pendant quelques instans pour fixer ses divisions ; puis il commença son analyse.

ANALYSE DE L'HISTOIRE DE CAMBRAI.

PREMIÈRE ÉPOQUE.

Ce sont les temps obscurs de notre histoire ; ceux qui précèdent la venue de César. Quelques huttes, des carrières, servent d'abri à des habitans grossiers, couverts de peaux de bêtes, vivant de chasse à la manière des Gaulois. Sur le mont qui domine la ville, et qu'on appelera un jour le Mont-des-Bœufs, où plus tard Charles Quint bâtira une formidable citadelle, est un bosquet sombre et épais dans lequel les prêtres d'Odin cachent les mystères de leur religion, et leurs ténébreux sacrifices. Plus bas de vastes marais arrosés par l'Escaut, offrent, dans leurs eaux désertes, un abri à de blanches tribus de cygnes sauvages. Tout dans la contrée a encore un aspect abrupt et vierge. La bourgade porte-t-elle déjà le nom de Cambrai? on l'ignore; l'origine de ce nom n'est point connue. Vient-il du mot *Camera* carrière? vient-il du nom d'un général des Huns appelé *Cambro ?* c'est ce que l'on ne saura jamais. J'ai là sur mes rayons un manuscrit qui dit que la ville de Bavai a eu pour fondateur le roi *Bavo* :

c'est probablement par analogie qu'on a donné pour fondateur à Cambrai le général *Cambro*.

DEUXIÈME ÉPOQUE.

César s'empare de Cambrai et en fait une station romaine, puis bientôt après une de ses principales places fortes. Alors, dit Carpentier, un capitole voisin du château de Selle, un amphithéâtre, des bains, des aquéducs, de vastes souterrains, attestent le passage d'une grande civilisation. Mais la cité subit les chances capricieuses de la fortune. Tantôt au pouvoir des barbares, tantôt au pouvoir des romains, elle finit par tomber aux mains de Clodion qui s'en empare vers l'an 416. Quelques auteurs prétendent que le tombeau de ce royal aventurier est confié aux carrières ignorées qui existent encore sous notre ville. Ce sont là des suppositions toutes gratuites que l'histoire dément plutôt qu'elle ne les confirme. Quoiqu'il en soit, Cambrai redevient encore romaine entre les mains d'Aétius. Mais Clovis paraît et une nouvelle ère s'ouvre pour le peuple cambresien.

TROISIÈME ÉPOQUE.

Clovis a reconnu le Dieu de Clotilde, et par son ordre St-Vaast ramène le christianisme dans nos contrées où Baldéric affirme qu'il avait déjà été en honneur. A la voix de St-Géry, l'un des

successeurs de St Vaast, les bosquets sacrilèges tombent sous la
hache religieuse, le culte d'Odin disparaît entièrement, une
église dédiée à St Médard s'élève sur le Mont des-Bœufs ; Cambrai
est devenue chrétienne. C'est alors le temps des miracles. Il faut
les lire dans Baldéric, nul ne les raconte mieux que lui.

QUATRIÈME ÉPOQUE.

A la fin du IXe siècle, Charles-le-Chauve crée les comtes de
Cambrai en même temps qu'il donne un chef semblable à chaque
province de la Gaule-Belgique. Les comtes sont alors indépen-
dants des évêques jusqu'à ce qu'un jour d'intolérables dissensions
nécessitent la fusion de ces deux dignités en une seule. La ville
prend à cette époque un développement considérable. Vainement
les invasions des Normands viennent-elles détruire le temple de
St-Géry et jeter l'incendie dans la ville ; les ravages se réparent
et Cambrai s'agrandit. Déjà les rois, les empereurs accordent
des privilèges et des immunités à l'église de Cambrai. Les
évêques battent monnaie. Erluin fonde la ville du Cateau (1001).
Des luttes s'établissent entre les seigneurs ou les bourgeois et
le clergé qui, tantôt battant, tantôt battu, soutient péniblement
des droits souvent contestés, quelquefois contestables ; enfin ces
luttes sont en partie conjurées par la translation du comté de
Cambrai en l'an 1007 aux mains de l'évêque Erluin et de ses
successeurs à toujours.

CINQUIÈME ÉPOQUE.

A dater de cette époque, les évêques de Cambrai prennent le titre de comte. Leur puissance s'accroît d'autant ; cependant les chatelains de Cambrai leur font rude guerre. Puis viennent les bourgeois qui, au bruit du tocsin, proclament la commune; finissent par faire amende honorable, pour s'émanciper de nouveau jusqu'à ce que l'empereur d'Allemagne les remette encore sous sa puissance suzeraine.

Mais les bourgeois ne se tiennent pas éternellement pour battus, ils se réveillent un jour et proclament de nouveau leurs libertés municipales. Nouvelle intervention du suzerain allemand qui cette fois fait abattre le beffroi. Ce terrible mythe des libertés populaires tombe sous la pioche du despote. Réduits à merci en 1210, ils se retrouvent en possession de tous leurs privilèges 4 ans après. Mais la fortune capricieuse et changeante les abandonne encore.

Que dire enfin ? l'esprit du peuple s'anime, des excès se commettent : guerre à l'église, guerre aux châteaux ; vengeances, représailles, injures, expiations : telle est l'histoire de toutes ces grandes luttes, dans lesquelles un peuple enfant qui devient homme, cherche à secouer ses entraves, et à renverser les puissans tuteurs qui le retiennent encore en dépendance.

Cependant Louis XI s'empare de la ville ; ses préposés y commettent d'abominables exactions ; quelques temps après, un impôt devient l'objet de dissentions scandaleuses entre les échevins et le clergé. Les foudres sacrées grondent sur la ville, l'excommunication plane sur le bourgeois insurgé qui brave la colère de son ennemi.

Enfin une capitulation intervient et la paix se rétablit pour quelque temps.

SIXIÈME ÉPOQUE.

Jacques de Croy, monte au siège épiscopal, en 1503 ; et en 1510, des lettres impériales érigent le comté de Cambrai en duché, les évêques portent désormais le titre de *duc de Cambrai et comte du Cambresis*. Ces lettres impériales étaient naguères encore aux archives de la métropole ; la république s'en est emparée, j'ignore ce qu'elle en a fait.

A cette époque, le collége de Cambrai fondé depuis longtemps déjà, sous le titre *des bons enfans*, est confié successivement à différens ordres religieux.

Des fléaux frappent la ville.

Charles-Quint et François Ier, qui se font la guerre dans le pays, accordent aux cambresiens des lettres de neutralité ; à quelque temps de là se conclut dans nos murs la fameuse paix des dames. Le roi de France vient à Cambrai. Bientôt après c'est le tour de Charles-Quint.

SEPTIÈME ÉPOQUE.

Etablissement de la domination espagnole. Charles-Quint érige la citadelle au lieu même où était le vieux et historique monastère de St-Géry. La chanson du soldat y remplace le saint cantique du moine.

L'évêque Robert de Croy crée la plus belle compagnie bourgeoise de la cité : *les canonniers de la couleuvrine* ; il en devient *le roi* ou capitaine.

Des fléaux : la peste, la famine, la guerre de la part des français, ravagent le pays. Cambrai est en veine de malheurs. On fortifie la ville, tout cela nécessite de dures et longues corvées, trois mille ouvriers y travaillent chaque jour : le clergé, la noblesse, tous doivent payer de leur personne. L'hérésie de Luther, vient compliquer cette série de calamités.

Enfin une trève de cinq ans, conclue entre l'empereur et le roi de France, en l'abbaye de Vaucelles, met un terme aux horreurs de la guerre.

HUITIÈME ÉPOQUE.

En 1559, le siège de Cambrai est érigé en archevêché. Bientôt de nouvelles luttes s'engagent entre les puissances espagnole et française. Un coup de main, une trahison met la ville au pouvoir du baron d'Inchy, qui y exerce force déprédations; qui, pour se maintenir, détruit des monastères et des maisons bourgeoises. Le duc d'Alençon survient et s'empare de Cambrai. Ce prince, pour remplacer le traitre d'Inchy, donne le gouvernement de la citadelle à un autre traitre, Mont-Luc de Balagny qui ne tarde pas à se vouer à Henri IV. Balagny devient odieux au peuple cambresien. Sa femme, l'intrépide Rénée d'Amboise, acquiert une trop triste célébrité. Siège de la ville par les Espagnols, les bourgeois ouvrent leurs portes à l'Espagne (1595).

NEUVIÈME ÉPOQUE.

Retour de la domination espagnole. Depuis longtemps s'écroule le grand édifice de la nationalité cambresienne. Chaque jour la ville libre perd une de ses franchises. Chaque jour un anneau de plus est ajouté à ses chaînes. Le peuple cambresien est en pleine décadence. L'Espagnol se fortifie. Des modifications sont apportées dans les états-généraux. Je reviendrai un autre jour sur ce sujet.

Plusieurs ordres religieux s'introduisent à Cambrai. L'immortel et bienfaisant Vanderburch, dont je vous parlerai aussi plus longuement, monte au siège archiépiscopal. Il fonde l'institution de Notre-Dame (Ste-Agnès), qui servira un jour de modèle à celle de St-Cyr fondée par le grand roi; bientôt après, l'école dominicale, l'église des Jésuites et autres bienfaisans établissemens, doivent le jour au même prélat. Le magnifique tableau de Rubens arrive à Cambrai ; les œuvres des frères Marsy s'y montrent également. Le beau St-Sébastien qui ornait un pilier de la métropole est un de leurs ouvrages.

Cependant la guerre se rallume entre la France et l'Espagne. Le pays de Cambresis souffre horriblement des courses des gens de guerre. Honnecourt est démentelé, les villages de Crèvecœur et de Lesdain sont ruinés de fond en comble. L'armée française s'empare du Cateau ; l'abbaye de Vaucelles devient une hôtellerie d'état-major français. Le comte d'Harcourt assiège Cambrai en 1649 ; mais il ne peut s'en emparer. Plus tard, le grand Turenne n'est pas plus heureux.

DIXIÈME ÉPOQUE.

Enfin Louis XIV qui sait prendre des villes, arrive devant Cambrai, et Cambrai devient cité de France (5 avril 1677); le drapeau blanc flotte sur ses tourelles ; la gloire, l'honneur, la chevalerie, y reprennent droit de bourgeoisie. C'est alors qu'arrive l'immortel Fénelon, dont le livre le plus vanté de notre temps, n'est pas celui dont un archevêque ait le plus à se vanter. Le parlement de Tournay est transféré à Cambrai (1709), où il tint ses séances jusqu'en 1714, il est alors établi à Douai. Nous parlerons amplement une autre fois des événemens petits et grands qui ont signalé ce siècle qui s'achève. J'ai sur ce sujet des manuscrits, des mémoriaux intéressants dont je vous donnerai communication.

Telle a été, messieurs, l'existence agitée de cette grande famille plus de vingt fois séculaire. Les malheurs du passé ne préservent pas de ceux de l'avenir, nous ne l'éprouvons que trop hélas ! puisse la tempête qui gronde aujourd'hui ne pas amener plus de ruines, que les siècles passés n'en ont fait tous ensemble.

———

Quand l'abbé Tranchant eut achevé de tracer verbalement cette espèce de tableau synoptique de l'histoire cambresienne, il causa quelques instans familièrement avec ses jeunes amis, et les engagea à revenir le voir le surlendemain ; c'était pour eux une bonne fortune qu'ils acceptèrent avec plaisir.

———

DEUXIÈME SOIRÉE.

SUR LES ANCIENS ÉCHEVINS ET SUR LA COMMUNE.

— Quels sont ces cris, ces bruits tumultueux qui arrivent jusqu'ici? dit l'abbé Tranchant aux jeunes gens qui entraient dans son cabinet.

— Ce sont, répondit Charles de R..., les voix d'une poignée d'insensés qui courent par la ville en chantant d'atroces couplets, en proférant des imprécations contre tout ce qui est grand, noble et vertueux. Ils jettent des pierres dans les vitres des églises; ils brisent les ciselures, les sculptures élégantes des niches gothiques qui ornaient la ville pieuse.

— Et l'autorité reste impassible, ajouta Henri de V...; elle n'ose réprimer ces dangereux excès.

— Pauvre peuple de Cambrai, dit le prêtre, que de malheurs on te prépare!

— Les officiers municipaux sont bien coupables, reprit Charles de R...; complicité, ou faiblesse, leur inaction sera fatale. Aussi quels hommes! quelle pitié! quelle honte! On parle de liberté, nous sommes sous le despotisme de l'absurde. Cela n'est-il pas le résultat forcé des élections populaires?

— Vous généralisez trop votre proposition, dit l'abbé Tranchant. De toutes les bonnes choses on peut faire abus. Le bien ou le mal qui en résulte, dépend de la manière dont on les met en œuvre. Cette loi, si mal appliquée aujourd'hui, est fondée sur un principe de haute justice: *Tous doivent élire celui à qui tous doivent obéir*. Cette idée-là n'est pas nouvelle, et le génie de notre révolution n'a pas le droit de s'en dire l'inventeur. Un prêtre la proclamait dans Cambrai, il y a neuf siècles, non pas à propos d'une municipalité, mais ce qui est bien plus digne de remarque, à propos de l'élection d'un évêque. Je vais vous donner lecture d'une lettre écrite par Hincmar, archevêque de Rheims, à Hennedulphe de Laon, pour l'élection d'un nouvel évêque de Cambrai(1), après la mort de Jean. Cette lettre est un modèle de sagesse et de prudence administrative.

Lettre d'Hincmar, archevêque de Rheims, relative à l'élection d'un évêque de Cambrai (sous Charles-le-Gros).

« Vous vous rendrez, dit-il, au plutôt à cette église, et vous
» exhorterez publiquement le peuple d'élire sans passion, et d'un

---

(1) Rotrad, mort en 886.

« commun consentement, un évêque qui puisse être trouvé digne
» d'un si grand ministère, et en qui il n'y aura aucune irrégula-
» rité. Je vous envoie le formulaire de l'élection, que vous ferez
» lire publiquement, afin que personne ne prétende cause d'igno-
» rance. L'élection ne doit pas être faite seulement par le clergé
» de la ville ; tous les monastères du diocèse et tous les curés de
» la campagne doivent y envoyer des députés porteurs de leurs
» suffrages unanimes. *Les laïcs nobles et les citoyens y seront
» aussi présents*, CAR TOUS DOIVENT ÉLIRE CELUI A QUI TOUS DOI-
» VENT OBÉIR. S'ils s'accordent à choisir une personne capable, fai-
» tes-leur faire un décret qui sera *souscrit de chacun*, et quand
» je le leur manderai, ils m'enverront l'élu avec le *décret d'élec-
» tion* et des députés en assez grand nombre pour lui rendre
» témoignage *au nom de tous*. »

Voici une autre lettre non moins curieuse. C'est celle que Hincmar écrivait en même temps au clergé et au peuple de Cambrai.

« Votre père et votre pasteur Jean, étant décédé, il est néces-
» saire qu'après avoir fait des processions, des jeûnes, vous vous
» assembliez pour vous choisir un pasteur selon les règles de
» l'église.

» L'élection étant faite, vous en ferez un décret en présence
» de l'évêque visiteur, que *vous signerez tous*. »

N'est-ce pas là une admirable application du principe d'élection
dont on fait tant de bruit aujourd'hui ?

Je pense donc qu'une loi sage d'élection, prudemment appliquée, serait une chose excellente en elle-même. Mais hélas! je vous le répète : L'abus se glisse souvent dans l'usage ; et d'ailleurs la volonté du peuple ne saurait suffire au maintien des institutions. Un autre appui leur est nécessaire.

— Quel est cet appui?

— Dieu !... Voyez comme tout est matériel et brutal aujourd'hui. Le Seigneur s'est retiré de nous. Les prestiges ont disparu, et avec eux l'influence de l'autorité. L'autorité qui ne s'élève pas en s'approchant du ciel, rampe terre à terre parmi les hommes qui l'ont faite.

Ainsi pour ne parler que des officiers municipaux dont il était question tout-à-l'heure, leur charge ne se trouve-t-elle pas déconsidérée? Il n'en pouvait être autrement. Voilà des hommes sortis hier de l'urne populaire, qui ont fait une ombre de serment à une république qui n'a pas foi en elle-même ; qui ont jeté autour de leur frac bourgeois une ceinture municipale, et qui croient pouvoir dire : Nous sommes des magistrats. Rien de majestueux, rien de respectable, rien de religieux n'a consacré leur office. Ils restent l'œuvre d'un scrutin, peut-être même d'une seule voix que l'intrigue et la passion ont pu jeter dans la balance.

Combien différaient de ceux-là, nos anciens échevins dont l'installation était une sainte et solennelle consécration. A peine étaient-ils nommés, une sorte d'auréole se formait autour d'eux ; ils échappaient, pour ainsi dire, au pouvoir qui les avait créés : et leur charge belle, honorable et honorée, prenait possession d'eux, plutôt qu'ils ne prenaient possession de leur charge.

Lorsque le peuple, au son joyeux du carillon, à la voix grave et solennelle de la cloche du beffroi, se rendait à la maison de ville pour voir et accueillir ses nouveaux magistrats, il était pris d'un saint respect à la vue de ces hommes d'élite, revêtus de de leurs grandes robes, ornés de longs rabats de dentelle blanche et sans tâche. Les échevins arrivaient avec dignité, pénétraient dans l'hôtel commun de la cité et là recevaient une sorte d'investiture. Lecture faite des commissions, chacun des magistrats allait s'agenouiller devant un prie-Dieu couvert de velours, et sur les saints évangiles qui y étaient déposés, en présence de l'image du Sauveur, maintenant méprisée et proscrite, ces pairs du peuple prononçaient le serment de vivre et de mourir dans la religion catholique et romaine, de la défendre au besoin : d'être fidèle au roi de France, au duc de Cambrai ; de bien et dûment exercer leurs offices pour le service du roi et pour *le bien et soulagement de ses vassaux et sujets.*

Une messe solennelle s'en suivait. L'esprit saint était invoqué : le peuple priait pour ses échevins et le grand pacte d'amour, de respect, de dévouement et de zèle, était accompli entre la cité et ses premiers magistrats.

Comment ne s'en serait-il pas suivi un échange continuel et loyal de sollicitude et de reconnaissance, de justice et de vénération ?

Aujourd'hui nos édiles procèdent plus simplement. Une majorité illusoire les proclame, la force brutale les consacre. Aussi le peuple qui les exaltait hier, leur jettera de la boue demain.

— Puisque nous voilà sur ce sujet, dit Henry, voulez-vous bien nous donner quelques enseignemens sur le corps ancien des échevins et sur les vieilles libertés municipales dont vous nous avez dit que nos pères étaient si avides ?

— Je le ferai, avec d'autant plus de plaisir, que j'ai, sur ce sujet, des documens précieux, bien que l'histoire de la commune soit, pour ce qui regarde Cambrai, très obscure et très succincte.

Nos entretiens n'étant astreints à aucun ordre de matières, et de dates ; notre discours ayant l'allure franche et vagabonde d'une conversation intime, nous n'aurons jamais à remettre à un autre jour, les sujets qu'il nous plaira de traiter immédiatement.

J'ai, entre autres notes curieuses, une liste complète des échevins de Cambrai : depuis l'année 1595 jusqu'en 1773. Que de familles honorables de notre ville seraient, à juste titre, fières de retrouver dans cette liste les noms révérés de leurs ancêtres ! Aujourd'hui l'on fait fi des généalogies ; mais croyez-moi ; le temps viendra où l'amour de la famille, où le culte des souvenirs reprendront faveur. La nouvelle société se rattachera avec ardeur à l'ancienne ; et il ne serait pas impossible qu'après avoir décrié des titres et une antiquité de race qu'ils n'avaient pas, des parvenus d'un jour, sans nom, sans noblesse, sans souvenirs, finissent par se fabriquer quelque chose qu'ils croiront être de la gloire de famille.

Revenons à nos anciens échevins. Avec eux je suis plus à l'aise; vous pardonnerez ce sentiment à la faiblesse du vieillard ; j'aime mieux les vieux jours que les nouveaux. Je m'y plais davantage. Il faut bien l'avouer : cette belle année 1793 s'est gouvernée de manière à justifier ma préférence.

L'orgueil, ce premier péché de l'homme, a été de tous les temps, de tous les lieux. L'amour de la liberté auquel l'orgueil n'est peut-être pas si étranger qu'on pourrait le croire d'abord, fermente sans cesse dans nos cœurs. Dans toutes les conditions de la vie, dans tous les degrés de l'intelligence, l'homme sent en lui quelque chose qui se révolte contre l'asservissement, quelque chose qui le pousse à l'émancipation. Prudent et sage, ou faible et incapable, il consent à s'astreindre aux nécessités de l'ordre et des temps. Jeté par quelque cause fortuite hors des voies de la sagesse, ou bien devenu plus fort et plus mûr, il se laisse emporter au courant de ses instincts ; il secoue les chaînes, brise les entraves qu'il s'était données lui-même. S'il est digne de la liberté qu'il a conquise, Dieu l'en laisse jouir suivant son droit ; s'il ne la mérite pas, Dieu le replonge bientôt dans l'asservissement des usages ou des hommes.

Telle est l'histoire des communes en général, et particulièrement de la commune de Cambrai. Je n'ai pas l'intention de vous parler longuement de cette commune cambresienne. On y serait peut-être fort embarrassé faute de documens ; mais je vous en dirai quelques mots parceque cela se rattache à la question des échevins qui n'étaient à proprement parler que des officiers municipaux.

Or qu'est-ce qu'une commune ?

Originairement, antérieurement même aux monarchies, « c'était un corps d'habitans réunis pour vivre en société sous des lois communes. » Mais ce n'est pas là ce que l'on entend ordinairement par commune. Ce mot signifie : « les corps municipaux qui s'établirent en France pour garantir de l'oppression les habitans des villes, soit que ces corps se soient formés d'abord des confédérations tumultuaires autorisées par le souverain ; soit qu'ils aient été établis à l'imitation de ces mêmes confédérations en vertu de concessions authentiques, préalablement obtenues. »

Les Cambrésiens dont le caractère n'était pas fait pour l'esclavage, ont toujours été à la poursuite de leurs libertés et de leurs franchises. Cette population faible, mais pleine de cœur qui tomba alternativement et plusieurs fois sous la domination de divers princes, qui souffrit presque toujours de ces changemens de destinées, n'eut jamais le loisir de se familiariser avec ses maîtres, n'eut pas un de ces grands vices qui entraînent les peuples dans l'impassibilité. Dès lors, vous comprendrez aisément qu'elle se soit toujours montrée inquiète et mécontente ; qu'elle ait été constamment portée à l'insurrection. Si vous ajoutez à ces causes les exigences parfois exagérées des comtes, des ducs de Cambrai ; celles d'un chapitre métropolitain jaloux de ses prérogatives et de son influence, vous ne vous étonnerez pas qu'elle ait employé tous ses efforts à se donner des chefs dévoués, des protecteurs naturels. De là les diverses tentatives faites dans ce but.

Du reste, nous ne connaissons guère l'histoire de ces velléités d'indépendance que par les actes qui les ont réprimées. Pauvre peuple de Cambrai, plus célèbre en cela par ses défaites que par ses victoires!

Jetons donc un coup-d'œil rapide sur la longue existence du peuple cambrésien, et cherchons au travers de tous ces siècles, les traces de l'émancipation populaire.

D'abord dans l'enfance de la bourgade, rien qui puisse ressembler à la municipalité, telle quelle est de nos jours. La petite tribu demi-sauvage, avait tout au plus un chef guerrier à l'encontre de ses prêtres.

Bientôt arrivent les Romains. Le pays conquis n'a certainement pas la faculté de se donner des édiles. L'administration est celle qui gouverne le pays des Nerviens. Plus tard, la domination franque succède à la tyrannie romaine... Quelques années après, Aëtius revient avec ses légions guerrières. Dans tout cela, rien encore qui permette de penser à des essais d'affranchissement. Je ne parle pas de la commune proprement dite, qui ne se forma en France que plus d'un siècle après le commencement de la troisième race de nos rois.

Clovis paraît, et par l'ordre du fier Sycambre, le christianisme se réveille dans nos contrées, et à la suite de ce grand émancipateur des consciences et des peuples, les idées d'affranchissement viendront un jour. Mais le mouvement ne s'improvise pas; le germe doit se former, fermenter et mûrir. Alors nous verrons ce peuple si long-temps soumis, lever la tête et se raidir pour la première fois contre le joug de ses évêques, des ministres même de cet évangile qui lui a fait connaître ses droits et sa dignité.

Enfin, en 956 ou 957, les Cambrésiens, nous dit l'histoire, mécontens des exactions et des procédés tyranniques de Bérangaire, s'insurgent contre son autorité ; et pendant une absence du prélat, le déclarent déchu du siége épiscopal.

Bérangaire informé de ce qui se passe, s'empresse de revenir escorté de façon à ne pas trouver les portes fermées. Mais un laps de temps s'écoule entre la déchéance prononcée par les habitans de Cambrai et le retour de l'évêque. Il ne résulte pas nécessairement de ce fait que quelque chose d'analogue à la commune ait été établi ; cependant, selon toute apparence, la première chose à faire de la part des insurgés, après avoir proclamé le bannissement de l'évêque, était de constituer un mode d'administration qui les préservât des abus qu'ils avaient voulu supprimer. Or les municipalités n'ont pas eu d'autre but. Le comte de Cambrai, il est vrai, aurait pu intervenir : mais le silence complet que gardent les chroniques à l'égard de ce dignitaire, me fait supposer qu'il n'avait dans les affaires administratives qu'une très minime influence. Ainsi donc, sans qu'il soit possible d'affirmer qu'à cette époque une administration communale ait été établie à Cambrai, il est du moins utile de faire remarquer que le fait n'est pas impossible.

L'esprit d'émancipation ne quitte pas nos pères ; un fait, tout semblable à celui que je viens de vous rapporter, se passe à l'égard de Gérard II, pendant un voyage entrepris par l'évêque (1073) (1), les Cambrésiens profitant de son absence, « établissent et jurent une commune qu'ils désiraient depuis longtemps. » J'ignore quels furent les termes exprès de cette commune, mais elle fut basée sur les principes ordinaires de ces institutions, à savoir : le gouvernement des bourgeois et la distribution de la justice par eux-mêmes. Ce ne fut, d'ailleurs, encore là qu'une institution de quelques jours.

A la fin du XIe siècle, la commune reparaît sous l'épiscopat de Gaucher, qui, dans des circonstances difficiles, se concilie les bourgeois en leur accordant ces privilèges. Mais comme toujours, la commune dure peu, et l'empereur d'Allemagne la supprime de son autorité.

J'ai là dans mes cartons une collection de pièces émanées de l'empire d'Allemagne.

En voici une de 1182, par laquelle l'empereur Frédéric détruit et annulle la commune que les bourgeois avaient érigée, comme contraire aux droits des empereurs et dérogeant aux dignités des évêques.

En voici une autre, en date de 1210, par laquelle, entre autres dispositions, Othon IV annulle tous les privilèges accordés aux habitans, les prive de la juridiction qu'ils s'étaient arrogée sous

---

(1) Cette date est indiquée dans un manuscrit précieux intitulé : *les noms, vies et armoiries des évêques de Cambrai*, attribué à Jean du Chastiel.

le nom de *paix*, et donne à l'évêque la faculté d'établir les prévôts et échevins à son gré.

Voici d'autres lettres de 1226, par lesquelles l'empereur Frédéric II, casse et annulle les priviléges des bourgeois, et leur défend de se servir de leur cloche pour s'assembler.

Un décret impérial de la même année qui ordonne que le beffroi que les habitans avaient élevé, sera détruit; et qui veut encore que la commune qu'ils appellent du nom de *paix* soit entièrement supprimée.

— Qu'était-ce donc, demanda Charles de R..., que la *paix* dont il vient d'être deux fois question?

— Vous l'avez entendu : c'est une espèce de commune.

Voici ce qu'en dit l'historien Carpentier : « Il y avait un grand nombre de jurés, que l'on nommait vulgairement communauté ou *sénat de paix*, qui s'assemblaient journellement dans la maison de ville, qu'ils appelaient la *Maison du Jugement*, pour travailler au bien public.

» Ces jurés, au nombre de 80, étaient pour l'ordinaire gens nobles ou de grands moyens. Ils étaient obligés d'entretenir un cheval de selle et un varlet pour être plus prompts et habiles à l'exécution de la justice et pour tant mieux faire les visites, enquêtes et autres fonctions de leurs charges. »

Ce nom de *paix* venait, sans doute, de ce que les jurés étaient chargés de faire observer la *paix de Dieu*, c'est-à-dire le temps pendant lequel on devait être à l'abri de toute hostilité.

C'est vers cette époque qu'arrive le profond et judicieux évêque Godefroy qui, de concert avec l'empereur d'Allemagne, (1) donne à la ville de Cambrai une loi connue sous le nom de loi Godefroy (1227). C'est une admirable constitution en même temps qu'un code tout entier pour le pays de Cambrésis.

Cette loi institue par son article 1er, deux prévots et quatorze échevins à la nomination de l'évêque, pour exercer pendant un an, dit la loi; révocables néanmoins à la volonté du comte de Cambrai; ou pouvant au contraire être conservés au delà de l'année suivant le besoin. Les échevins doivent être *choisis parmi les citoyens de Cambrai*, ils doivent être discrets et de bon conseil.

L'article 2e de la loi fixe la formule de leur serment. Ils jureront de garder les droits et les franchises de l'Eglise ; la personne et les biens de l'évêque en tant que leur seigneur, ainsi que ceux du chapitre. La loi veut de plus qu'ils protègent les intérêts de la cité.

---

(1) L'état de Cambrai était soumis aux lois générales des diètes de l'empire ; il ressortissait au tribunal de la chambre impériale; il était de plus, comme membre du corps germanique, tenu de toutes les contributions nécessaires pour la défense commune, et astreint à tous les réglemens des diètes qui concernaient l'administration.

(Discussion sommaire des droits de l'archevêché de Cambrai. Page 32.)

L'article 3e les établit juges de la cité.

— Mais le serment, dit Henry, semble formulé au profit de l'évêque, plutôt qu'au profit des citoyens.

— Je répondrai à cela que les échevins étant et ne pouvant être choisis que parmi les citoyens, présentaient déjà et par leur nature de grandes garanties aux habitans, puisqu'ils étaient les hommes de la cité. Mais il y a plus : La loi Godefroy, art. 5, impose le serment à l'archevêque et au chapitre en termes tout différens : « Ils jureront de garder les personnes et les biens des citoyens de Cambrai, la loi écrite, les usages et les maniemens de la cité de Cambrai. » Vous le voyez, Messieurs : sermens réciproques. On ne peut pas plus de justice.

J'ajouterai à cela une preuve que les échevins n'étaient pas à la dévotion de l'évêque bien qu'ils fussent nommés par lui ; elle se trouve dans une *transaction* passée entre l'évêque et les échevins en 1354. Cette transaction se désigne sous le nom d'*Appointement de Wallerand de Luxembourg*. (1)

Elle commence en ces termes : « Comme plusieurs discors et dissentions fussent mus et doubtés à mouvoir entre nous évêque, d'une part, et nous eschievins, quatre-hommes habitans et citoyens, d'autre part, sur plusieurs articles, etc. »

---

(1) Ainsi nommé parce que Wallerand de Luxembourg, seigneur de Ligny, avait été l'arbitre entre les deux parties.

Cette formule prouve bien que les échevins et quatre hommes étaient exclusivement du parti des bourgeois. Or, il ne s'agissait de rien moins que de s'emparer, au profit de la ville, de tous les wareschaix, places et chemins de la cité; de construire un *maisiel commun*, ou boucherie commune, au milieu du marché, peut-être d'y construire une tour, d'y avoir un tocsin, etc. Toutes choses que l'évêque ne pouvait voir de bon œil. Preuve évidente de l'indépendance des échevins.

La loi Godefroy, cette belle constitution, régit long-temps nos pères; nous voyons les empereurs la confirmer par des diplômes. Mais les bourgeois n'en sont pas moins très turbulens. Et sans nous en expliquer la cause, l'histoire nous signale en 1275 un mouvement d'émancipation qui soulève le peuple contre l'évêque. Alors encore s'établit une commune qui n'a pas plus de durée que ses sœurs aînées, enfans de l'insurrection. Un arrangement intervient, et tout rentre dans l'ordre.

Nous voyons, du reste, de pareilles luttes se renouveler plusieurs fois par la suite, tantôt à-propos d'assises (impôts), tantôt à-propos de juridiction.

Enfin les difficultés s'applanissent, les procédés du peuple deviennent plus parlementaires. L'érection du comté de Cambrai en duché, donne plus d'autorité à l'évêque. Il faut le dire aussi : la vertu, la justice des prélats qui occupent le siége, ne laissent pas la moindre prise à ces convulsions politiques que l'irritation seule excite.

Vous apprendrez, sans doute, avec intérêt en quels termes se faisait la nomination des magistrats. Voici un acte de renouvellement émané de Maximilien de Berghes, année 1559.

« Maximilien de Berghes, par la grâce de Dieu, évesque et duc de Cambrai, prince du Saint-Empire, comte de Cambresis, etc., à nos tres chiers et bien amés les presvost et eschevins de notre cité et duché de Cambrai ; salut et dilection. Sçavoir faisons, que pour le bon rapport que fait nous a esté, des personnes de MM. Jean Blocqueau, Augustin Haghelère, licentiez ès droitz, Jaques du Merchie, sieur de Nourent, Antoine Formye, escuyers, Antoine Laude, Roland de Bauvay et Guillaume Leclerc, bourgeois et manans de notre dite cité et duché ; ensemble de leurs bons sens, leaultez et preudhommie (loyauté et prudence), les avons de notre propre mouvement et certayne science, faits, créés, constitués, et establys, faisons, créons, constituons et établissons eschevins d'icelle notre cité et duché, aux lieux de MM. Adrien de Hennyn, etc. . . . . lesquels, par cestes, déportons de l'etat d'Eschevinaige, en les remerchians du bon debvoir et service qu'ils avaient fait en iceluy estat. En donnant aux ditz eschevins par nous présentement faits, créez, etc., plein pouvoir authorité et mandement général, espécial, de avec nos autres eschevins (1) illecq par ci-devant par nous commis et constitués (lesquels en iceluy estat, avons continué et continuons par ces présentes), faire droict, loy et justice à tous ceux et celles

---

(1) On sait que le magistrat se renouvelait ordinairement par moitié.

qu'ilz en requereront, et en général et en particulier, faire, dire et exercer tout ce que à bon et leaulx eschevins, il appartient de faire. Sy vous mandons et commandons que, en recepvant les dits MM. Jean Bloqueau, Augustin Haghelêre, Jacques du Merchie, Antoine Formye, Antoine Laude, Roland de Bauvay, et Guillaume Leclercq, nos eschevins, et de chascun d'eulx en notre nom, le serment accoustumé, les recogniez et admettiez, au dit état d'eschevinaige, aux honneurs, prérogatives, prouffitz et émolumens y appartenans et accoustumés, car ainsi plaît-il.

Donné à Bruxelles, soulz nostre scel, le pénultième jour de janvier 1559, style de Cambray. »

En 1595, lors du retour de la domination espagnole, les échevins de Cambrai traîtèrent avec le comte de Fuentes. L'archevêque, Louis de Berlaymont était en fuite. *Dans le fait* ils ne relevaient plus que d'eux-mêmes ; *dans le droit* ils manquèrent à la justice en oubliant dans leur traité toutes les prérogatives de l'archevêque. Louis de Berlaymont réclama auprès de l'empereur, mais la mort l'enleva avant qu'aucune solution eût été donnée à la question importante qui s'élevait alors.

Le roi d'Espagne prit donc en 1595, ou, si l'on veut, reçut des bourgeois le droit d'instituer et de destituer le magistrat, retenant à lui et à ses successeurs la souveraineté et la seigneurie du duché de Cambrai.

Le roi de France, en 1677, en s'emparant de Cambrai, et réunissant cette ville à la France, s'en assura en même temps le haut gouvernement.

Le roi Louis XV, par lettres patentes du 13 septembre 1766, accorde aux sollicitations pressantes de M. de Choiseul, archevêque de Cambrai, la nomination de la moitié des échevins.

Enfin, un arrêt du conseil du roi, du 3 avril 1773, dispose que le magistrat de Cambrai ne sera plus composé que d'un prévôt, de deux conseillers pensionnaires, de *douze echevins*, d'un procureur syndic, de deux greffiers, d'un trésorier et de deux collecteurs. Lesdits échevins devront être nommés savoir : moitié par le roi, moitié par l'archevêque, pour six années seulement en telle sorte qu'il en soit renouvelé quatre tous les deux ans.

Quatre-vingt-neuf nous a amené ce qui est aujourd'hui, les nominations ne se font plus à la cour, elle se font à la taverne.

J'allais oublier de vous dire que sous le règne de Louis XV, sept charges d'échevins avaient été rendues vénales ; le gouvernement battait monnaie de tous ses pouvoirs. Comme elles réunissaient les fonctions d'administrateurs et de juges, comme elles emportaient avec elles des émolumens, il fut facile de trouver des acheteurs. Mais les échevins et les bourgeois comprirent que cette vénalité nuisait à la dignité de ces charges, ils en proposèrent le *rachat* au roi, et un arrêt du conseil, en date du 23 novembre 1751, fit droit à cette juste réclamation.

La juridiction des échevins ne s'étendait pas sur toute la ville. Il y avait des restrictions en faveur des chapitres qui avaient aussi dans certaines limites quelques droits de justice.

— Pourriez-vous, M. l'abbé, dit un des jeunes gens, nous faire connaître exactement tout le formulaire de la nomination des échevins?

— Rien de plus aisé. Voici dans ce carton les copies d'un grand nombre de pièces relatives à ce sujet. Celles qui me tombent sous la main, concernent le magistrat de 1773.

« De par le roy,

» Louis-Gabriel Taboureau, chevalier, seigneur des Réaux, conseiller du roy en ses conseils, maître des requêtes ordinaires de son hôtel, intendant de justice, police et finances de la province du Hainaut, pays d'entre Sambre et Meuse et d'outre Meuse, Cambrai et comté de Cambresis, Bouchain, Saint-Amand, Mortagne et leurs dépendances.

» Etant nécessaire de renouveller le magistrat de Cambrai, conformément aux articles 5 et 6 de l'arrêt du conseil du 3 avril dernier, suivant lesquels ce corps ne doit plus être composé que d'un prévôt, de deux conseillers pensionnaires, de douze échevins, d'un procureur syndic, de deux greffiers, d'un trésorier et de deux collecteurs ; lesdits échevins devront être nommés sçavoir : moitié par Sa Majesté et l'autre moitié par M. l'archevêque, pour six années seulement, en telle sorte qu'il en soit renouvelé quatre tous les deux ans; et attendu que le nombre en étant aujourd'hui de quatorze, il se trouve qu'il y en a six à remercier, dont trois de la nomination du roy, et trois de celle de M. l'archevêque; et quatre seulement à remplacer dont deux au nom du roy et deux en celui de M. l'archevêque. Nous, sur les bons et louables rapports qui nous ont été faits des bonnes vie, mœurs, religion catholique, apostolique et romaine, affection au service du roy, capacité et expérience des cy-après nommés, avons, pour et au nom de Sa Majesté, sous son bon plaisir et en vertu des pouvoirs à nous donnés, nommé, commis, et établi, nommons, commettons et établissons pour échevins de la dite ville et duché de Cambray, les sieurs Jean-Philippe Frémin, licentié ès loix. — Pierre-François-Joseph Dehercq, écuier licentié ès loix. — Gilbert-Joseph Lievra, licentié ès loix. — Charles-Phocas-Joseph-Dominique De Valicourt, écuier licentié ès loix. — Frédéric-Joseph De Francqueville de Chantemelle. — Maximilien Cotteau, négociant.

« Pour conjointement avec ceux nommés par M. l'archevêque de Cambray en exercer les fonctions aux honneurs, fruits, profits, revenus et émoluments appartenants aux dits offices et après qu'ils auront prêté entre nos mains le serment en tel cas requis et accoutumé dans la forme et manière prescrites par l'art. 7 de l'arrêt du conseil du trois avril dernier, ils prendront rang et séance suivant l'usage observé en ladite ville de Cambray.

« Fait le treize août mille sept cent soixante-treize.

» *Signé*, TABOUREAU. »

« Léopold-Charles de Choiseul,

« Par la grâce de Dieu et du Saint-Siége Apostolique, archevêque duc de Cambray, prince du Saint-Empire, comte du Cambrésis, etc., etc.

» Sur le bon et louable rapport qui nous a été fait, des sens, loyauté, prud'hommie, capacité et expérience dans les affaires, du sieur de Franqueville d'Abancourt, nous l'avons nommé et établi, nommons et établissons échevin de la ville, cité et duché de Cambrésis, au lieu du sieur Oudart que nous remercions des services qu'il nous a rendus en la dite place, requérons les prévôt et échevins de la dite ville de le faire reconnaître en ladite qualité, installer audit office, et jouir des honneurs, franchises, prérogatives et émolumens y appartenans, après qu'il aura prêté le serment accoutumé et celui ordonné par l'arrêt du conseil du roy du trois avril dernier.

» Donné à Cambrai en notre palais archiépiscopal sous notre seing, le sceau de nos armes et le contre seing de notre secrétaire ; le douze août mil sept cent soixante et treize.

» Signé : Leop. Ch. arch. duc de Cambray.

» Par Monseigneur, signé, Bernard. »

Une pièce semblable, émanée du même archevêque, en date du même jour, porte nomination du sieur Christophe Douay à l'échevinage.

Procès Verbal d'Installation.

« Ce jourd'hui treize août mil sept cent soixante et treize, dix

heures du matin, nous Louis-Gabriel Taboureau, seigneur des
Reaux, conseiller du roi en ses conseils, maître des requêtes
ordinaire de son hôtel, intendant de justice, police et finances
de la province du Hainault, pays d'entre Sambre et Meuse et d'outre Meuse, Cambrai et comté de Cambresis, Bouchain, St-
Amand, Mortagne et leurs dépendances ; en exécution de la commission par nous expédiée ce jourd'hui par laquelle nous avons,
pour et au nom de sa majesté, et sous son bon plaisir, en vertu
du pouvoir à nous donné par sa majesté, nommé pour échevins
de la ville et duché de Cambray les sieurs Jean-Philippe Fremin licentié ès loix, Pierre-François-Joseph Dehercq licentié
ès-loix, Gilbert-Joseph Lievra licentié ès-loix, Charles-Phocas-
Joseph-Dominique de Valicourt, Frédéric-Joseph de Franqueville
de Chantemelle écuier et Maximilien Cotteau, aux conditions par
eux, ainsi que par les sieurs Alexandre Doutart, Louis-François
Lefebvre, Jean-Philippe-Englebert Coullemont, tous trois licentiés
ès-loix, Jérôme-Alexis d'Henaut licentié en médecine, Nicolas-
Robert de Franqueville d'Abancourt écuier, et Christophe Douay
négociant nommés par M. l'archevêque de Cambray, de prêter entre nos mains le serment en tel cas requis et accoutumé dans la
forme et manière prescrite par l'article sept de l'arrêt du conseil
du trois avril dernier, nous sommes transportés au consistoire
commun de cette cité, où nous avons trouvé assemblées les douze
personnes cy-dessus nommées, tant ceux par nous nommés au
nom du roy, que ceux nommés par M. l'archevêque de Cambray,
revêtus de robes et rabats ; lesquels, s'étant mis à genoux devant
un prie-Dieu, ont prêté entre nos mains le serment dû au roy,
à cause de leurs places ; en jurant sur le St-Evangile posé sur le

prie-Dieu qu'ils promettent de vivre et mourir en la religion catholique, apostolique et romaine, de la garder et maintenir sans jamais aller au contraire en façon du monde, et ne traiter ni coigner avec hérétiques ou fauteurs d'hérésie ; et d'être perpétuellement fidèles et obéissants vassaux et sujets du roy, notre souverain seigneur, pour lui ses hoirs et successeurs, et d'employer leurs vies et biens envers et contre tous, pour le maintien et conservation de son état et souveraineté du duché de Cambray ; de procurer de tous leurs moyens son bien et profit et fuir son dommage ; même de ne jamais traiter ni adhérer en aucune manière, ni avoir communication ni amitié avec ses ennemis, comme aussi de maintenir les droits, privilèges et prérogatives de l'église de Cambrai et en outre d'exercer bien et dûment les offices qui leur ont été confiés pour le service de sa majesté notre souverain, et ses successeurs, au bien et soulagement de ses vasseaux et sujets.

» Ce fait, nous avons reçu et installé lesdits douze échevins en la manière ordinaire ; de tous quoy nous avons fait et dressé le présent procès-verbal et icelui signé avec le greffier que nous avons chargé de copier et transcrire sur le registre aux renouvellements de la loy et de nous en délivrer incessamment une expédition authentique. — Signé Taboureau et Dechièvre avec paraphe. »

Du 13 août 1773.

« Messieurs du magistrat étant assemblés pour délibérer sur celui des échevins nommés au nom du roy qu'ils avaient à proposer pour député aux états, se sont trouvés partagés en opinion ; les uns ayant choisi le sieur Fremin, les autres le sieur Lievra, en conséquence, se sont adressés au seigneur intendant pour agréer l'un des deux afin d'exercer les fonctions de députés du tiers-état, conjointement avec le sieur Lefebvre aux assemblées tant ordinaires qu'extraordinaires au bureau permanent desdits états:

» Sur quoy le dit seigneur intendant a déclaré qu'il agréait pour député ledit Fremin, pour avec ledit sieur Lefebvre, exercer les fonctions de députés audit bureau permanent des états; en foy de quoy ils ont ordonné que le présent acte sera enregistré au registre ordinaire concernant le renouvellement du magistrat.

» Fait en pleine chambre les jour, mois et an susdits. »

. . . .

Il est tard, mes amis, mais avant de vous quitter, un mot sur les états. Ils étaient composés des corps ecclésiastiques; des anciens gentilshommes de la province, possesseurs de terres à clocher; et du magistrat de Cambrai qui représentait le tiers-état. Pendant le temps où les états n'étaient pas réunis en corps, pour statuer sur les demandes de subsides, l'assemblée n'était composée que de six membres : deux du clergé, deux de la noblesse, deux du magistrat.

Les prévots et échevins, ainsi que nous l'avons dit, rendaient la justice, ils vaquaient à tour de rôle chaque semaine. Les échevins de service s'appelaient *semainiers*.

Maintenant, mes amis, je n'ai fait qu'effleurer la matière; mais je serai satisfait si je vous ai donné une idée de notre ancienne administration civile.

TROISIÈME SOIRÉE.

Une Promenade dans Cambrai au XVIᵉ siècle,

Notre-Dame. — Abbaye de Saint-Aubert. — Le Château. — Le Fond des Ours. — La rue des Maseaux. — Le Grand Marché. — La Maison de Ville. — La Bretèque. — L'Horloge. — La Statue de Jean de Bove. — La Chapelle de l'Hôtel-de-Ville. — Martin et Martine. — Incendie de la Pyramide de l'Horloge. — Les Feux de Joie. — La Capelette. — La Croix au Pain. — La Feuillie. — La Place d'Armes. — Le Flot de Kayère. — Le Marché au Poisson. — Le Maisiel Commun. — Le Pré d'Amour. — L'Auberge de la Bombe. — Le Couvent de Saint-Jacques. — La Rue des Charpentiers. — L'Église de la Madeleine. — L'Église et l'Abbaye de Saint-Géry. — La Porte Robert. — La Porte Saint-Ladre. — Couvent des Lépreux. — Entrée de Robert de Croy.

— Vous m'avez tiré d'un beau rêve, dit l'abbé Tranchant à ses jeunes amis qui venaient d'arriver ; d'un rêve doux et paisible comme j'aime à les faire. Je m'étais amusé, en vous attendant, à faire jaillir des étincelles des tisons de mon foyer. Elles s'envolaient par milliers, comme nos heures s'envolent ; elles s'en allaient où s'en vont nos heures, tristes ou joyeuses.

En les voyant ainsi, plus rapides que l'éclair, naître et passer sans retour, je m'étais pris à réfléchir. Je me disais qu'est-ce que le présent? Un point entre ce qui n'est plus et ce qui n'est pas encore, un mot inventé par l'orgueil de l'homme pour exprimer l'incessant passage de l'avenir dans le passé..... Le présent, instant éphémère qui a son poids dans l'éternité. Et qu'est-ce que l'avenir?.... C'est le secret de Dieu. Et qu'est-ce que le passé?... L'abîme où l'on retrouve tout ce qui a été : le bien comme le mal, le juste comme l'injuste.

C'est là que le vieillard se plaît à rechercher ce qu'il a connu, ce qu'il a vu, ce qu'il a aimé.

— Le vieillard a des souvenirs, dit Henri de V..., il vit dans le passé : Nous qui n'avons que de l'espérance, nous vivons dans l'avenir. Lequel vaut mieux?

— Dieu a bien fait ce qu'il a fait, reprit le prêtre. Le jeune homme a de la vigueur ; son imagination forte et active lui montre dans les jours futurs une vie heureuse, un sort selon ses désirs. Complaisante enchanteresse, elle ne lui laisse pas apercevoir les ténèbres qui pourraient l'effrayer. Sur tout ce mystère, un voile d'azur et d'or a été jeté par la main prévoyante du Seigneur. Le vieillard au contraire, plus débile et plus froid, trouve son passé tout fait ; il n'a rien à créer. Cela est moins beau, j'en conviens, mais il n'a pas à décompter.

Mon esprit s'était donc peu à peu isolé des choses d'aujourd'hui ; mes souvenirs remontant de siècles en siècles, m'avaient conduit en imagination dans la vieille cité de Cambrai ; je la parcourais avec joie, quand le bruit que vous avez fait en entrant m'a rappelé sur ce modeste fauteuil où sans m'en douter je faisais un si agréable voyage.

— En effet, dit un des jeunes gens, ce doit être une charmante promenade à faire que celle-là, une promenade à ne plus s'y reconnaître. Et si vous étiez assez bon pour recommencer à rêver tout haut, nous serions bien heureux de vous écouter.

— Vous témoignez ce désir d'une manière trop flatteuse pour que je ne m'empresse pas d'y répondre. Mais nous ne ferons qu'une courte excursion, car je ne veux pas vous fatiguer. Nous irons, par exemple, de l'Église Notre-Dame, à l'Eglise Saint-Géry, sur le Mont-des-Bœufs ; et chemin faisant, nous trouverons en abondance des sujets d'étude, de curieux souvenirs. Ils suffiront à remplir notre soirée. Nous sommes au XVIe siècle ; nous allons traverser une ville toute différente de celle qui est aujourd'hui ; nous allons rencontrer une population étrange ; avec ses habitudes, ses coutumes d'autrefois. La forme des maisons et des monumens publics, le costume du bourgeois, le pourpoint du soudard, la longue robe du moine, les vêtements colorés des femmes du peuple, des manans et des villageois, tout cela étonnera vos regards, parlera à votre imagination.

Prenez y garde, Messieurs, peut-être, après ce voyage, regretterez vous la ville des vieux jours.

Je ne vous dirai rien de l'antique Église de Notre-Dame, de ce noyau primitif de la ville de Cambrai. Son histoire, l'examen de sa structure, l'analyse des richesses qu'elle renfermait, rempliraient seuls une soirée tout entière.

Nous sommes dans la nef; nous venons de faire une prière à Notre-Dame de Grâce et nous allons commencer notre pélérinage. Par quelle issue sortirons-nous de l'enceinte révérée? Si nous passons par le portail de droite, nous nous trouverons sur *la Place Verte*, où s'élèvent des arbres séculaires. Nous entendrons gémir le vent dans leurs rameaux desséchés par l'hiver ; ou bien nous rencontrerons à l'ombre de leur vert et jeune feuillage des vieillards qui se reposent, des enfans qui courent et folâtrent ; pauvres créatures d'un jour que la vieille basilique voit passer comme des ombres et se succéder depuis des siècles et des siècles. Si nous sortons par le portail opposé, celui de Saint-Jean l'évangéliste, nous trouverons l'abbaye de Saint-Aubert, nous prendrons la rue des Mascaux et nous monterons en ligne droite vers l'Église de Saint-Géry. Choisissons cet itinéraire.

Voici l'antique Abbaye de Saint-Aubert dont Joseph Pouillaude a écrit l'histoire : abbaye célèbre par le mérite de plusieurs de ses moines, Voyez cette belle tour de l'église qui n'est cependant qu'un enfant auprès de la flèche de Notre-Dame. Vers le milieu du XIIe siècle, au lieu d'un clocher, l'Église avait deux tours (1). Elle fut long-temps hors de la ville. Elevée environ l'an 530, au temps de Saint-Vaast, elle était alors dédiée à Saint-Pierre, apôtre. Ce fut l'évêque Dodilon qui l'enferma dans les murs de la ville. Il prépara de cette façon l'enceinte du *château* que Gérard Ier (2) fit élever plus tard. LE CHATEAU était cette partie de la ville, entourée de grandes et fortes murailles, qui contenait le Palais, l'Église de Notre-Dame, et l'abbaye de Saint-Aubert. Gérard avait senti le besoin de mettre la demeure des prélats à l'abri des rudes et subites attaques des Cambrésiens. « Il avait, dit Jean Duchastiel, fait serrer en la cité un hault » chasteau de murs, et à l'environ, de profonds fossés, en » dedans le chasteau estaient l'église de Notre-Dame et celle de » Saint-Aubert. » On retrouve encore des traces et même des parties entières de cette grande muraille, dans les rue du Marché au Poisson, de Saint-Jérôme, de Cantimpré, et dans toute la partie des jardins de l'archevêché qui se baigne dans l'Escaut. La ville n'allait originairement que jusqu'à ce premier bras du fleuve. Plus tard, Gérard II l'agrandit, lorsqu'il la fit entourer de murs de pierres, de fossés et de tours.

— Elle n'était donc pas fermée auparavant? dit Charles de R...

---

(1) Julien Deligne.

(2) L'abbé Dupont attribue à Gérard II l'édification du *Château*. Mais des manuscrits appartenant à l'auteur des *Soirées de l'abbé Tranchant*, contredisent cette assertion.

— Elle ne l'était que d'une manière peu solide, car Gérard Ier ne l'avait close que de palissades en bois.

En sortant du château pour entrer dans la rue des Maseaux, jetez un coup-d'œil vers la gauche et voyez à deux cents pas de nous cet endroit profond appelé LE FOND DES OURS. C'est là qu'un jour, le bienfaisant Vanderborch fera élever les bâtiments immenses de son institution de Notre-Dame, dite de Saint-Agnès.

Maintenant entrons dans la rue des MASEAUX (aujourd'hui de l'Arbre-d'Or). C'est dans cette rue qu'habitent les bouchers. Vous savez qu'autrefois les corps de métiers aimaient à se réunir dans un même quartier : l'esprit de famille et d'association liait les hommes entre eux. Chaque corps tenait à sa réputation, à son honneur ; une active surveillance s'exerçait ; une protection mutuelle s'étendait également de tout le corps sur chaque individu. Aujourd'hui les vieilles idées, les vieilles institutions s'en sont allées ; les hommes vivent dans un triste isolement ; l'égoïsme, l'intérêt matériel les dominent ; les bonnes réputations sont rares ; l'honneur plus rare encore.

Nous voici sur le GRAND MARCHÉ. Voyez quel coup-d'œil pittoresque. Là, le vieil Hôtel-de-Ville, l'*antique Maison de Paix* ; ici, un peu sur la droite, la *Chapelette*, et plus près de nous, au coin du ruisseau descendant devant la Chapelette, la *Croix au Pain*. De chaque côté du Marché, sont de vieilles maisons d'une architecture gracieuse ; élégantes constructions, belles de vétusté, originales par leurs formes, bizarres par ces dentelles, ces figures de bois qui en font l'ornement. Auprès de l'Hôtel-de-

Ville, sur le rang aux Poulets, s'élève *la Feuillie*. Plus loin, entre le grand Marché et le *Pré d'Amour* (aujourd'hui Marché au Bois), voyez-vous cette marre d'eau dormante, sur le bord de laquelle s'élève la *Chaise d'Infamie*, où l'on expose les criminels; c'est le *Flot de Kayère*. Plus loin vous apercevez le *Maisiel Commun*, et puis *Saint-Jacques*, et puis de l'autre côté le *Coupe-Oreilles*, espèce de cours des miracles; et puis l'auberge historique de *La Bombe*, et puis la rue des *Charpentiers*, et enfin le sommet de l'*Église de Saint-Géry* qui sort d'un épais bouquet d'arbres.

Là, c'est la montagne... Au delà nous ne voyons plus rien que le ciel. Pieux et fortuit enseignement dont les Cambrésiens peuvent et doivent profiter : au-dessus des bruits, des mouvements de la ville, la prière ; au-dessus de la prière, Dieu !

Maintenant ramenons nos regards plus près de nous et examinons chaque chose en détail.

Et d'abord la MAISON DE VILLE. On ne connaît pas l'époque de son origine; dès 1184, l'empereur Frédéric, dans une loi écrite qu'il donne aux Cambresiens, fait mention de la *Maison de Paix*. (1) Julien Deligne nous apprend qu'en un cartulaire latin, écrit en l'an 1323, la Maison de Ville est nommée *Chambre de Paix*. On lit dans un autre manuscrit du même auteur, qu'en

---

(1) Première loi écrite, relatée dans le mémoire pour l'archevêque.

l'année 1364 « Pierre André fit bâtir la Chambre de la Ville, intitulée : *Chambre de Paix*, en laquelle les prévost et échevins tiennent leurs conseil et plaidoyer pour la justice temporelle. »

La Bretèque ou la *Pierre*, où se font les publications, construite également en 1364, fut refaite en 1561, elle fut alors soutenue sur six pilliers de grès.

Julien Deligne ajoute : « La devanture sur laquelle l'Horloge est mise fut faite en l'an 1510. Cette Horloge fut construite en l'an 1512, la Cloche en l'an 1511, par l'octroi de Maximilien, empereur. Elle fut cassée au commencement de l'année 1557 et refondue au 12 d'avril dudit an, et remise en sa place par M. Chap. » . . . . « En l'an 1544 l'on commença le devant de la Maison de Ville. Au-dessus du portail de ladite Maison de Ville est une figure en cuivre d'un homme à deux genoux priant merchy à la justice..... C'est la réparation de Jean de Bove (bailli de Marcoing), lequel avait fait arrêter un bourgeois nommé Jean de Tournay, contre les privilèges de la ville. » Cela se passa en 1550.

La république, qui s'est emparée de cette statue expiatoire, l'a, dit-on, envoyée à l'arsenal de Douay pour y être changée en canon. (1)

---

(1) Le modèle en bois de cette statue subsiste encore aujourd'hui. Il est déposé dans la Salle de la Société d'Emulation.

La façade de l'ancien Hôtel-de-Ville était un monument gothique très remarquable.

C'était devant l'Hôtel-de-Ville qu'à l'entrée des ducs de Cambrai, on dressait le riche et brillant échafaud, aux armes de l'empire et du duc, où ce dernier, vêtu de velours violet ou cramoisi, le chaperon ducal sur la tête, venait à cheval en nombreuse et noble compagnie, précédé de hérauts d'arme portant sa bannière, et d'un officier dépositaire de son épée, faire le serment civil. Il jurait de respecter les libertés, les droits et les coutumes de la cité. Le prévôt et les échevins, en grandes robes écarlates, promettaient fidélité au duc de Cambrai. Puis on jetait au peuple de la monnaie d'or et d'argent en signe de *liesse*.

L'Hôtel-de-Ville a une CHAPELLE dédiée à Saint-Sébastien depuis l'année 1548. Derrière ce monument sont les Halles pour des marchés divers.

Je ne vous dirai rien de MARTIN et MARTINE, figures burlesques, comme on en voit à beaucoup d'horloges en Allemagne et à quelques-unes en France. On les appelle souvent des Jacmarts. Ici on les a baptisées des noms de Martin et Martine. Une vieille chanson nous apprend qu'ils existaient avant Charles V, puisque ce monarque les a restaurés.

Des mémoires chronologiques fort curieux disent que le 29 juin 1704 la *Pyramide* de l'Horloge fut incendiée. Un feu de joie en fut la cause. Placé vis-à-vis de l'Hôtel-de-Ville, il envoyait par les airs des myriades d'étincelles. L'une d'elles tomba dans un nid d'oiseau qui était dans la pyramide et y mit le feu. Le dégât fut réparé peu de temps après. Depuis cet accident, on fait les feux de joie au milieu du Marché.

Nos pères étaient amis des FEUX DE JOIE, ils en faisaient fréquent usage dans leurs fêtes. On lit dans un manuscrit qui m'a été prêté par un moine de l'abbaye de Saint Sépulcre. « Au mois d'octobre 1584 se firent plusieurs ésbattemens dans le marché de Cambrai, comme de courir à la bague, et fut la chaussée dépavée depuis droit de devant et à l'opposite de la Cave-de-Ville jusqu'à la Croix au Pain, au coin du ruisseau descendant près de la Chapelle, la largeur d'environ dix pieds, pour faire courir les chevaux. Fut aussi dressé au marché au grain un échafaud arrière de terre, huit à dix pieds de haut, en forme de pyramide, et y avait un petit chêne au bout duquel était une cage d'osier où étaient trois chats vifs. Lesquels, sentant le feu artificiel, donnèrent grand plaisir aux regardans. »

Ce plaisir de brûler des chats, plaisir absurde et barbare, n'est pas seulement connu des habitans de Cambrai ; messieurs les bourgeois de Paris s'amusent encore de la sorte à leurs grands jours de fête.

La petite Chapelette dite la CAPELETTE, fut fondée par Jean Tserclaës évêque, des deniers de M. Jean de Tournay, chanoine de Notre-Dame, en 1383. Pendant long-temps, deux chapelains l'ont desservie, et vous savez qu'avant les troubles révolutionnaires on y disait encore la messe au point du jour pour les ouvriers et pour les voyageurs. Ce petit monument carré surmonté d'une flèche élégante, était construit tout en bois. L'orage dévastateur vient de l'abattre. Il a subsisté 410 ans.

La CROIX AU PAIN était ainsi nommée, de ce que des marchands panetiers y vendaient des miches aux manans et aux voyageurs. Elle était située entre la Capelette et la rue des Maseaux.

La FEUILLIE était un fief composé, dans Cambrai, de treize ou quatorze maisons, qui faisaient l'angle de la Grande-Place, opposé à celui qui forme le corps-de-garde de la Maison-de-Ville; et s'étendait sur la Place jusqu'à la rue de la Rose, et de l'autre côté jusqu'à la Prison actuelle qui en a toujours fait partie. Le fief de la Feuillie était fort étendu dans le Cambresis; on n'en connaît pas l'origine. Il a quelquefois réclamé des droits de justice sur la ville de Cambrai, on les lui a contestés. Ceci n'est pas du ressort de notre promenade, jetons les yeux d'un autre côté.

— Pardonnez-moi de vous interrompre, dit Henri; nous nous promenons pour nous instruire; je voudrais bien savoir si le Grand Marché où nous sommes et ce que l'on appelait la Place d'Armes étaient même chose.

— Quelques personnes ont confondu ces deux places, mais le fait est que la Place d'Armes était située entre la ville et la citadelle, à l'endroit où est maintenant l'Esplanade. Cela vous dit assez qu'elle n'exista qu'après que la citadelle eut remplacé le monastère de Saint-Géry. Comme cela pourrait un jour vous être contesté, je vous citerai mes preuves ; les voici :

On lit dans le Guide de Flandre et de Hollande, pag. 4, art. Cambrai : « La *Place d'Armes* et *celle* où est la Maison-de-Ville, *sont* assez régulières. » Ceci ne permet pas le moindre doute sur la distinction à faire entre la Place d'Armes et le Grand Marché où est l'Hôtel-de-Ville. Reste à déterminer l'emplacement de la Place d'Armes. Voici quelques citations qui vous satisferont pleinement à cet égard :

Le manuscrit qui m'a été communiqué par un moine de Saint-Sépulcre, porte ceci : « Je dirai que c'était chose pitoyable à voir que l'abattement et ruine (en 1595) de plus de 600 maisons *devant la Citadelle*, pour faire une Place d'Armes. » Et plus loin : « Le 6 de juin 1615, nuit de Pentecôte, en la Place d'Armes, *devant la Citadelle*, fut arquebusé un gentilhomme, etc. »

On lit encore dans un autre manuscrit intitulé : *Mémoires Chronologiques* : « L'archevêque fut obligé de bénir un endroit sur la Place d'Armes pour servir de sépulture aux soldats morts dans l'Hôpital de Saint-Jean (après la bataille de Malplaquet). Ce cimetière est *proche le Bastion-Robert.* »

En présence de tant de preuves, l'hésitation n'est plus possible.

Mais quelles sont ces ombres indécises qui s'agitent en sens divers et qui couvrent tout le Marché? Les voilà qui se forment, se dessinent plus distinctement ; notre imagination les a fixées. On reconnaît une foule d'hommes et de femmes : c'est la population Cambresienne. Voyez comme le marché est animé. Là sont les marchands de *poulailles*. Là sont les marchandes d'*herbes* et *porrées* ; là bas, on vend le poisson ; ici le pain ; autre part, la graine de froment. En un autre endroit est le Marché aux *Aulx*; plus loin, le Marché au Beurre et au Fromage. Les *étaux* ou étalages des *revendresses* sont rangés régulièrement pour éviter le désordre. Quel bruit confus ! Quel coup-d'œil pittoresque ! La foule est active. Ce sont bourgeois à la courte houppelande; jeunes femmes, à la rouge ou à la verte mantille; gens d'armes à la plume colorée; mendians, boiteux ou culs-de-jatte à la voix clapissante ; frères quêteurs en longues robes brunes ; échevins ou baillis sur leurs mules dociles ; chirurgiens-barbiers, à la main légère, au lourd et grave maintien ; vendeurs, acheteurs, faisant bruits étourdissants. Aux environs de la Capelette, des groupes se forment autour des pélerins qui chantent des cantiques et vendent des agnus. Montés sur des escabaux, auprès de leurs tableaux grossièrement peints, suspendus à de longues hampes, ils racontent au populaire ébahi les miracles de Madame la Vierge et de Monsieur Saint-Géry. D'autres reviennent de la Terre-Sainte, ils narrent leurs voyages, et font commerce de Rosaires. Plus loin, devant la Maison-de-Paix, j'aperçois des gabeurs qui, au bruit du fifre et du tambourin, font danser des ours ; les curieux se tiennent à distance et forment un cercle silencieux. Chacun admire comme quoi ces dompteurs de bêtes féroces jouent leur vie à pareil exercice.

Plus loin encore, une tout autre scène s'offre à notre curiosité : Un grand nombre d'hommes, de femmes, de vieillards et d'enfans se pressent sur le bord du Flot de Kayère. C'est que là est le piloris, la *Kayère* d'infamie. Un criminel vient d'y monter. L'exécuteur de la justice l'a attaché sur cette chaise de pierre, au moyen d'un collet en fer. Elevé au-dessus de tous, lui qui s'est placé par son crime plus bas que le plus infime, il demeure exposé au mépris public. Chacun devise de son méfait, chacun veut voir de près cet homme dont on avait peur avant que la justice ne l'eût rendu impuissant à faire le mal. Les femmes lui jettent l'insulte ; le moine qui passe prie Dieu pour son âme, et le soldat du guet, la pique à la main, modère les colères de la foule.

Singulier tableau que celui que présente le Grand Marché : Panorama bizarre aux mille formes, aux milles couleurs ; on rit, on chante, on s'*ébat* ; on crie, on se heurte, on maugrée ; et au milieu de cette remuante cohue, quelques riches châtelains du Cambresis, aux soyeux et brillans pourpoints, froids et immobiles sur leurs grands chevaux flamands, regardent Martin et Martine sonner l'heure qui vient de s'envoler.

Revenons maintenant au FLOT DE KAYÈRE. C'était comme je l'ai dit une retenue d'eau considérable, qui existait entre le Grand-Marché et la place au Bois. Voici ce qu'on lit dans le manuscrit du moine de St-Sépulcre : « En l'année 1581, devant la venue de son altesse, toutes les maisons et autres petites places que l'on appelait les changes, et les portions d'icelles avec autres wareschaix et le Flot que l'on disait de *la Kayère*, parcequ'il y avait lors *un piloris* où l'on faisait monter les délinquans pour les assauriller, où leur bailler le fouet marqué de l'aigle, furent baillés à tour de rente pour y bâtir et édifier des maisons. Et le premier qui commença à faire bâtir fut Jean Tronchaut, hôte de *l'Epervier* devant St-Martin. »

Le MARCHÉ AU POISSON, qui, jusqu'alors se tenait sur le bord du Flot de Kayère, fut transporté dans le voisinage des Clairisses.

On lit, dans un autre manuscrit, que la garnison de Cambrai en 1553, ayant pris dans une sortie qu'elle fit contre les Français qui ravageaient le pays, quelques-uns des *boutefeux*, ceux-ci furent jetés et noyés dans le Flot de Kayère.

Il arrivait quelquefois que, par manière de délassement, aux jours de fête, les manans de la cité saisissaient des passans et les boutaient (jetaient) au Flot de Kayère ; puis on les retirait tout bourbeux, ce qui ajoutait un grand charme à la fête, surtout aux yeux de ceux qui n'en avaient pas fait les frais.

Les chroniqueurs nous parlent d'une plaisante émeute dont le Flot a été le théâtre, au temps de l'évêque Nicolas en 1165. « Ce tumulte, dit l'abbé Dupont, fut occasionné par certaines vieilles qui, faisant passer leurs rêveries pour des inspirations, persuadèrent au peuple que, dans cette marre, on avait mis anciennement les cadavres de plusieurs saints. Les malades en conséquence allaient s'y abreuver, et en emportaient de l'eau pour la boire chez eux. Nicolas et le clergé voulant s'opposer à cet abus, le peuple en fut tellement irrité, qu'il les menaça de les chasser de la ville, comme des malfaiteurs. Mais avant d'exécuter ces menaces, il se mit à nettoyer l'abreuvoir, pour en retirer les prétendues reliques. Il eut soin de faire bonne provision de son eau dans des pots et des bouteilles. Enfin, après deux jours de travail, n'ayant découvert que des os de chiens et de chevaux, il reconnut sa folie, et en demanda pardon à l'évêque.

Quittons maintenant le Grand-Marché et arrivons sur la place au Bois où se trouve le MAISIEL COMMUN, aujourd'hui les Grandes Boucheries. Je n'ai pas besoin de vous dire que *Maisiel* vient du mot latin *macc'lum*, qui signifie marché.

Le Maisiel fut construit en 1354, les habitans de Cambrai en avaient jeté les fondations au milieu du Grand-Marché, mais l'évêque s'y opposa; et dans un arrangement qui intervint il fut convenu qu'on le placerait à l'endroit où il est aujourd'hui. Le Maisiel s'éleva donc sur la place au Bois, mais sous condition encore qu'on lui donnerait la simple forme d'une boucherie, qu'il n'aurait ni cellier ni cave, qu'on ne le transformerait jamais en forteresse et qu'on n'y ajouterait ni cloche ni clocher. En effet, un bâtiment flanqué de hautes murailles, élevé, comme le voulaient les Cambresiens, au milieu du Grand-Marché, garni d'un tocsin et d'une tour pour faire le guet, serait devenu une puissante citadelle au moindre mouvement populaire. C'est ce qu'a cherché à prévenir l'arrangement que l'on prit en cette circonstance.

Alors disparurent du marché les étaux et les petits maisieaux où les bouchers faisaient étalage de leur viande.

Tout le marché au Bois n'était point pavé; un grand espace

restait encore comme aujourd'hui (1) couvert d'herbes et de décombres. Des arbres y étendaient leurs rameaux ombreux, la nuit y était profonde; et ce pré s'appelait le Pré d'Amour. Vous comprendrez parfaitement d'où lui venait ce nom quand vous saurez que déjà le Coupe-Oreille et la rue des Bellotes étaient des lieux frappés du mépris public.

Un peu plus loin nous rencontrerons l'hôtellerie de la Bombe tristement célèbre dans nos annales. J'ai lu dans un mémorial intéressant qu'en 1663 des cavaliers espagnols, venant de Saint-Omer où la peste faisait ravage, l'apportèrent à Cambrai : « Ils logèrent à la Bombe et communiquèrent le mauvais air à l'hôtesse de cette auberge. Le médecin appelé pour la soigner reconnut bientôt les symptômes de cette cruelle maladie, aussitôt il en prévint le magistrat qui fit barrer l'auberge de la Bombe, ordonna au curé de la Magdeleine qui avait administré le sacrement à la malade, de faire la quarantaine. Mais malgré les précautions que le magistrat apporta pour en garantir la ville, le fléau ne laissa pas de la désoler bien du temps.

« On brûlait par ordonnance du magistrat sur le marché et ailleurs les lits de ceux qui étaient morts de la contagion. Les convalescens étaient obligés de porter une baguette blanche lorsqu'ils allaient dans la ville, pour avertir le monde de s'éloigner d'eux.

---

(1) Il n'y a pas long-temps que cette place est entièrement pavée.

« Cette peste fit mourir en Cambray huit mille personnes. »

De grandes écuries souterraines attestent encore aujourd'hui l'antiquité de l'auberge de la Bombe.

Avançons encore quelques pas et nous rencontrerons le COUVENT DE SAINT-JACQUES, habité par de bonnes religieuses. Rien n'y était changé avant la révolution.

De là, le pèlerin aperçoit au bout de la rue des CHARPENTIERS la pittoresque église de LA MAGDELEINE. Elle existait à l'emplacement même où on a reconstruit celle qui vient d'être vendue révolutionnairement. (1)

Le chœur, dit Julien Deligne, en est fort ancien. La croisée (les transsepts) en a été faite en l'an 1414. La nef fut faite depuis. Le clocher en était très élevé ; mais, dans la suite, le gouverneur de la citadelle le fit baisser, parce que, de son sommet, on voyait dans la forteresse.

Je pourrais vous parler, en passant, de cette maison qu'un jour Vanderburch disposera pour l'École Dominicale ; mais je me réserve de vous en entretenir plus longuement dans une de nos prochaines soirées.

Enfin, nous arrivons à l'ÉGLISE DE SAINT-GÉRY. Ce monument bâti par Saint-Géry lui-même et dédié à Saint-Médard et à Saint-

---

(1) Cette nouvelle église était à peine achevée quand on l'a démolie.

Loup, était originairement hors de la ville. Saint-Géry y fut sépulturé et depuis lors le monastère porta son nom. Cet édifice eut beaucoup à souffrir des ravages des Normands : l'église fut saccagée et détruite. Plus tard elle fut reconstruite quelques pas plus loin, et enclose dans les murs de la ville. Elle subsista jusqu'en l'année 1543, époque à laquelle Charles V la fit démolir pour construire, sur le Mont-des-Bœufs, la Citadelle que, du temps de Louis XIV, Vauban fortifia comme elle l'est aujourd'hui. Un maître maçon, nommé Melchior Pallon, nous a conservé l'image du monastère de Saint-Géry.

L'église, à l'époque de sa destruction, avait la forme d'une croix latine, surmontée d'une petite flèche placée au centre de la croisée. Elle remontait à l'an 955 : on y arrivait par deux escaliers en pierres. Toute l'abbaye était entourée d'un grand mur contre lequel, d'espace en espace, s'élevaient des tourelles. Chacune de ces tourelles avait un nom particulier. Telle était celle de Croy, celle au Tan, celles du Blanc-Museau, des Quatre-Vents, de Saint-Légier, etc. Dans l'enceinte se trouvaient beaucoup de bâtiments séparés les uns des autres. Ainsi l'on y voyait d'abord la maison du Chapitre, puis la maison des Enfans de Chœur, le four du Chapitre, la maison de Fémy, la maison de Saint-Martin, la Haute-Folie, la grange à Dimes, etc. De grands arbres lui prêtaient le charme de leur ombrage, des vignes y grimpaient autour de longs échalas. C'était presqu'une petite ville que cette abbaye; ville charitable et hospitalière où le malheureux ne se présentait pas en vain. On y trouvait alors paix et consolation ; aujourd'hui sur ce même terrain on ne rencontre plus que machines de destruction et symboles de guerre.

Aux environs de Saint-Géry sont, la Porte Robert, bâtie suivant les uns, par l'évêque Robert; suivant les autres, par un chevalier de ce nom; et la Porte Saint-Ladre, qui tirait son nom du couvent de Saint-Lazarre, dont elle était voisine.

L'Hopital des Lépreux, *de Saint-Lazarre*, fut fondé par Burchard, évêque de Cambrai, en l'an 1116. Cette maison ruinée, au temps des guerres de Louis XI dans le Pays-Bas, fut réédifiée en 1497. Elle disparut bientôt après la construction de la Citadelle (1). Quelques années plus tard les dames de Saint-Lazarre revinrent à Cambrai dans un couvent élevé à l'autre extrémité de la ville, où elles sont restées jusqu'à la suppression des communautés religieuses.

C'est par la porte de Saint Lazarre que les prélats avaient coutume de faire leur entrée officielle dans la ville. Cela ne fut pas sans exception, cependant. Du reste, cette particularité s'explique parfaitement. Il était naturel que le nouveau prélat rendît,

---

(1) Il y avait à quelque distance de l'hôpital Saint-Ladre, une maison et chapelle des Maladreaux, tout-à-fait indépendante du précédent hôpital. Elle était destinée à ceux des pauvres lépreux qui n'étant pas Cambrésiens, n'avaient pas le droit d'être reçus à Saint-Ladre. La maison des Maladreaux, située hors de la porte de Saint-Georges, fut ruinée en l'an 1580.

en entrant, ses dévotieux hommages au premier patron de la Cité. Il faisait sa prière à Saint-Géry, au père de cette grande famille qu'il allait administrer. Ensuite, du haut de la montagne, il considérait la ville tout entière. Il pouvait embrasser d'un coup-d'œil plein d'amour cette multitude d'habitations où son peuple s'agitait ; cette foule de monumens religieux dont les flèches, les tours, les clochetons, s'élançaient dans les airs comme les bras de ceux qui prient s'élèvent vers le ciel. Il pouvait, de ce mont sacré, étendre la main et bénir tout ce qu'il venait consoler.

C'était une belle et grande solennité que l'entrée d'un évêque. Nous voici arrivés au terme de notre promenade, revenons maintenant sur nos pas. Nous ferons route en bonne compagnie, car nous allons assister à l'entrée de Robert de Croy que nous ne quitterons que pour nous quitter également.

Pour laisser à cette entrée sa couleur locale et pittoresque, je vais emprunter le langage d'un naïf chroniqueur :

« L'an 1529, le 13e jour du mois de juin, en dimanche, a huict heures du matin, Robert de Croy, évesque et ducq de Cambray, fist son entrée en la dite ville, par la Porte Saint-Ladre, et se partit du matin du chastel d'Ecaudœuvre, avecq luy son frère Mgr le marquis Darscotte, son frère Mgr de Mon Cornet, son frère l'évesque de Tournay, Mgr le grand bailly de Haynault, Mgr de Fiennes, tous portant le Toyson-d'Or et plusieurs abbés et aultres grands seigneurs avec leurs gens. Lesquels on estimoit a plus de mille chevals. Et en tel ordre, vindrent arriver à Saint-Ladre ; et à la descente de son cheval qui estait une haquenée fauve, Mgr maître Jean Balicq, grand ministre de Cambray et aultres députés, et maître Guillaume de Worne, et Michel de la Hamaide escuyer et bailly du chapitre, print la dite haquenée et la donna à ses gens pour la mener à la Tour du Chapitre, nonosbtant les remontrances des dames de Saint-Ladre. Lors accoustré en pontifical, à savoir chappe de drap d'or et la mistre sur la tête, il entra dans la ville par la rue de France, pour aller à Saint-Géry. Et fut reçu de tous les collèges à lui subjets, de ceux de la ville et des francs-fiefvés. Et fist on plusieurs exemples (1), comme à la porte Saint-Ladre, ceux de Saint-Jacques ; une au Marchiet, les bouchers, contre la Bouchery ; les merchiers (2), entre deux cambges ; les cordonniers, au Marchiet au Poisson ; les cabaretiers, contre le Capelette ; les drapiers, contre la Croix au Pain ; les voisins de la rue des Maseaux, à l'entrée de la rue, une *qu'on passait dessoubz* (3) ; les parmentiers, contre les murs de Saint-Aubert. Cheux du Petit Marchiet en la plache de Notre-Dame, devant Saint-Aubert ; et une autre contre le Palais. Et furent les arbalestriers audevant, tous à cheval; les archiers tout rouge-vestus, et bonnets orangiers (4). Les canonniers vestus de cuirasses et bonnets rouges. Et tous les

---

(1) Représentations.
(2) Merciers.
(3) Ceci veut dire que l'on fit un arc-de-triomphe.
(4) Couleur d'orange.

sermens de la ville et plusieurs aultres compaignies, comme le quétivier lesquels estaient habillés en hommes sauvaiges, et y avait une femme sauvaige. Et les jueurs (1) de l'espée à deux mains, tout blancqs, avec blancqs huves (2); tous dansant avec leur espée tranchant. Et en cet estat fut mené (le duc) à Notre-Dame, et là oy (3) le grand-messe. Après fut vestu d'une robe de velours cramoisy, et du rond bonnet et monta à cheval en estat ducal accompaigné des nobles dessus nommés, et portait un gentilhomme l'espée de duc devant lui. Et s'envint par le rue Taveau, où il y avait 2 ou 3 exemples, et tendue de tapissery. Et se vint devant la maison de la ville. Monta sur ung eschaffaud qu'on avait fait, et tous les gens qu'il avait amenez avecq luy, et après montèrent messieurs les prévost et eschievins, conseillers quatre hommes, lesquels, après que Monseigneur eut fait serment, luy jurèrent que d'entretenir les droits et les loys, coustumes du pays et comté de Cambresis et adonc fut rué or et argent à le harpaille (4) et trompette sonnée. Et chacun à mener grant feste. Les canonniers dessérèrent plus de cent harquebouses lesquelles estaient arrangiez aux frenestres du grenier où on ju de l'espée à deux mains. Les meulquiniers firent rôtir ung bœuf tout entier lequel estait bardé de pourchelets (5),

---

(1) Les joueurs.
(2) Bonnets.
(3) Entendit.
(4) Populace.
(5) Cochons de lait.

d'oysons, de poulets et de pigions ; et fut rôti au touquet de le doublure ; et les taverniers mirent une pièche de vin sur trois pièches de bois en hault et le laissierent couler tant qu'elle peult, et y firent plusieurs ésbatemens et danses en toute joyeuseté que on sçavait faire pour son seigneur.

QUATRIÈME SOIRÉE.

COMMENT LE CAMBRESIS DEVINT DÉPENDANCE DE L'EMPIRE. — SUR LES FONCTIONS DES ÉCHEVINS, RECEVEURS, QUATRE-HOMMES ET MAYEURS. — DIVERS ACTES JUDICIAIRES DES XVIe ET XVIIe SIÈCLES.

— Monsieur l'abbé, dit l'un des jeunes gens, j'ai trouvé ce matin parmi de vieux papiers, un fragment qui m'a paru intéressant par quelques notes qu'il contient. Ces notes sont relatives à l'histoire de Cambrai ; j'ai voulu, avant de les placer dans mon carton, les soumettre à votre examen pour savoir si elles sont bien exactes; les voici :

COMMENT LE CAMBRESIS DEVINT DÉPENDANCE DE L'EMPIRE.

« Cambrai a appartenu aux rois de France dès l'origine de la monarchie. Cette ville fait partie du pays qui en fut le berceau (1) ; mais dans les partages qui la démembrèrent sous la première race, elle fut toujours comprise dans le lot des rois d'Austrasie.

» Sous la seconde race, le Cambrésis entra dans le partage de Lothaire (2), et fit une portion du royaume de Lorraine. On trouve dans les archives de l'église de Cambrai plusieurs chartes des successeurs de Lothaire qui accordent à l'église différents biens et plusieurs privilèges.

» En 923, Charles-le-Simple et Henry l'Oiseleur, roi de Germanie, firent ensemble à Bonn, un traité d'alliance, et on trouve parmi les prélats qui en jurèrent l'exécution de la part de Charles-le-Simple, Etienne évêque de Cambrai. Il est nommé immédiatement après les archevêques de Cologne et de Trèves.

» Il est inutile de rappeler ici les différentes révolutions qu'essuya ce royaume de Lorraine. Il suffira d'observer qu'Othon 1er

---

(1) Grégoire de Tours dit que Clodion, ayant pris Cambrai, et se disposant à passer la Somme, pour continuer la conquête des Gaules, renferma ses trésors dans cette ville qui fut son point d'appui.

(2) Lothaire, empereur et roi d'Italie, fils de Louis-le-Débonnaire.

fils de Henry l'Oiseleur, auquel il avait été cédé par Charles-le-Simple, après la bataille de Soissons, fit en 946, un traité d'alliance avec Louis d'Outre-Mer, par lequel celui-ci lui céda formellement tous ses droits sur ce pays.

» Dès l'année 941, Othon Ier, qui après la mort de Henry Ier son père, fut élu empereur, et qui était alors en pleine possession des états connus sous le nom de Lorraine, accorda à l'église et aux évêques de Cambrai les droits les plus étendus : non-seulement il les affranchit eux et leurs biens de toute espèce de juridiction royale et de toutes sortes d'impôts, mais il accorda encore aux évêques le droit de faire battre monnaie dont ils ont toujours joui depuis.

» Othon II, empereur après son père, partagea en deux parties l'ancien royaume de Lorraine. Il prit pour lui la Haute-Lorraine qui est celle qui porte encore ce nom, et il donna la Basse à Charles, frère de Lothaire, à condition qu'il lui en ferait foi et hommage. Cette mouvance de l'empereur fut le prétexte dont on se servit pour l'exclure du trône de France, après la mort de Louis-le-Fainéant, dernier des rois de la seconde race.

» Cambrai, située dans cette partie, continuait d'avoir un comte qui exerçait l'autorité de l'empereur, mais qui, comme on vient de le voir, n'avait ni autorité ni juridiction sur l'évêque et sur l'église.

» Plus tard le comté de Cambrai appartenant à l'évêque et à l'église, suivit le sort de tous les fiefs qui relevaient de l'empire. Les droits de la souveraineté de l'empereur se réduisirent insensiblement à la mouvance et à l'hommage. Et bientôt, par la libéralité du suzerain, l'évêque exerça sur tout le territoire qui composait son comté, les droits de justice les plus étendus, et fut revêtu de toute l'autorité attachée à la puissance publique.

« En un mot depuis le commencement du XIe siècle, les évêques furent comtes de Cambrai et vassaux de l'empire. »

— Il est bien entendu, dit l'abbé Tranchant, que c'était en leur qualité de comtes, et comme princes temporels, que les évêques exerçaient cette autorité dont il est question dans la note.

— Voici, continua le jeune homme, une dernière note qui semble m'être tombée sous la main, comme pour servir de complément à ce que vous nous avez dit dernièrement de l'administration civile.

« Les prévostz et eschevins, après serment par eux faict, ont l'administration de la justice et de la police de la cité, avecq autorité, quand le cas s'y offre et l'exigence le requiert, de faire des éditz par cry public, de punir les délinquans, corriger les abus, et faire tout ce que à l'office de hauts justiciers appartient; ès mains desquelz aussi, après leurs création et serment faict, ont toujours été les clefs des portes de la ditte cité, le soin du guet et garde d'icelle, baillant le mot aux guecteurs, amplier ou restreindre le nombre d'iceulx, selon l'exigence du temps; à eulx aussi appartient eslire un receveur à eulx subject, pour recevoir les deniers des domaines de la dicte cité; ensemble les assizes, à la charge d'en rendre bon compte.

« Les quatorze eschevins instituent encore quatre personnages quy se nomment les *quatre-hommes*, lesquelz sont *super-intendens* aux ouvraiges nécessaires en la dicte cité ; soit aux fortifications de la closture d'icelle, réparation des lieux et maisons à elle appartenans, entretènement des chaulchées (1), waresquaix et semblables, et suivant les ouvraiges faictz, ils ordonnent les payer après le contrerole faict. Et aussi l'office des dits quatre hommes, toutes et quantes fois que besoin est, ou qu'il leur plaist de visiter les wisines et tavernes de la dite cité et banlieue, faire compte aux vendeurs de ce qu'ils auraient fourfait pour les assises et droits de la ville ; ad fin que le receveur s'en faice payer. »

« Outre lesquels prevots et eschevins, receveurs et quatre hommes, sont establys plusieurs *mayeurs* sur les métiers, pour avoir regard si fraude se commet ès marchandises qui se vendent journellement, ad fin d'en faire rapport en la *chambre* et que les malversins soyent punis et amendés. »

— Je n'ai rien à reprendre à ces notes, dit l'abbé Tranchant. Si je ne me trompe, elles sont de l'abbé Mutte, mon ancien et respectable ami. Et, rencontre extraordinaire, ajouta-t-il en regardant le papier, elles sont écrites de sa propre main. Une foule de notes de ce genre lui ont servi à la rédaction du *mémoire pour l'archevêque*, auquel il a travaillé par ordre de M. Choiseul. Je ne puis voir sans attendrissement ces fragments écrits par un homme

---

(1) Chaussées.

qui me fut cher, par un vieillard modeste et savant, qui fut souvent mon guide et mon maître. Sans doute ce fragment aura été arraché de quelque cahier important perdu peut-être pour toujours.

Puisque vous attachez un intérêt, que j'approuve du reste, à ce qui concerne notre ancienne administration civile, j'ajouterai à ce que vous en savez déjà quelques citations qui achèveront de compléter vos notes à cet égard.

Je vous ai parlé de la loi et des magistrats ; vous avez trouvé un fragment relatif aux receveurs, aux quatre hommes et aux mayeurs. Vous allez maintenant connaître un document qui concerne l'exécuteur des hautes œuvres, et le texte de quelques condamnations judiciaires.

« *Note prise dans un registre en long, couvert de velin et intitulé* CAMBRAY, *reposant aux archives de la dite ville..*

» Du 22 d'aoust an 1585.

» Jacques Bara, natif de Tournay, fils de Jacques, a ce jourdhuy, à sa requeste et instance été pourvu de l'office d'officier et exécuteur de la haute justice, vacant par la mort de Nicolas Trewart, exécuté et mis au dernier supplice de la corde ; pour par luy en jouir aux gaiges, proufits et émolumens accoustumés, et du quel et de bien exercer ledit office et être obéissant à Messieurs les prévost et échevins, il a presté le serment accoustumé. »

Plusieurs autres pareilles nominations se trouvent en d'autres registres, aux dates suivantes, savoir : Du 12 juin 1615. Du 29 décembre 1618. Du 12 septembre 1630. Du 7 novembre 1632. Du 8 novembre 1632. Du 23 août 1633, etc.

Voici maintenant les anciens jugemens et condamnations. Ces pièces ont un incontestable intérêt, non-seulement pour ce qui regarde la justice, mais encore pour l'étude des mœurs d'alors.

Je retrouve ici avec plaisir une note que j'ai prise, il y a longtemps, dans un carton de l'abbé Mutte. Elle concerne une peine assez singulière infligée à une femme de Cambrai, et un accident qui arriva à ce sujet.

« L'an 1521 le 27 avril y eut une femme condamnée à être fourrée au piloris et puis mise en la mande (panier), et là pendue jusqu'à temps qu'elle aurait coupé la corde. Et pour ce voir, il y avait plus de mille personnes qui étaient appuyées autour du Flot de Kayère, auquel la bordure (garde-fou) depuis le piloris jusques le baille (entrée, barrière) de devant le maurien (maure) cheût audit Flot et bien de 50 à 60 personnes, que petits enfans avec, cheûrent audit Flot ; mais aucuns compaignons saillirent (sautèrent) après, qui saulvèrent ceux dans l'eau, et par la grâce de Dieu n'y eut nul noyé. »

Extrait du livre aux remontrances fol. 7.

« Le neuvième jour du mois de février *mil cinq cent quarante huit*, noble homme François Wamquetin seigneur dudit lieu et bailly de Cambresis accompagné de Jean Buzelin et Jacques Regnard hommes de fiefs dudit baillage a remontré a messeigneurs en pleine chambre que par jugement de la cour dudit baillage un nommé François Martin, naguerre banny de la cité et banlieu et acconduite, etoit condamné pour meurdre, larchin et autres maléfices être rompu sur une croix, ce qu'il entendoit faire exécuter sur un hour au Marché de cette ville, devant la Maison de Rome, requerant luy êstre permis ce pouvoir faire et sans préjudice de la juridiction ordinaire de mesdits seigneurs ; sur laquelle requette mesdits seigneurs, en faveur de justice, ont accordé pour cette fois audit sieur Bailly pouvoir faire ladite éxécution en la cité au lieu dessus dit sans préjudice et sans us et coutume. »

« Du 2e jour d'aout 1618.

» Jacques Marmouzey chartier de son style, prisonnier chargé d'incontinence, de hanter ordinairement les lieux publics et scandaleux dont il est apparû par information en tenuë avec ses responses : Messieurs, attendu la détention de prison dudit Marmouzey, où, passé trois jours, il aurait vécû avec pain et eau, partie de sa punition, l'ont condamné d'aller faire un voyage à pieds jusqu'a Notre-Dame de Montagû, et illecq se confesser et communier, y faire dire une messe, avecq y présenter aussi un chiercho d'une livre de chire, et d'en apporter certificat ; avecq commandement de ne plus hanter lesdits lieux, ny avecq personnes mal famez, à peine y récidivant, d'être banni de cette ville et banlieue. »

« Du jour 20e de septembre 1618.

« Simon Dupont dit Misérable, natif de cette cité, prisonnier, pour, en méprisant la crainte de Dieu, s'être oublié que le jour de la Nativité de Notre-Dame dernière, avoir usé de plusieurs et divers blasphêmes éxécrables et renié le St Nom de Dieu, ce qu'il aurait réitéré cinq à six fois, étant habitué aux blasphêmes; homme oisif, s'adonnant à la boisson, ayant commis autres excès contenus en son procès criminel : Nous prevot et eschevins, avons, icelui Simon Dupont prisonnier, condamné et condamnons, d'avoir, au devant de cette maison de ville, la langue perchée d'un fer chaud, à l'exemple d'autres. »

Jugement rendu contre les Bouchers de la Ville en 1621.

« Du vingt-huictiesme jour du mois d'apvril an seize cent vingt ung.

« Veues les informations préparatoirement tenues allencontre des bouchers de ceste ville, leurs déclarations et confessions qu'ils se sont assemblés au logis de leur chappellain, et illecq signé certain escript par lequel ils promettaient unanimement; avecq serment presté es mains de leur dict chappellain, de ne fraper sur le ferme où impost des bestes qu'on tue et vend en ceste dicte ville mis sus par les estats, ny donner aucune assistence à cestuy où ceulx à quy il demeurerait, et qu'après ledict ferme passé, ils se sont de rechéf assemblés en la maison de Jean de Caignoncle boucher, laquelle est à l'estat, où ils ont aussy tous promis et faict encore ce serment ès mains de leur dict chappellain de ne plus tuer ny vendre chaire à la boucherie, ne fust qu'on mist bas ledict impost. En quoy quy plus est, ils se sont opiniastrement maintenus nonostant les remonstrances et comminations a eulx faictes de les priver de leurs estats jusques là qu'ils s'en sont laissés priver donnant cause par ainsy de se pourvoir d'ailleurs, à la chaire requise en ceste ville : ayant aussi le susdict escript par ledict chappellain estez mis ès mains de Pierre Saudemont mayeur, puis par luy bruslé affin vraysemblablement que la grandeur du délict ne fut congnû ; quy sont ligues, conventiculs et conjurations bien et strictement défendus par les loix comme estant choses très pernicieuses à la république et de très mauvais exemple ; et quy eut apparament causé une esmotion à faulte de chaires, prinçipallement en tels jours de Pasques auxquels ils commençoient l'effect de leur dicte conjuration sans le remede y apporté. Pour ces causes, nous prevost et eschevins les avons tous et chacun d'eulx remis en leurs estats pour faire les fonctions et exercices de bons bouchers, les condamnant néantmoins tous à estre et comparoistre en ce Consistoire à huis ouvertes, testes nuës, génoux fléchys, mains jointes, et y prier mercy à Dieu et à justice, particulièrement Pierre de Saudemont et Jean de Caignoncle mayeurs, avec un cierge chacun en leurs mains, et en tel estat à testes, jambes et pieds nûs, suivis des oultres mayeurs, A SCAVOIR, Jean Moreau l'aisné, Léonard Clarot, Jean Dedecy, Martin Clarot, et Mathieu Lhermitte : porter leur dict cierge allentour de la Chapelette du Marchet, et d'illecq le rapporter et poser en la Chapelle de la Chambre-de-Paix. Et condamnons en oultre toute la généralité desdits bouchers en une amende de SIX CENTS LIVRES payables selon nostre cotisation, et applicables à telle chose que trouverons convenir en mémoire perpétuelle de cestuy leur fourfaict, pour leur en faire avoir une vife répentance, et pour servir d'exemple à eulx et à tous aultres pour l'advenir. »

Cette somme fut employée à la dépense d'un grand tableau représentant lesdits bouchers faisant amende honorable aux échevins. (1)

« Du 27e de juillet 1621.

» Veu le proçés criminel de Jean Robalte marequeur, prisonnier, chargé d'avoir usé et proféré plusieurs propos scandaleux et faisant tant contre notre religion catholique sainte appostolique et romaine, que au mépris des princes chrétiens et catholiques, selon qu'il est plus amplement reprins au proçés : Messieurs, pour ces causes, ont renvoyé et renvoyent ledit Robalte avec décharge et impugny, lui enjoindant de, par chaque semaine deux fois, se faire catéchiser sur la profession de sa foy, soit pardevant M. le plenipotentier en l'église metropolitaine de Cambrai, le père recteur des Jesuites, où le père gardien des Récolets en cette cité. Et par chacun mois, aller à la confesse en l'un desdits lieux, et y recevoir la sainte et sacrée Communion, et ce, par continuation de demi-an, et de ces debvoirs, en rapporter, par chacun mois, certificat de l'un des dessusdits, purgeant les dépens de son emprisonnement. »

---

(1) Ce tableau existait encore à l'époque de la révolution.

« Du 9e jour du mois d'aout, an 1621.

« Veu le procés criminel démené a la charge de Jean Leprêtre-prisonnier, natif du faubourg de cette ville, sur les plaintes et doléances de Marie de Paris sa mère, par lequel il se trouve suffisamment convaincû, tant par témoins, qu'autrement, d'avoir appellé ladite Marie sa mère plusieures fois, *vielle carogne*, *vielle b.........*, véhémentement suspecté d'avoir dit qu'elle n'était pas sa mère; de l'*avoir battue et inhumainement traitée* et contrainte de quitter sa propre demeure et se mettre ensuite chez diverses personnes sans y oser retourner, pour la crainte qu'elle avait de lui et être en continuelles discutions depuis dix-sept ans et plus avec elle : pour ces causes et autres résultant dudit procés : Nous prevost et eschevins, avons, ledit Jean Leprêtre, condamné et condamnons de comparoir au devant de cette maison de ville avec chemise en blanc, ayant une torche en main, pour, illecq, pieds, tête nues, genoux fléxis et mains jointes, prier mercy à Dieu, à justice et à sa merc, et illecq aller anthour de la chapelette sur le marché et rapporter ladite torche dans la chapelle de paix pour y être are et consommée : ce fait, avons icelui Leprêtre prisonnier, banny et bannissons de cette ville et banlieue de Cambrai, par l'espace de trois ans, lui enjoindant de ne médire ni méfaire de fait, de parolle ou autrement à sa dite mere, sur peine de vie. »

« Du 10e jour du mois de décembre 1621.

« Veu, etc., pour avoir enfreint son ban de bannissement ledit

mœubles, d'avoir esté a la maison que l'on dict *la Folie* aussy de nuit et y desrobbé semblablement plusieurs parties de mœubles le 7 may de l'an dernier passé, d'avoir aussy dudepuis desrobbé diverses parties de mœubles en certaine maison de Richard Dehennin vers Pronville, d'en avoir encore robbé ailleurs en le maison de George Pierquin vers *La Buse*, aultres en la maison de Messre Guillaume Bernard vers Cantimpret, aultres en la maison de Catherine Oudart veuve de Jean Roulcourt et aultres aussy en la maison de Mre Jean Crul, hors la Porte Noeuve; tous jceulx larchins faicts et commis de nuict en la compagnie de Nicolas Joly avec force et fraction par luy et ses complices faicts tant aulx haïes, qu'aulx portes, ferrures, pentures, fenestres ou voiriers desdites maisons pour entrer en jcelles: d'avantaige véhémentement suspecté d'avecq ledict Nicolas Joly avoir esté nuitamment depuis environ un an en ceste saison en certaine terre d'Adrien Cuissette vers la prédicte maison de *la Folie*, et illecq, avoir battu la navette y croissante et l'a mis en deux sacqs pour la desrobber et emporter comme ils eussent faict sans le rencontre et empéchement d'aulcuns sergeans; suspecté au surplus d'encore aultres larchins et mésus et communement tenû et reputé homme de mauvais vie, larron et vivant à l'advantaige, crainct et redoubté d'un chacun : Pour ces causes et aultres resultantes dudict procès, l'avons condampné et condampnons d'estre pendû à une potence et y estranglé tant que la mort s'ensuive à l'exemple d'aultres. »

Pareil jugement rendu contre Nicolas Joly, complice du précédent.

« Dudit jour.

« Jacques Flament, chavetier de son style, appellé pardevant Messieurs en pleine chambre, commandement lui a été fait, ledit jour, de ne plus hanter ni converser avec ladite Marguerite Durieu, à peine d'estre chastié et pugny, comme aussi de ne plus battre ni molester sa femme, ains, vivre en toute paix et amitié ensemblement. »

« Du dix-neufviésme de juing 1627.

« Veu le procès criminel faict à Bon Boniface homme marié se disant natif de cette ville, eaigé de trente-six ans ou environ, prisonnier ; les informations préparatoires tenues à sa charge ; ses reponses aulx interrogatoires à luy faictes ; ses confessions, variations et dénégations; les recollemens et confrontations d'aulcuns tesmoins contre luy ouys ; l'acte par lequel il a esté admis à ses justifications ; aultre par lequel il a déclaré n'en avoir aulcune à faire, et celuy des conclusions prinses contre luy d'office et tout ce que faisoit à veoir et considérer mouvoir peult et doibt. Nous prevost et eschevins, disons et déclarons jceluy Bon Boniface suffisamment atteint et convaincû, tant par les dépositions des susdits tesmoings, que par ses confessions propres et volontaires, d'avoir depuis environ deux ans, robbé nuictamment en la maison de la dame Debaratte diverses parties de mœublès, d'avoir esté a la maison que l'on dict *la Folie* aussy de nuit et y desrobbé semblablement plusieurs parties de mœubles le 7 may de l'an dernier passé, d'avoir aussy dudepuis desrobbé diverses parties de mœubles en certaine maison de Richard Dehennin vers Pronville, d'en avoir encore robbé ailleurs en le maison de George Pierquin vers *La Buse*, aultres en la maison de Mess^{re} Guillaume Bernard vers Cantimpret, aultres en la maison de Catherine Oudart veuve de Jean Roulcourt et aultres aussy en la maison de Mre Jean Crul, hors la Porte Noeuve ; tous jceulx larchins faicts et commis de nuict en la compagnie de Nicolas Joly avec force et fraction par luy et ses complices faicts tant aulx haïes, qu'aulx portes, ferrures, pentures, fenestres ou voiriers desdites maisons pour entrer en jcelles : d'avantaige véhémentement suspecté d'avecq ledict Nicolas Joly avoir esté nuitamment depuis environ un an en ceste saison en certaine terre d'Adrien Cuissette vers la prédicte maison de *la Folie*, et illecq, avoir battu la navette y croissante et l'a mis en deux sacqs pour la desrobber et emporter comme ils eussent faict sans le rencontre et empêchement d'aulcuns sergeans ; suspecté au surplus d'encore aultres larchins et mésus et communement tenû et reputé homme de mauvais vie, larron et vivant à l'advantaige, crainct et redoubté d'un chacun : Pour ces causes et aultres resultantes dudict procès, l'avons condampné et condampnons d'estre pendû à une potence et y estranglé tant que la mort s'ensuive à l'exemple d'aultres. »

Pareil jugement rendu contre Nicolas Joly, complice du précédent.

« Dudit jour.

« Jacques Flament, chavetier de son style, appellé pardevant Messieurs en pleine chambre, commandement lui a été fait, ledit jour, de ne plus hanter ni converser avec ladite Marguerite Durieu, à peine d'estre chastié et pugny, comme aussi de ne plus battre ni molester sa femme, ains, vivre en toute paix et amitié ensemblement. »

« Du dix-neufviésme de juing 1627.

« Veu le procès criminel faict à Bon Boniface homme marié se disant natif de cette ville, eaigé de trente-six ans ou environ, prisonnier ; les informations préparatoires tenues à sa charge ; ses reponses aulx interrogatoires à luy faictes ; ses confessions, variations et dénégations; les recollemens et confrontations d'aulcuns tesmoins contre luy ouys ; l'acte par lequel il a esté admis à ses justifications ; aultre par lequel il a déclaré n'en avoir aulcune à faire, et celuy des conclusions prinses contre luy d'office et tout ce que faisoit à veoir et considérer mouvoir peult et doibt. Nous prevost et eschevins, disons et déclarons jceluy Bon Boniface suffisamment atteint et convaincû, tant par les dépositions des susdits tesmoings, que par ses confessions propres et volontaires, d'avoir depuis environ deux ans, robbé nuictamment en la maison de la dame Debaratte diverses parties de liberté de conscience, telle que nous la donnent ces hommes, qui ont crié à l'intolérance parce qu'au vieux temps on mettait dans les mains de l'impie un cierge expiatoire.

Plaise à Dieu que les temps ne viennent pas où ces champions des libertés religieuses mettront à mort des milliers de personnes pour avoir conservé dans leurs cœurs de secrettes convictions dont elles ne devaient compte à aucun homme. Plaise à Dieu que l'on ne tue pas un jour comme *fanatique* celui qui n'aura pas voulu renier le ciel, parce que dans sa conscience le ciel n'est pas une chimère.

Ainsi pour revenir à l'opinion émise par Henry de V...., chacun a le droit, socialement parlant, de se faire une religion négative, chacun a le droit de proclamer le blasphème dans son âme; les hommes n'ont rien à dire, là où Dieu seul doit parler; mais l'impiété proclamée, le blasphème public, sont dangereux, par le scandale, comme par l'exemple; et de même que la justice des hommes punit celui qui jette du poison dans les fontaines où l'on se désaltère, de même elle a dû punir celui qui empoisonne les sources de l'intelligence.

Mais en ce moment le matérialisme triomphe, la *loi* s'est faite *athée*, elle ne croit plus à Dieu. Hélas! vous le savez : elle ne croit plus aux rois, et puis bientôt elle ne croira plus au père de famille. Elle a oublié le sacrilège, elle a oublié le régicide, elle oubliera le parricide : et qui sait? peut-être, après avoir effacé, à force de mépris pour les principes constitutifs de l'ordre social, tout ce qui tient au culte de la divinité, de la royauté et de la

—Prenez garde, Henry, vous confondez deux choses absolument distinctes. Il ne s'agit pas, dans les vues de Charles, de demander à l'impie compte de ses maximes, il faudrait au contraire l'empêcher de les faire connaître. La conscience de l'homme n'appartient qu'à lui ; mais aussi cette conscience à laquelle on n'a pas le droit d'imposer les opinions d'autrui, n'a pas davantage le droit d'imposer les siennes à autrui. Et quand ces opinions sont dangereuses, la société doit, en bonne morale, en défendre la propagation. Or, aujourd'hui, sous prétexte de libertés religieuses, on sape les vraies croyances par leur base : on empoisonne toutes les sources auxquelles la jeunesse va chercher son existence intellectuelle. D'intolérans novateurs lui interdisent l'eau saine de la vie, la forcent à se nourrir de ce triste et sâle limon qui engendre dans les âmes le désespoir, le vide, les désolations : spectres maudits, morts depuis long-temps aux douces croyances, aux consolantes doctrines, ils veulent arracher à tous le repos, l'espérance, le bonheur, et ils proclament audacieusement la liberté de conscience !

La parole du Seigneur est proscrite ; le blasphême est dans la chaire du philosophe, comme sur les planches du théâtre ; il hurle sur la place publique, il se mêle aux gémissemens de la presse, il rampe le long des feuilles du roman ; l'enfant, la jeune fille, le jeune homme le trouvent partout. On fausse leur esprit, on pervertit leur cœur, on les plonge dans l'impiété, on les y submerge ; et l'on dit qu'ils sont libres de choisir entre Dieu qu'on leur caché, qu'on leur calomnie, et le mal qu'on leur impose ou qu'on leur montre sous de séduisantes couleurs ! Voilà la liberté de conscience, telle que nous la donnent ces hommes, qui ont crié à l'intolérance parce qu'au vieux temps on mettait dans les mains de l'impie un cierge expiatoire.

Plaise à Dieu que les temps ne viennent pas où ces champions des libertés religieuses mettront à mort des milliers de personnes pour avoir conservé dans leurs cœurs de secrettes convictions dont elles ne devaient compte à aucun homme. Plaise à Dieu que l'on ne tue pas un jour comme *fanatique* celui qui n'aura pas voulu renier le ciel, parce que dans sa conscience le ciel n'est pas une chimère.

Ainsi pour revenir à l'opinion émise par Henry de V...., chacun a le droit, socialement parlant, de se faire une religion négative, chacun a le droit de proclamer le blasphème dans son ame, les hommes n'ont rien à dire, là où Dieu seul doit parler ; mais l'impiété proclamée, le blasphème public, sont dangereux, par le scandale, comme par l'exemple ; et de même que la justice des hommes punit celui qui jette du poison dans les fontaines où l'on se désaltère, de même elle a dû punir celui qui empoisonne les sources de l'intelligence.

Mais en ce moment le matérialisme triomphe, la *loi* s'est faite *athée*, elle ne croit plus à Dieu. Hélas ! vous le savez : elle ne croit plus aux rois, et puis bientôt elle ne croira plus au père de famille. Elle a oublié le sacrilège, elle a oublié le régicide, elle oubliera le parricide : et qui sait ? peut-être, après avoir effacé, à force de mépris pour les principes constitutifs de l'ordre social, tout ce qui tient au culte de la divinité, de la royauté et de la

— Prenez garde, Henry, vous confondez deux choses absolument distinctes. Il ne s'agit pas, dans les vues de Charles, de demander à l'impie compte de ses maximes, il faudrait au contraire l'empêcher de les faire connaître. La conscience de l'homme n'appartient qu'à lui ; mais aussi cette conscience à laquelle on n'a pas le droit d'imposer les opinions d'autrui, n'a pas davantage le droit d'imposer les siennes à autrui. Et quand ces opinions sont dangereuses, la société doit, en bonne morale, en défendre la propagation. Or, aujourd'hui, sous prétexte de libertés religieuses, on sape les vraies croyances par leur base : on empoisonne toutes les sources auxquelles la jeunesse va chercher son existence intellectuelle. D'intolérans novateurs lui interdisent l'eau saine de la vie, la forcent à se nourrir de ce triste et sâle limon qui engendre dans les âmes le désespoir, le vide, les désolations : spectres maudits, morts depuis long-temps aux douces croyances, aux consolantes doctrines, ils veulent arracher à tous le repos, l'espérance, le bonheur, et ils proclament audacieusement la liberté de conscience !

La parole du Seigneur est proscrite ; le blasphême est dans la chaire du philosophe, comme sur les planches du théâtre ; il hurle sur la place publique, il se mêle aux gémissemens de la presse, il rampe le long des feuilles du roman ; l'enfant, la jeune fille, le jeune homme le trouvent partout. On fausse leur esprit, on pervertit leur cœur, on les plonge dans l'impiété, on les y submerge ; et l'on dit qu'ils sont libres de choisir entre Dieu qu'on leur cache, qu'on leur calomnie, et le mal qu'on leur impose ou qu'on leur montre sous de séduisantes couleurs ! Voilà la

règne de la force brutale ; c'est ôter toute sanction à la loi. Si la loi n'est que l'œuvre des *majorités*, elle sera, le mot l'indique, l'œuvre des plus forts ; elle sera un produit des caprices de la fortune. Si les rois sont respectables, si le père de famille a droit à la vénération de ses fils, ce n'est que parce qu'ils représentent Dieu. Sans cela ce sont des hommes que la force, l'intrigue ou le hasard ont mis à la place qu'ils occupent. Donc, si vous supprimez Dieu, le père comme le roi ne représentant plus rien que la force, sont soumis aux lois du plus fort. Bien plus : si vous supprimez Dieu, l'homme n'est plus cet être immortel auquel la terre doit amour et vénération. Il devient un animal comme les autres animaux, à un degré supérieur d'intelligence et voilà tout. Et tout cela étant ainsi, l'offense faite au roi ou au père de famille ne s'adresse plus qu'à un homme, et la loi n'en peut pas faire un crime à part ; en tuant un homme on ne tue plus qu'un animal et si la loi ne punit pas le meurtre d'un singe, elle ne peut pas punir le meurtre d'un homme.

Je sais bien qu'il y a des gens qui voudraient s'arrêter à l'endroit où l'absurde devient trop évident. Mais par cela même ils violent des conséquences et ajoutent l'absurde à l'absurde.

Disons-le donc, l'homme n'est respectable que parce qu'il est l'image de la divinité. Le parricide n'est un crime que parce que le père représente Dieu. Il en est de même du roi. Mais si la loi reconnaît Dieu dans les hommes, dans le père, pourquoi ne reconnaît-elle pas Dieu dans lui-même ? Dire que la loi est athée, c'est ôter à la loi sa seule force juste et raisonnable. Si la loi n'a pas Dieu pour sanction, elle ne sera plus rien : ou plutôt la loi, ce sera le canon du soldat ; les pavés, les barricades de l'insurrection ; ce sera le fer de l'assassin, l'escopette du bandit ; ce sera enfin la volonté du plus fort.

— Je vous remercie, Monsieur, dit Henry, me voilà satisfait sur ce point, et je comprends maintenant que l'existence des sociétés repose sur de grandes vérités qu'on n'altère pas sans danger. Je comprends également que le blasphême est une atteinte portée à ces grandes vérités, et que loin de violer la liberté des peuples en punissant l'impiété, on les venge au contraire d'une attaque qui compromet plus ou moins leur existence ou leur repos.

CINQUIÈME SOIRÉE.

Le Répertoire d'un Échevin.

USAGES, COUTUMES, RÉGLEMENS ET ORDONNANCES RELATIFS AUX ÉCHEVINS ET AUX DIVERS CORPS DE MÉTIERS ; AINSI QU'A LA POLICE DE LA VILLE.

. . . .

. . . . C'était, ajouta l'abbé Tranchant, une œuvre admirable que l'ensemble de cette vieille constitution Cambresienne. On y retrouve les traces de l'administration de famille, avec ses sollicitudes qui s'étendent jusqu'aux moindres détails ; avec ses traditions, je dirai même ses instincts de bonne foi. On y retrouve le sentiment de l'ordre ; la naïveté, l'honnêteté de la vertu ; les mœurs hospitalières, garantissant la sécurité de l'étranger ; tout y respire l'amour du bien, et l'on se demande, en présence de tant de bons élémens, de quoi il a servi de changer tout cela !

A ces grands bouleversemens qui n'ont été que la sanglante et folle exagération des sages principes de quatre-vingt-neuf, on a gagné deux illusions, deux mensonges de plus qu'autrefois : la *Liberté* et l'*Egalité!* Ce qui n'empêche pas qu'il y ait encore des chaînes et des prisons ; ce qui n'empêche pas qu'il y ait encore des grands seigneurs et des vilains. Seulement les rôles sont changés.

Mais nous avons une chose de moins ; une chose à jamais regrettable, je veux dire l'esprit d'association. Les imposteurs qui, sous prétexte d'édifier, nous ont fait tant de ruines, parlent bien haut de *fraternité*, et ils ont détruit les confréries. Ils nous font avec fracas des *fédérations* où le plus fort insulte au plus faible, et ils ont aboli les corporations où tout le monde faisait pacte d'amour. C'est-à-dire qu'ils ont mis les mots à la place des choses. Adroits et coupables jongleurs, ils ont pris le peuple pour leur dupe, et peut-être l'on réclamera plus d'un siècle encore l'accomplissement de leurs vaines et brillantes promesses.

Les confréries, les sermens, les corporations étaient la sauvegarde des gens de métier. Une salutaire et paternelle surveillance s'exerçait par tous au profit de tous. Elle assurait l'honnêteté de chacun des membres, et conservait ainsi dans son intégrité la bonne réputation du corps tout entier. Le principe religieux, le principe évangélique dominait tous ces hommes, voilà pourquoi nos rénovateurs ne veulent plus des corporations. Ils savent trop bien que, laissé à lui-même, et quand on ne l'égare pas, le peuple est sage ; ils savent trop bien qu'uni de la sorte par l'association, et par une pensée d'en haut, le peuple est fort.

Fort et sage, le peuple ne pouvait devenir leur esclave, le peuple se riait de leur orgueil et de leur cupidité. Ils l'ont désorganisé; et la légion sainte une fois entamée, on a eu bon marché de ses débris épars. On a fait avec les uns des victimes ; avec les autres des bourreaux ; jusqu'à ce que l'on fasse des uns et des autres des serfs payant la dîme à un maître plus exigeant que les maîtres d'autrefois.

Sous les efforts centralisateurs de nos politiques modernes, les libertés provinciales périront. Vous le verrez, mes amis, la centralisation n'aura d'autre résultat que de livrer le pays tout entier au despotisme d'une admininistration unique. Un jour le pouvoir s'élevera si haut sur ces ruines de nos libertés, que les doléances du peuple ne sauront plus l'atteindre. Il ne sera plus même importuné des gémissemens que l'oppression arrachera à ce que l'on appelle aujourd'hui un peuple libre. Mais laissons-là les funestes pressentimens et revenons à notre vieille cité.

Tenez, mes amis, parcourez avec moi ce grand in-folio, où un savant échevin, Ladislas de Baralle, consignait en 1679 l'analyse de nos réglemens administratifs.

Nous retrouvons d'abord ici nos échevins qui formaient, pour ainsi dire, la première corporation de la ville; corporation d'élite, aux mains de laquelle étaient remises l'administration et la surveillance générales. Vous n'avez pas perdu de vue ce que je vous ai dit, quant à leur principe constitutif et leur organisation politique. Vous savez aussi que l'archevêque se réservait sa part de justice distributive dans une certaine circonscription de la ville.

Le magistrat qui agissait au nom de l'archevêque était le *Bailly de Cambresis*.

Nous pouvons voir aujourd'hui le sommaire du réglement spécial qui régissait les échevins. Voici comment le laborieux Ladislas de Baralle l'a écrit dans son livre :

« *Règlement que doresnavant s'observera par ceux de l'estat du magistrat, ministres et officiers de la ville de Cambray, pays et comté de Cambresis.*

» Premièrement. Est ordonné que le magistrat se renouvellera tous les ans, comme d'ancienneté, au 6e jour de may.

» 2e. Que lesdits magistrats s'acquitteront deubment de leur devoir.

» 3e. Qu'ils s'assembleront aux jours, heures et lieux accousmez, sans s'absenter, etc.

» 4e, 5e, 6e, 7e. Règlement des absences desdits du magistrat, hors de la Chambre.

» 8e. Qu'en proposant les affaires, on commencera aux publiques, pour venir aux particulières.

» 9e. Que lesdits du magistrat ne feront aucune ligue par ensemble.

» 10e. Que les comptes du domain se rendront tous les ans sur la fin du mois d'apvril.

» 11ᵉ. Qu'aux dits comptes, assisteront les personnes accoustumées d'ancienneté.

» 12ᵉ. Qu'il ne se fera plus que 12 brevets.

» 13ᵉ. Qu'es-dits brevets se coucheront les billets des ouvriers clairement et sincèrement.

» 14ᵉ. Que les quatre-hommes s'obligeront par serment à leur office.

» 15ᵉ. Qu'iceux feront les marchés des ouvrages publics.

» 16ᵉ. Que les provisions nécessaires de la ville s'achepteront en saison.

» 17ᵉ. Qu'iceux faisant les esseux (1) avec les taverniers ne prendront aucuns pots-de-vin ny bancquets.

» 18ᵉ. Que les draps de Messieurs du magistrat se payeront en argent. (2)

---

(1) Réglemens.
(2) Originairement on était dans l'usage de livrer *en nature* aux échevins des draps pour la confection de leurs robes et bonnets. Plus tard on remplaça cette fourniture par une somme d'argent. Un règlement en date de 1679 fixe les honoraires du prévôt à 500 florins par an, ceux des échevins à 250 florins. De plus il leur alloue une somme de 100 *florins pour leur robe et parure, laquelle leur demeurera pour tout le temps qu'ils seront dans le magistrat.*

» 19e. Que les robes et bonnets desdits seront uniformes, et se porteront es-lieux et heures accoustuméz.

» 20e. Que les maîtres de la feste ne feront despens superflus.

» 21e. Que les quatre-hommes ne prendront rien pour ouverture de fenestres, etc.

» 22e, 23e. Ce que lesdits sieurs doivent avoir pour leurs droits de visite.

» 24e. Que lesdits quatre-hommes ne pourront exiger des fermiers aucuns bancquets.

» 25e. Ce que Messieurs du magistrat doivent avoir pour l'audition des comptes des maisons mortuaires et abandonnées.

» 26e. Règlement pour les maisons mortuaires.

» 27e, 28e, 29e, 30e. Règlement pour les bancquets, et que doresnavant, ne s'en feront plus que dix.

» 31e. Ce que doivent donner les sacristes. (1)

---

(1) Un ancien usage exigeait que les échevins, et les quatre hommes nouvellement nommés *fussent soumis aux frais des festins et banquets qui se faisaient chaque année durant la fête du sacre* (du St Sacrement) *au sein du magistrat.*

Parmi les papiers qui ont servi à la rédaction des soirées de

» 32e. Que tous les recepveurs de la ville et de l'estat seront sermentéz.

» 33e. Qu'iceux mettront dans leurs comptes les noms de ceux auxquels ils auront fait payement.

» 34e. Que lesdits recepveurs seront changés de 3 ans en 3 ans.

» 35e. Que lesdits recepveurs n'auront qu'une recepte.

» 36e. Qu'iceux ne pourront mettre en mises les encres, papiers, plumes et ligature de leurs comptes.

» 37e. Qu'ils rendront leurs comptes au plustost, six semaines après leur eschéance.

» 38e. Que nuls desdits recepveurs ne pourront être fermiers.

» 39e. Que les commis aux fortifications feront aussy les brevets.

» 40e. Qu'à la rendition desdits brevets il n'y aura que six bancquets.

l'abbé Tranchant, sont plusieurs ordonnances du corps des échevins, qui, vu la cherté des vivres, déclarent que les deniers affectés aux banquets d'usage seront donnés aux pauvres.

Ces repas administratifs se faisaient d'ordinaire, dans une salle appelée la chambre verte, entre hommes seulement ; néanmoins on dérogea quelquefois à cette coûtume sérieuse, et des dames y furent admises.

» 41e. Qu'iceux ne feront aucuns bancquets, lorsque se fera quelque marché des ouvrages de la ville.

» 42e. Qu'à la rendition des comptes des estats et dits commis, ne se fera bancquet que pour les auditeurs seulement.

» 43e. Que toutes les fermes se passeront à cry public. (1)

» 44e. Les comptes des estats se rendront dans la chambre desdits estats, etc. »

« Ce réglement, ajoute le savant échevin, est de l'an 1619 ; et vous pourrez voir au même registre un autre réglement antérieur du gouverneur Juan de Rivas, qui est de même nature. »

Le 2 d'octobre 1658, le magistrat fit relire en pleine Chambre ce sage règlement et décida qu'on s'y conformerait ponctuellement à l'avenir.

— J'admire la prudence de ces règles, dit Charles de R..., et je remarque de plus, que déjà il était beaucoup question de banquets chez nos bons Cambresiens.

— Il ne leur fallait pour cela que des prétextes, reprit l'abbé Tranchant en souriant. En voici la preuve. Une de ces coûtumes, si favorables au penchant de nos ayeux, voulait que le magistrat qui se mariait ou mariait un de ses enfans payât les frais d'un

---

(1) Les échevins ne pouvaient donner sur les fermes.

banquet; et que la ville, de son côté, donnât des vins aux nouveaux mariés.

Lisons à ce sujet une ordonnance du 2 octobre 1640, qui vous donnera, mieux que moi, puisqu'elle est officielle, une notion suffisante de cet usage, et qui prouvera en même temps, chez les échevins, un désintéressement qui leur fait honneur :

« Messieurs les eschevins faisant ce qui est de leur debvoir et charge, de retrancher à leur possible, les fraix excessifs que la ville supporte journellement, spécialement en un temps si calamiteux de guerre, et où elle se trouve surchargée de sommes grandes et immenses; et ayant recongneu par les comptes du domaine ordinaire d'icelle ville, que l'on aurait, depuis peu d'années, modéré ceux de ce magistrat s'étant alliéz par mariage, ou ayant marié aucuns enfans, à quatre-vingt florins, pour la despense que chacun d'eux debvait supporter, qui était de deux plats de viandes, semblables à celles qui estaient présentez au banquet nuptial, et d'une canne de vin. En considération que les marians sont honorez et bénéficiés de dix-huict cannes des vins de la ville, et surchargée ladite ville, outre ledit vin, du surplus de la despense : ordonné par ceste, que cette bonne et louable coustume d'honorer lesdits marians desdits vins de la ville, leur sera continuée; mais que pour l'advenir, icelle ville ne sera chargée d'autre chose; et comme les vivres sont fort chers, celui dudit magistrat, se mariant, ou mariant un de ses enfans, payera seulement la somme de cent florins, pour et au lieu desdits deux plats de viande et canne de vin, et que *le surplus de ladite despense demeurera à la charge de mesdits sieurs pour le payer selon qu'ils le trouveront convenir, à la plaine décharge desdits marians et de ladite ville.*

» Faict en plaine chambre.

» Signé, MAIRESSE. »

Les échevins étaient encore dans l'usage de donner à la chambre du domaine, au moment de leur entrée en fonctions, deux livres de succades et quatre lots de vin. Un acte du magistrat en date de 1656 en fait foi.

Vous voyez, mes jeunes amis, quelle liaison étroite existait entre les intérêts de la ville et ceux de ses magistrats ; partout, à cette époque, domine le sentiment, l'esprit de famille. Il était même en certaines circonstances et dans une acception plus restreinte, porté jusqu'à l'exagération, et il n'a fallu rien moins qu'une « lettre de Charles quatriesme empereur pour abroger une coustume qui estoit à Cambray, sçavoir : que quand quelqu'un estoit en guerre contre un autre, les parens, alliez et amis des deux parties respectivement, estoient aussi réputéz, être en guerre et querelle les uns contre les autres. »

On comprend que de là devaient résulter, comme le dit la lettre, « homicides, mutilation, effraction, injures, escandales et plusieurs périls où les bons étoient travaillez par les mauvais. »

Cette coûtume, tenant encore des temps peu civilisés, témoignait du moins de cet instinct de solidarité si effacé de nos jours dans les familles qui ont malheureusement en déficit ce qu'autrefois elles avaient en exagération sous ce rapport.

Le magistrat avait à sa nomination un grand nombre d'offices. Je trouve ici une note ainsi conçue :

« *Déclaration des offices qui sont à la collation de MM. du magistrat.*

» Premièrement créent et font chascun an, lesdits échevins, le 6e jour de febvrier, les quatre hommes, et le recepveur, pour demourer esdits offices, le terme et espace d'un an, depuis leur création ; et aussy toutesfois qu'il les fant faire : s'ils allaient de vie à trépas, pendant le dit an, ou s'ils estoient faits eschevins, parquoy il y faulist pourveoir d'aultre ou d'aultres.

» Item donnent le Clergie (le greffe) de leur office de l'eschevinaige.

» Le Clerq des quatre-hommes.

» Les conseillers et procureurs de la Ville.

» Le concirge et warde (gardien) de la Maison-de-Ville.

» Le messager qui porte la boiste des armes de la Ville.

» Le valet des quatre-hommes.

» L'artilleur de la Ville.

» Le charpentier.

» Le fèvre (ferronnier).

» Le machon.

» Le cauchieur (celui qui travaille à l'entretien des rues).

» Le couvreur.

» Le chirurgien de la Ville.

» Le plommier (plombier).

» Item donnent les estaux de la Boucherie, toutes les fois qu'ils eschient, par la manière ordonnée par lesdits eschevins.

» Font les deux sergens de la Chambre, *qui ont draps.* Aussy le wette de la Ville (le guetteur).

» Item font les grands chartriers et leur clercq.

Autres offices à donner par eux.

» Les eswardeurs (experts) des draps à le perche.

» Les gaujeurs de vin, qui ont gages ordinaires.

» Les eswardeurs.

» Les priseurs de la Ville.

» Les desquerqueurs (déchargeurs) du vin.

» Les mesureurs des grains.

» Les porteurs du charbon et de la braise.

» Les portiers qui wardent les clefs des portes.

» Les revendeurs et revendresses des biens, ou autres choses pour autruy.

» Les mesuresses de sel et les coulletiers (courtiers.)

» Les coulletiers des laines et des waranches (garances.)

» Les prévots des ladres et l'aunage des toilles.

» Les mesureurs de terre.

» Les cerquemanneurs.

» Et est à savoir que tous les mayeurs des métiers et marchandises, où il y a et appertient à avoir enseigne, ponchon (poinçon) ou marque, se doivent faire en pleine Chambre et en icelle estre sermentéz par ledit prévot; et puis en ladite Chambre leur sont et doibvent estre par lesdits eschevins baillez et délivrez lesdits enseignes, ponchons ou marques, pour en faire et user comme il appartient, à charge de les rapporter en la Chambre, tout et quante fois que déportéz seront de leurs offices.

» Item font le greffier des commis aux fortifications et le valet desdits commis, selon qu'appert par diverses collations que trouverez au registre des offices, de même pour le recepveur desdits commis.

» Item font :

» Les portes-sacs.

» Les charbonniers.

» Les mineurs (minkeurs).

» Le valet des mineurs des poissons, dit le clercq du main (mink).

Les offices à la nomination du prevôt étaient :

» Tous les sergens.

» Toutes les mairies, (charges de mayeurs) où il y rapport. Lesquels doibvent sermenter devant les échevins.

» Le crieur.

» Le pendeur, qui tient table du jeu des dez.

» Le tue-chiens.

» Les messiers (garde de vignes et de récoltes).

» Les courtilleurs (garde-inspecteurs de jardins).

Le bailly de Cambresis avait à sa collation (nomination)

» Les mayeurs du poisson.

» Les sergens du Bailly.

» Le roy des Ribauds. »

— Qu'était-ce donc que ce roi des Ribaud ? dit Henry de V...

— On appelait autrefois *roi des Ribauds*, le capitaine de soldats d'élite, nommés *Ribauds*, qui étaient à la suite et pour la garde des rois Philippe-Auguste et Philippe-le-Bel. Ici l'on entend par ces mots un fonctionnaire de tout autre nature. Le roi des Ribauds était l'inspecteur des filles de joie. Voici ce qu'on lit à son sujet dans une coûtume de Cambrai, manuscrite :

« *La fixation des droits du roi des Ribauds en Cambray.*

» 1º Ledit roy doit avoir, prendre, cueillir et recepvoir sur chascune femme qui s'accompagne de homme carnellement, en waguant son argent, pour tant qu'elle ait tenu ou tiengne maison à lowage en la cité, cinq solz parisis, pour une fois. Item, sur toutes femmes qui viennent en la cité, qui sont de l'ordonnance, pour la première fois deux solz tournois. Item, sur chacune femme, de ladite ordonnance, qui se remue et va demourer de maisons ou de estuves en autre, ou qui va hors de le ville et demeure une nuict, douze deniers toutes fois que le cas y esquiet. Item, doit avoir une table et breleng à par lui sur un des fiefs du palais, ou en telle place que au bailly plaira ordonner. »

C'est un infatigable travailleur que notre vieil échevin Ladislas de Baralle ; rien n'échappe à ses investigations. Par ses soins nous apprenons comment on faisait respecter les privilèges de la bourgeoisie. Voici une note comme quoi un major espagnol est mis aux arrêts pour être entré de force dans une maison bourgeoise, *contre le privilége de la bourgeoisie et juridiction de MM. du magistrat.*

Puis voici une foule de pièces dont les titres seuls ou les sommaires sont intéressants et instructifs.

» — Messieurs du magistrat ne veulent se mesler de désinteresser ceux desquels il convient d'abattre les maisons, pour l'érection de la Citadelle, disant que l'empereur a pris à sa charge de récompenser les intéressés, moyennant la somme de 20 mille carolus qu'on lui a promis.

» — Messieurs les prévost, eschevins et autres officiers de la Ville, vont tous à cheval, avec leurs robes de l'année, au devant de l'empereur Charles-Quint et Philippe, prince des Espaignes, son fils; jusques au fond de Fontaine-Notre-Dame. L'an 1549.

» — Le capitaine de la Citadelle (officier espagnol) emprisonne Nicolas Crespin, suspect de trahison en l'an 1553. Messieurs du magistrat envoyèrent deux de leurs députés vers ledit capitaine, pour le redemander, comme estant bourgeois. Ce qui leur fut accordé.

» — Messieurs du magistrat acheptent l'artillerie de l'archevêque, pour la somme de 2465 florins.

» — Messieurs du magistrat se servent des lieux soubsterrains qui sont au Château de Selles, pour prisons; et y établissent garde des prisons, Cornil Willemot.

» — Le bailly de Sainte-Croix prend prisonnier, en cette Ville, en la maison de M. le trésorier de Sainte-Croix, Raphael Mantrache, demeurant à Morenchie. Messieurs du magistrat en ayant advis, répètent (réclament) ledit prisonnier comme indeubment arresté, n'ayant lesdits sieurs de Sainte-Croix aucune haute justice dans cette Ville. Et fut ledit prisonnier restitué au magistrat. 1567.

» — Messieurs du magistrat, bourgeois et habitans de la Ville de Cambray, prennent, en l'an 1580, pour leur protecteur le duc d'Alençon, frère unique du roi de France,

» — La forme comme les bourgeois doibvent être conduits es-prisons pour debtes civiles et en quel cas. — Messieurs donnant sur ce, esclaircissement, ont dit que quand leurs bourgeois et subjects auront esté *touchez* par les sergeans, par désobéissance, et pour exécution de leurs sentences, encore bien par après qu'ils se soient retirés en quelques maisons bourgeoises, iceux pourront être saisis et appréhendéz en icelles maisons par ledit sieur prévost, présens deux de Messieurs, à leur ordonnance en pleine Chambre, pour estre, par lesdits sergeans, conduits es-prisons de la Feuillie. »

Enfin notre échevin mentionne un grand nombre d'autres actes où se dénote la sollicitude du magistrat pour faire respecter la dignité et les priviléges des bourgeois.

Il s'occupe également des usages et cérémonies. Ainsi lit-on dans son répertoire un arrêté ainsi conçu :

« Du 30 décembre 1697,

» Afin qu'il ne reste plus de difficultés sur les cérémonies que Messieurs du magistrat doivent faire le jour du nouvel an, il a été arresté en pleine Chambre que l'un des conseillers, avec les deux sepmaniers (semainiers), iront en robes souhaiter le bon an à Monseigneur l'archevêque, M. le gouverneur, Mad. la gouvernante, M. le lieutenant d rroy de la Ville, et à MM. les gouverneur et lieutenant de roy de la Citadelle. Et puis les deux sepmaniers iront, sans robe, en faire de même à M. le major de la Ville. »

Un autre arrêté touchant *l'appellation de Messieurs du magistrat, et autres officiers hors du Consistoire.* « Cet acte, en date du 20 février de l'an 1630, émané du magistrat, porte en substance que les huissiers et tous autres officiers, ayant à appeler quelqu'un de Messieurs du magistrat, les qualifieront si comme les prevost, conseillers, et sepmaniers, de *Monsieur le prevost*, *Monsieur le conseiller*, *Messieurs les sepmaniers*. Et tous les échevins indifféremment, nobles, lettrés ou non, de *sires*, avec leurs noms et soubsnoms seulement, et les greffiers du titre de *greffiers* avec leurs soubsnoms. »

De plus les échevins interdisent « au procureur d'office de leur Chambre, bailly et greffier de la Fœuillie, et tous procureurs de porter leurs bonnets et parements de robes de velours tels qu'ils soient, ains (mais) de quelque autre estoffe moindre, si comme de camelot de soie, ou autre semblable, à peine arbitraire. »

On trouve encore ici des documens donnant la preuve de l'importance du magistrat et de la manière dont il soutenait ses droits de préséance, à une époque si calomniée par nos démocrates d'aujourd'hui. Selon eux la bourgeoisie n'était rien, la noblesse l'écrasait, l'opprimait, la méprisait. Et pourtant on lit dans le répertoire de Ladislas :

» Une sentence du conseil de Maline adjugeant à Messieurs du magistrat de Cambray le droit par eux réclamé de *préaller à la noblesse* (d'avoir le pas sur elle) lorsqu'ils vont en corps aux processions publiques.

» Un extrait d'un règlement donné à Arras sur le débat meu entre Messieurs du magistrat, et députés aux états de ladite Ville, touchant la préséance es-assemblées et processions publiques.

» Une correction donnée à Messieurs de Foucquier pour avoir marché à la procession de Cambray devant Messieurs du magistrat. En 1678.

» Le sieur Aubert mis en arrêt par M. le gouverneur, pour avoir, dans une procession solennelle, préallé Messieurs du magistrat, et s'avoir mis proche du baldaquin. »

Notre échevin nous apprend qu'autrefois l'exécuteur des hautes œuvres avait de singulières prétentions. On les trouve consignées dans une requête adressée à Messieurs du magistrat par maître Pierre-le-Groube, officier des Hautes-Œuvres, lequel réclame une indemnité pour les droits qu'on lui avait enlevés depuis quelques années. « Il souloit (avait coutume de) percevoir le jour de la foire marchande de ceste Ville, sur ceux et celles y apportant denrées et *compenaige* (herbes potagères dont on approvisionne les marchés) au marchet. Item sur les potences et gibets, où, par jugement de mesdits sieurs, se faisoient exécution par la corde. Lesquelles luy estoient propres, sitost lesdites exécutions accomplies. En outre, au lieu du proufict qu'il tiroit de diverses visites qu'il estoit accoustumé de faire des personnes suspectées de sortilége (1). Et finalement sur les immondices qui se tiroient des latrines que l'on vuide en ceste Ville. »

Maître Pierre-Le-Groube fut débouté de sa demande et réduit à son simple salaire, auquel on joignit néanmoins une gratification de 20 patards par chaque exécution qu'il ferait par la corde.

Les coûtumes hospitalières étaient portées plus loin qu'aujourd'hui. Une ordonnance du 23 août 1566 est ainsi conçue : « Nous prevost et eschevins, désirant de pourvoir au bien, proufict et utilité de notre République, *affranchissons* tous débiteurs venans en cette Ville le jour du jeudi de chaque sepmaine, de tous arrest, citations, adjournemens, etc., déclarant nuls tous ceux qui seraient faits en cette cité, ledit jour. »

---

(1) De déplorables superstitions avaient fait de l'officier des Hautes-Œuvres, un ministre mystérieux de la plus haute importance, aux yeux de certaines gens. Il n'était pas rare de voir des pères et mères, aveuglés par des croyances impies, venir livrer leurs enfans, de pauvres jeunes filles, aux investigations indécentes du bourreau, qui à l'aide d'aiguilles enfoncées dans certaines parties du corps, prétendait s'assurer de l'existence ou de l'absence des sortilèges. Ce qu'il y a de plus incroyable dans ces bizarres impiétés, c'est qu'en 1845, au siècle des lumières et de la philosophie, elles ont encore des adeptes. Il existe des gens qui ne croient pas à l'église et se livrent à des pratiques infames et extravagantes.

Venons maintenant à ce qui concerne la police des marchés, et les différens corps de métiers.

Marché aux Grains.

Le Marché aux Grains s'ouvrait, depuis Pâques jusques à la Saint-Rémy, à 10 heures du matin, pour fermer à 2 heures après-midi; et depuis la Saint-Rémy jusqu'à Pâques, de 11 heures à 3 heures. Ceux qui voulaient être marchands de grains devaient en faire déclaration à la chambre échevinale. Ils ne pouvaient acheter de grains hors de la ville à cinq lieues à la ronde. Ils ne pouvaient, non plus, acheter les blés verts ou à venir. Tout blé venant du dehors devait être *estaplé* (exposé) au Marché. Les marchands boulangers, brasseurs et autres ne pouvaient entrer au Marché qu'après une certaine heure, afin de laisser aux bourgeois le temps de se pourvoir. Quand un marchand marchandait une voiture de blé, nul autre marchand ne pouvait approcher.

Le service du mesurage des grains était fait en partie par des femmes. Une ordonnance datée du 21 septembre 1630, fixe au nombre de trente celui des mesuresses de grains. Elles devaient être assermentées, et leurs maris étaient responsables de leurs actes.

Une grande réserve leur était ordonnée : elles ne pouvaient accoster les *censiers* pour tacher de vendre leurs grains.

Toutes les mesures devaient être celles de la ville; et nul étranger au pays ne pouvait se servir de la sienne.

Un règlement spécial prévenait les abus qui pouvaient résulter de la trop grande complaisance des mesuresses et mesureurs pour les boulangers, brasseurs et hôteliers.

Marché au Pain.

Il se tenait au lieu dit, *la Croix au Pain*, aux environs de la rue de l'Arbre-d'Or. Chaque *boulanger* ne pouvait avoir qu'un seul *estal*. Ils ne pouvaient vendre de pain aux taverniers que sur la Place au lieu accoûtumé; et point chez eux. Le prix du pain devait être le même pour tous. Nulle remise ne pouvait être faite aux hôteliers. Des mesures rigoureuses assuraient le consommateur que le poids et la qualité du pain étaient conformes à la loi.

Le bailli de Cambresis avait la surveillance du pain qui se vendait sur le Marché, à *la Croix*. Les échevins avaient la surveillance des boulangers dont les maisons étaient dans leur juridiction.

Marché au Poisson.

Notre échevin nous rapporte plusieurs règlemens relatifs au Marché au Poisson.

Les heures d'ouverture et de durée du Marché, la police du mink, etc., sont prévues par ces règlemens.

Les *minkeurs* adjudicataires d'une *somme* (charge) de poisson, n'en pouvaient minker une seconde qu'après 12 minks.

On ne pouvait porter ou faire vendre par les rues le poisson minké. Tout devait être vendu au Marché et dans le délai déterminé.

Les minkeurs devaient être établis par le magistrat. Il leur en coûtait pour cela 6 patars et un liard.

Les femmes ou filles des minkeurs ne pouvaient s'approcher des étaux de leurs maris ou pères, pour les aider à la vente.

Nul ne pouvait aller hors de la ville au devant de la marée, Elle devait être entièrement vendue au mink.

Les marchands de poisson d'eau douce ne pouvaient acheter le poisson que dans la ville et qu'après midi sonné.

Les marchands *forains* (étrangers) devaient être placés ensemble sur le Marché et séparément de ceux de la ville.

Les hôteliers, cabaretiers, etc., ne pouvaient acheter leurs provisions aux marchands forains, que la cloche au pain ne fût sonnée à Notre-Dame.

Nul poisson d'eau douce, mort ou pâmé ne pouvait être acheté par les hôteliers ou autres faisant métier de revendre. Les mayeurs en les *eswardant* (1), devaient couper une partie de la tête aux poissons morts ou pâmés.

---

(1) Les eswardeurs étaient des experts établis pour juger de la la qualité des comestibles sujets à la corruption.

En 1638 le nombre des marchands de poisson de mer fut limité à vingt.

Marché aux Fromages, Beurre, OEufs, etc.

Sommaire du Règlement.

« 1er Que tous *revendeurs* et *revendresses* de fromage, beurre, œufs, ne pourront tenir estaux pour vendre lesdites denrées que sur le Grand Marché, sauf le samedi. Et mettront leurs estaux et hayons (1) en rang l'un de l'autre, en commençant au ruyot (ruisseau) qui fait le coing devers le Marché aux Aux; et ne tiendront deux estaux, et s'il arrive difficulté pour la place, les mayeurs décideront ainsi qu'ils trouveront convenir. Ordonnant au surplus que les hayons n'auront que cinq pieds de haut, et défendant aux marchands de la ville qui vendent en gros, d'achepter desdites denrées dans la ville, pour revendre le même jour.

» 2e. Que tous ceux et celles qui vendront crême et laict au Marché, le vendront au même lieu, ayant le dos tourné devers le Grand Marché. Que tous marchands, mauans ou forains, ne pourront vendre aux revendeurs et recoupeurs (vendeurs en détail) fors (si ce n'est) que sur le Grand Marché, devant la maison de Jean-le-Seiller, entre le ruyot du Grand Marché, sous peine, etc.

---

(1) Sorte d'échoppe.

» 3e. Défense à tous revendeurs, marchands et recoupeurs d'acheter des denrées, qu'il ne soit le coup de prime sonné; et qu'ils n'iront au-devant desdites denrées, au-dehors de la ville.

» 4e. Qu'on ne vendra les porées (légumes) au lieu susdit, mais au lieu à ce désigné. Que les œufs une fois *afforez* (taxés) on ne pourra les remonter, etc.

» 5e. Que si aucun porterait un peu de porée avec lesdites denrées, les pourra vendre audit lieu, jusqu'à la valeur de 8 deniers.

» 6e. Qu'on ne vendra fromages de poids qu'ils n'aient esté visités par les maieurs.

» 7e. Que personne ne vendra moutarde qu'elle ne soit bonne et bien qualifiée.

» 8e. Idem pour le vinaigre.

» 9e. Ordonnance que tous œufs acheptés en gros par les marchands hors de la ville, seront *estaplez* sur le Marché, l'espace de deux heures, que les maieurs en feront l'*eswars* (expertise) et leur sera le prix de l'achapt déclaré par les marchands.

» 10e. Défense aux revendeurs et revendresses desdites denrées de ne les achepter autre part que sur le Marché et que midi ne soit sonné, etc.

Marché aux Herbes.

SOMMAIRE DU RÈGLEMENT.

« 1ᵉ. Que tous ceux qui vendent *porées* (légumes) au Marché, ne pourront les rapporter. Et que le cresson de fontaine se vendra à part du cresson de marais.

» 2ᵉ. Que tous ceux qui amènent porées en la ville pour vendre, les déchargeront au Marché et s'asseoiront au lieu que leur désigneront les maieurs.

» 3ᵉ Qu'on peut porter et vendre par la ville, porées bonnes et loyales, à paniers et à brouettes.

» 4ᵉ. Qu'on ne vendra porées mauvaises.

» 5ᵉ. Qu'aucune revendresses desdites porées n'en achepte s'il n'est sonné sacrement à Notre-Dame ; et n'aille hors de la ville, dans les banlieues, en achepter.

» 6ᵉ. Désigne le lieu où l'on doit vendre les porées, savoir derrière les cambges (1).

---

(1) Des échoppes où s'établissaient les changeurs. Ces changeurs étaient presque tous juifs.

Marché aux Oignons et Porions.

Sommaire du Règlement.

« 1e. Que tous marchands desdites denrées, les aient mises en vente en dedans le grand coup de prime.

» 2e. Qu'ils ne vendront aucune desdites denrées en gros, s'il n'est midi sonné.

» 3e. Qu'aucun habitant de la ville n'achepte desdites denrées en gros pour revendre le même jour et les remonter.

» 4e. Qu'aucun revendeur ou revendresse n'achepte en aucun jour de la semaine, s'il n'est midi sonné.

» 5e. Qu'ils vendront bonnes denrées passant l'esward des maieurs.

» 6e. Qu'aucun marchand forain ne vende ou fasse vendre oignon en *riez*, si ce n'est que chaque riez ait 13 houppes suffisamment estoffés.

» 7e. Qu'on ne vendra *aux* lavés, depuis la Pentecôte jusqu'aux nouveaux.

» 8e. Ce que doivent avoir les maieurs pour le droit d'esward.

» 9e. Que personne ne pourra mesurer oignon par mesure fors les maieurs ; et ce qu'ils doivent avoir pour le mesurage.

Marché aux Fruits.

Il y avait sur le Grand Marché une place désignée pour la vente des fruits.

Le règlement du Marché aux Fruits était analogue à celui du Marché aux Herbes.

On avait jugé nécessaire de défendre par règlement aux fruitiers de se *battre* avec les autres marchands.

On fut même obligé (en 1578) de les reléguer « dans la rue des *Pourcheaux*, au loing des murs de St-Aubert. » Plus tard on leur permit de retourner sur le Marché.

Marché aux Poulailles.

Sommaire du Règlement.

» 1º. Est ordonné que toutes volailles apportées en ceste ville devant nonne, seront *estaplées* au Marché aux Poulets, et celles apportées depuis nonne seront estaplez le lendemain, sans pouvoir les porter de rues en rues pour les vendre.

» 2º. Que nulles volailles mortes seront vendues si elles n'ont été eswardées par les mayeurs.

» 3º. Désigne le lieu où l'on doit vendre les volailles ; mais il n'est plus en usage.

» 4e. Qu'on ne les peut vendre si elles n'ont été visitées par les mayeurs.

» 5e. Que toutes les volailles se vendront devant la Feuillie (1). Sauf que les bourgeois rencontrant les vendeurs, en pourront achepter pour leur provision.

» 6e. Défense aux cabartiers, rôtisseurs, taverniers et revendeurs, d'achepter volaille avant que prime soit sonnée à Notre-Dame, sous peine, etc.

» 7e, 8e et 9e. Concerne les rôtisseurs,

Un autre règlement du 13 octobre 1441 fixait le prix des volailles cuites et crües qui se vendaient chez les rôtisseurs, cabaretiers et autres.

Marché au Bois.

Il y avait alors un Marché au Bois. Tout marchand apportant du bois en ville ne pouvait le faire décharger qu'il n'ait préalablement conduit son bois au Marché pour y être soumis à l'examen des mayeurs. — Ceux-ci devaient briser les lattes qui ne leur paraissaient pas *bonnes et loyales*.

Nul marchand de bois ne pouvait acheter sur le Marché avant midi.

---

(1) L'endroit où est maintenant le Marché aux Poulets.

Tout chariot amenant bois au Marché devait être visités pour qu'il soit certain que le bois de dessous était d'aussi bonne qualité que celui de dessus.

Si un bourgeois ou *manant* voulait avoir du bois, au moment où un marchand de bois l'avait acheté, il pouvait toujours prendre la moitié du marché au prix d'acquisition.

Vous remarquerez, mes jeunes amis, que tous les règlemens de ce vieux temps, ont pour but de protéger les intérêts du consommateur. Les administrateurs de cette époque pensaient que l'avantage de plusieurs milliers de personnes, du public en un mot, devait passer avant le bénéfice de quelques-uns.

Boucheries.

Les *bouchers* se tenaient originairement sur le Grand Marché. Mais depuis la construction de la boucherie commune, toutes les viandes devaient y être étalées.

De nombreuses ordonnances réglementaient le service de la boucherie. Elles défendaient que l'on vendît *chair soufflée* ; elles déterminaient quelles qualités devait avoir la viande pour être bonne. Elles fixaient le temps où l'on pouvait vendre les brebis (depuis la St-Remy jusques à la St-Martin). Elles enseignaient la conduite que devaient tenir les bouchers, la manière de dépecer la viande, les règles à suivre pour l'*esward* des chaires, etc.

Il existait un impôt dit : *du pied fourchu*, sur les bêtes que les bouchers se cédaient les uns aux autres.

Les mesures de police s'étendaient jusqu'aux chiens des bouchers qui devaient toujours être liés.

Petites Boucheries.

En 1581, le magistrat de Cambrai permit aux bouchers qui avaient coutume de vendre à Cantimpré, de venir s'établir en ville, « dans douze maisons ou hobettes, bâties par Michel Leleu, joindant les murs de Saint-Aubert, en descendant vers l'hôtel St-Pôl, aux conditions suivantes, savoir :

« Qu'ils ne pourront prétendre de pouvoir vendre autre part.

» Qu'ils ne seront que douze pour le plus.

» Qu'en tout ils se conformeront aux règlemens et bans de la Grande Boucherie.

» Qu'ils seront tenus de prester serment es-mains de Messieurs du magistrat. Et payeront pour une fois 40 livres tournois, desquelles 20 seront aux eschevins et 20 à la ville.

» Item payeront entre eux, un disner à Messieurs du magistrat. »

Nous trouvons ici « un privilège ou permission donnée et accordée par l'évêque Enguerrand et confirmée par l'empereur Rodolphe, à Messieurs les eschevins de la cité de Cambray, de pouvoir ériger les maisons contigües à la Maison-de-

Ville, en *Halles*, et ordonnance à tous marchands d'y aller vendre les choses venales ou vendables. On payait pour cela un droit dont la cité tirait bon parti. »

La *Cave de la Ville* était encore pour elle un objet de commerce. On y vendait du vin pour son compte. Les règlemens de cette cave régissaient toutes les caves des marchands de la ville. Ordinairement deux échevins en avaient particulièrement l'administration.

Les chanoines de Notre-Dame et ceux de Saint-Géry avaient aussi leurs caves.

Les *tripiers* avaient leur règlement. Ils ne pouvaient faire des boudins que de boyaux, sang et chair de porc. Les trippes devaient être bien cuites. Ils ne pouvaient brûler les os.

Leur place était « depuis la baille (barrière) allant au Marché au Bois, en revenant jusqu'à l'entrée du Flot. »

Les *rôtisseurs* étaient régis par un règlement sévère qui défendait qu'avant une heure déterminée, ils pussent acheter chez eux ou autre part les poulailles, volailles, lapins, perdrix, cignes, butors, hérons, oiseaux de rivières et autres sauvagines. Cette mesure avait pour but d'empêcher le trafic aux dépens du consommateur.

Il était également défendu aux rôtisseurs de réchauffer les rots. Ils devaient cuire ou saler les viandes le jour même où ils les achetaient à la boucherie. Les mayeurs avaient le droit de visiter leurs maisons pour s'assurer qu'il n'y avait pas de contraventions.

Les rôtisseurs devaient faire *bonnes sauces*. — Ils ne pouvaient demeurer deux dans la même maison.

Les *brasseurs* ne pouvaient faire qu'une sorte de bierre. Ceux qui brassaient la forte bierre, ne pouvaient faire la petite ; et *vice-versâ*. — Une ordonnance, en date du 11 juin 1635, considérant la rareté du bois, leur enjoint de ne brasser qu'avec de la houille.

Ladislas de Baralle nous cite à propos des soupçons que l'on avait sur la bonne fabrication de la bierre, « une résolution de la part du magistrat, de faire deux ou trois brassins au couvent de Saint-François, y mestant la mesme quantité des ingrédiens que doibvent mestre les brasseurs et non plus, pour recognoistre si la bierre sera meilleure que celle que font les brasseurs. (12 octobre 1646.) »

Enfin, en 1647, Messieurs du magistrat érigent une brasserie publique aux frais de la ville.

Les *taverniers* ne pouvaient brasser eux-mêmes. — Ils devaient vendre la bierre au prix fixé par le magistrat. — Ils ne pouvaient avoir dans une cave que d'une sorte de vin, et tout du même prix. — Ils ne pouvaient mêler de vins nouveaux avec les vieux. — Ceux qui vendaient des vins étrangers n'en pouvaient vendre d'autres. — Les marchands de vin du comté de Cambresis, de

Crèvecœur, de la rivière de la Somme, ne pouvaient vendre de vins français, rhémois, ou autres.

On consommait alors beaucoup de *verjus*. Le verjus ne pouvait se faire que la nuit, et jamais pendant la pluie. Il était défendu de laisser aller les enfans dans les endroits où l'on battait le verjus.

Il était fait défense aux *cabaretiers* « de vendre ou achepter volaille ou sauvagine (oiseaux sauvages) crûte ou cuite, mais de vendre chaire prise à la boucherie. »

Il y avait aussi « défense aux taverniers, hostellains, carbateurs (cabaretiers), de ne donner crédit aux jeunes gens et enfans de famille, pour plus grande somme que de 20 sols tournois, à peine de perdre le surplus de ce qu'ils faisaient crédit » (29 décembre 1564).

Ils étaient obligés de faire la déclaration des étrangers logés chez eux.

Les principales dispositions du règlement relatif à la vente du *sel* étaient celles-ci :

« Que les marchands vendront à bonne et léale mesure.

» Qu'ils ne mouilleront le sel, ni le meslangeront.

» Que nuls ne tiennent *estaple* (étalage) de sel, si ce n'est derrière les cambges (échoppes de change).

» Que le prix du sel vendu à l'estaple sera déclaré haute à voix, pour estre entendu de chacun.

» Que le sel vendu à l'estaple, soit livré et mesuré à l'estaple, etc. »

Le *foin* que l'on apportait en ville pour y être vendu devait être jaugé ou au moins prisé par les *jaugeurs* assermentés.

Comme je vous l'ai dit, nulle profession n'était abandonnée à elle-même. Un sage règlement présidait à l'exercice de tous les métiers.

Les *médecins* et *apothicaires*, avaient le leur. — Un médecin ouvrant boutique d'apothicaire ne pouvait plus exercer la médecine. — Le médecin de la ville, Sébastien Truye fut, en 1551, en considération de ses services, autorisé à porter le *velours noir*.

Les *chirurgiens-barbiers* ne pouvaient tenir boutique quoiqu'ils ne missent pas de plats pour enseignes, *sans avoir passé maitres*. Deux échevins et le médecin de la ville devaient être présens à l'examen du *passe-maitre* des chirurgiens-barbiers.

Voici quelques articles sommaires du règlement de ce métier.

« Que la veuve d'un maistre dudit métier, se remariant à un autre qui n'est pas maistre, ne pourra tenir ouvroir, si ce n'est pour *raser* et *rogner*, ayant à cest effect valet suffisant au dire des maieurs.

» Qu'un maistre dudit mestier n'apprendra en deux ans qu'un

apprenty. Si ce n'est qu'il y ait cause raisonnable dont il avertira les maieurs.

» Déclaration des jours es quels est défendu aux barbiers de travailler.

» Qu'aucun qui a esté homicide, ne tienne ouvroir dudit mètier. »

Une ordonnance du 28 mars 1647, exige que les chirurgiens « donnent advertance aux *sepmaniers*, des personnes blessées qu'ils sont requis de médicamenter.

Enfin, une autre ordonnance du 28 janvier 1488, veut que les chirurgiens-barbiers payent par chaque semaine, *deux deniers tournois*, « pour la célébration d'une messe des trespasséz chasque semaine. »

— C'était sans doute une expiation, dit Henry, que l'on exigeait de messieurs les chirurgiens.

— Si cela n'était pas, reprit l'abbé Tranchant, il faut avouer que le rapprochement était du moins très piquant.

— Les *mulquiniers*, l'une des plus importantes corporations de la ville étaient soumis à des règles sévères qui fixaient la longueur, la largeur des *toilettes;* qui ordonnaient « ce que les meulquiniers doibvent faire et comment ils se doibvent comporter; comment et quand les marchands peuvent faire achapts de toilettes, les ventes, les transports d'icelles hors de la ville. »

On comprend aisément qu'un grand nombre de règlements et

ordonnances aient été faits à différentes époques sur cette matière. L'échevin Ladislas les mentionne en en donnant une courte analyse.

L'une de ces ordonnances fixe le rang et l'ordre que doivent tenir les mulquiniers dans les processions de la ville.

Les *toiliers* devaient tenir leur étalage dans les Halles, aux places désignées par le sort. — Nul marchand bourgeois ne pouvait faire colporter ses toiles par la ville les jours de samedi. — Les toiles devaient être *déployées* quand on les vendait. — « Les toiliers qui tenaient estaux les samedis en la *viéserie*, ne pouvaient ni par eux ni par leurs valets ou servantes, sortir desdits estaux pour appeler les marchands. »

D'autres articles règlementaires assuraient la police de la vente des toiles.

Les *liniers* qui devaient les jours du Marché « tenir leurs places aux Halles au lin », avaient également un règlement spécial.

On reconnaît à la sollicitude de l'administration pour l'exercice de l'industrie linière qu'elle était une fortune et une gloire pour le pays.

Les *merciers*, *grossiers* et *quincailliers* tenaient leurs étaux aux environs du Flot de Kayère (1). Les merciers étrangers ne

---

(1) A peu près rue des Trois-Pigeons.

pouvaient exposer leurs marchandises en vente sur le Marché, que le vendredi et le samedi de chaque semaine. Les autres jours ils étaient tenus de vendre dans leurs logis.

Que vous dire enfin? On voit encore dans le répertoire de l'échevin Cambresien, une foule de métiers ayant tous leurs règlemens. Tels étaient :

Les *vendeurs de laine* qui ne pouvaient vendre que des laines sèches et bien lavées ; qui devaient les peser au poids de la ville, et attendre que les laines fussent apportées au Marché pour les acheter.

Les *drappiers-drappans* (fabricans) qui entraînaient après eux différens autres métiers, comme : *tisserands de draps*, *foulons*, *teinturiers*, *marchands de laine*, *pinceresses* (*peigneuses*), *pareurs*, *laveurs*, *tondeurs*, etc. Chacun de ces métiers avait ses règlemens particuliers.

La draperie avait été une industrie très florissante à Cambrai. En 1679 il n'en restait presque plus vestige.

Les *drappiers-chaussetiers*, qui avaient été érigés en confrérie le 23 mars 1544. Les quatre mayeurs des drappiers et deux anciens drappiers devaient être appelés à la réception des *maîtres de style*, des *parmentiers* et *coûturiers*. Tous les marchands *drappiers*, *détailleurs* et *chausseteurs* étaient obligés d'aller tous les samedis depuis le matin jusqu'à 3 heures après-midi, « tenir Halles et y vendre leurs draps et cauches, sans pouvoir, durant ledit temps, vendre en leur maison ou autre part.

Les *tailleurs* et *pourpoinctiers*, qui ne pouvaient exercer qu'après un examen satisfaisant passé devant les mayeurs du métier. — Ceux qui *manquaient* un habit payaient le dommage et *quarante sols d'amende*. — Ils ne pouvaient travailler en chambre close que chez leurs pratiques. Ils devaient assister tous aux funérailles de leurs confrères.

Les *viésiers* ne pouvaient vendre de vêtemens neufs. Ils ne pouvaient vendre de draps de fausse teinture, qu'en dessous du prix de 30 patars l'aune. Les viésiers nouvellement reçus, devaient obtenir des mayeurs la permission de mettre *la perche* à leur porte. Des règlemens spéciaux fixaient la nature des marchandises qu'il leur était permis d'offrir en vente.

Les *foureurs* qui ne pouvaient faire plus de trois pièces neuves sans les montrer aux mayeurs. — Qui devaient réparation de dommage quand ils taillaient mal les peaux qu'on leur confiait, etc.

Les *tanneurs* qui ne pouvaient vendre de cuir chez eux le lundi avant midi. Ils devaient le transporter au Marché. Ils ne pouvaient acheter de cuirs qu'au lieu indiqué pour le Marché, c'est-à-dire au-devant de la Feuillie (1). — Il leur était défendu de faire fabriquer des souliers. — Les mayeurs exerçaient sur cette industrie une surveillance rigoureuse.

Les *gorliers* et les *selliers* qui formaient deux métiers séparés.

---

(1) Maintenant rang aux Poulets.

Les selliers avaient seuls le monopole de la fourniture des sangles, croupières, étrivières, coussinets et selles.

Les *cordonniers* qu'un long et sévère règlement astreignait à de nombreuses conditions, toutes garanties pour le consommateur. — Ils devaient tous s'établir dans les Halles.

Les *savetiers* qui ne pouvaient qu'à certains jours de la semaine « chercher par la ville denrées de chaveterie. »

Les *chapeliers* qui avaient à l'exclusion de tous autres le droit d'exposer en vente des chapeaux sur le Marché.

Les *cordiers* qui ne pouvaient employer que des tilles vues et adoptées par les mayeurs.

Les *charbonniers*. — Les *crassiers* (fabricans de chandelles.) — Les *desquerqueurs de vin* (déchargeurs). — Les *porteurs de sacs*. — Les *taillandiers*. — Les *marchands de faucilles*. — Les *féronniers*. — Les *plombiers*. — Les *estainiers*. — Les *cuveliers* (tonneliers). — Les *orfèvres*. — Les *potiers*. — Les *charpentiers*. — Les *machons* et *tailleurs de grès*. — Les *couvreurs*. — Les marchands de *briques*, *tuiles*, *pierres*, *sable*, etc., étaient tous régis par des règlemens particuliers qui attestent la sagesse de l'administrateur.

Les *peintres*, *brodeurs*, *tailleurs d'images* et *verriers* avaient été érigés en un corps de métier. Leur premier règlement en date du 18 janvier 1619, a été plusieurs fois modifié depuis.

Les *loueurs de chevaux* eux-mêmes avaient un règlement. —

Personne ne pouvait mettre en louage un cheval de selle qui ne fût au moins du prix de 50 florins. — Un cheval se louait, par jour, trois sols six deniers (c'était en 1444). Tous les loueurs devaient chaque mois soumettre leurs chevaux à l'examen des mayeurs qui rejetaient les vicieux. — On n'admettait point de jumens. Un autre règlement de 1622 élève le prix du louage à 20 sols par jour et 16 sols quand on louait pour plusieurs jours.

Des foires franches se tenaient déjà en 1681 au mois de mai et au jour de *Saint-Simon* et *Saint-Jude*. C'était fête alors dans la cité. Une foule de baladins, de montreurs de bêtes, un grand nombre de pélerins et de marchands d'agnus y affluaient. Une police très sévère s'exerçait alors dans la ville.

Une police non moins exacte se faisait à l'égard du *nettoiement des rues*. Nul ne pouvait y déposer d'ordures. — Les maitres tenant écoles étaient même obligés de surveiller la propreté des enfans à l'égard des rues. Les fumiers, recouppes et ordures de saveterie, immondices, terres ou décombres devaient être envoyées hors des murs de la ville. — Défense formelle de rien jeter dans l'Escaut, et surtout de déposer aucune ordure derrière les murs de Saint-Aubert, dans le Coupe-Oreille, au Piloris, etc.

La *milice bourgeoise* comprenait la compagnie des *canonniers*, les *arbalétriers*, les *archers de Saint-Sébastien*, et les *archers de Saint-Jacques*, qui tous, sous le titre de *sermens*, avaient leur organisation particulière. On montait souvent la garde. Un certain nombre d'archers, d'arbalétriers et de canonniers étaient exempts de service. Ces compagnies s'exerçaient souvent dans des luttes dont les prix étaient des vins fournis par la ville. Les jeunes bourgeois formaient aussi une compagnie généralement peu disciplinée, très peu maniable.

J'ajouterai à ces détails, mes jeunes amis, que certaines coûtumes régentaient presqu'uniformément cette multitude de corporations. Elles avaient toutes un saint patron dont on célébrait la fête. Elles avaient des bannières, elles assistaient, à leur rang, aux processions. Elles avaient toutes des maïeurs, presque toujours choisis par le corps du métier, et assermentés devant le magistrat.

Un confrère venait-il à mourir? La corporation entière devait assister à ses funérailles. Cela se faisait avec recueillement, avec deuil. Et le pauvre comme le riche était sûr du moins d'avoir à son convoi une grande famille, une longue suite d'amis, ce qui vaut mieux encore. Toutes fêtes, toutes nouvelles venues de confrères, se terminaient par des dîners. Et les mayeurs tenaient, dans ces réjouissances, une telle police; l'esprit de famille y était si bien compris, qu'il était rare qu'une querelle en résultât.

C'est ainsi que bonne, honnête, religieuse, un peu turbulente je l'avoue, cette vieille population vivait heureuse et libre; plus heureuse, plus libre, je dirai même *mieux civilisée* que ne nous l'ont faite les novateurs de nos jours.

Il est tard déjà : l'heure est venue de nous séparer. Revenez me voir bientôt. J'ai encore tant de choses à vous dire ! Et qui sait ? peut-être si peu de temps à vivre !...

SIXIÈME SOIRÉE.

VANDERBURCH. — L'ÉCOLE DOMINICALE. — LA FONDATION DE NOTRE-DAME.

— Monsieur l'abbé, dit Henry, en entrant avec ses amis, vous nous avez déjà parlé du bon archevêque Vanderburch, et vous nous avez promis de nous en parler encore. Vous devez également nous entretenir de l'*Ecole Dominicale* qu'il a fondée pour les pauvres.

— J'acquitterai cette dette avec plaisir, dès ce soir, reprit l'abbé Tranchant. La passion et la mauvaise foi, par le temps qui court, s'en vont décriant le clergé, refusant de reconnaître ses bienfaits, l'accusant d'*obscurantisme*, en présence des lumières qu'il a semées partout ; et dont les hommes de ténèbres qui règnent aujourd'hui, n'ont pu encore anéantir le vif éclat ; il est donc juste, il est nécessaire que quelques hommes de bonne volonté protestent contre ces dénégations calomnieuses.

Je ne vous ferai pas l'histoire de cet admirable prélat, le plus grand peut-être dont Cambrai aurait à s'honorer si l'on jugeait les hommes par leurs bienfaits et leur sagesse. Homme essentiellement et prodigieusement bienfaisant, sage et profond organisateur, il ne jeta pas cet éclat de parade qui n'appartient qu'au littérateur et à l'homme d'imagination. Il n'a pas écrit sa gloire dans les livres, il ne s'en est pas tenu à de brillantes paroles, il l'a gravée sur les dalles des temples saints, sur les abris qu'il éleva pour la misère, sur les portes modestes de ses humbles écoles ; dans les règlemens, dans les statuts des couvens qu'il ouvrit aux ames pieuses. Mais hélas! le monde ne sait lire que dans les livres, il ne comprend pas l'éloquent langage de la vertu qui se cache. C'est en vain qu'aujourd'hui encore de nombreux monumens, des asiles pour la pauvreté, des écoles pour l'indigence, des bienfaits perpétuels pour ceux qui souffrent ou qui ont faim, proclament, par mille voix diverses, les pieux mérites du bon et modeste archevêque. L'ingrate vanité de nos contemporains élèvera des autels à la gloire littéraire, choisira pour idole le plus brillant de ses prélats et oubliera le plus charitable. Ainsi le vulgaire préfère le tableau moderne chargé de vernis, au vieux *Rubens* qui dort dans sa bordure de bois de chêne.

Je n'entreprendrai donc pas un éloge historique de Vanderburch. Je rapporterai des faits, cela vaut mieux que des paroles. Or, voici ce qu'on lit dans un manuscrit faussement attribué, selon moi, à Julien Deligne (1).

---

(1) Un seul fait suffira pour appuyer cette opinion.
Julien Deligne est mort en 1615. Il n'a pu écrire toute la carrière épiscopale de Vanderburch qui commença en 1616.

Extrait d'un manuscrit intitulé :

DES ARCHEVÊQUES DE CAMBBAI.

« FRANÇOIS VANDERBURCH, septième archevêque de Cambrai, fut postulé le dimanche de la Sainte-Trinité. Il était auparavant le cinquième évêque de Gand. Il fit son entrée en Cambray, le 17 octobre 1616 ; prêta le serment et célébra la messe solennellement à Notre-Dame ; et le lendemain à Saint-Géry. Il reçut le pallium à Tournay en la chapelle du palais épiscopal, par Maximilien de Villain, évêque de Tournay. Il avait pris possession de son archevêché par procureur, le 8 d'août 1615.

» Il admit les Bénédictines anglaises en la ville de Cambrai. La permission fut donnée le 6 d'octobre 1622. On fit venir les institutrices de Bruxelles. Et le susdit archevêque, vêtit les 9 premières, le 31 décembre 1623, et reçut la profession des mêmes, le 1er jour de l'an 1625.

» Il admit es-villes de Malines, Atth et Halles, les Pères Jésuites. Es-villes de Mons et Braine-le-Comte, les Pères Dominicains, et à Peruwets, les Pères Brigittains.

» A Mons, Maubeuge, Braine-le-Comte, Soignies, Chièvres, les Pères de l'Oratoire,

» A Louvain il sépara les anglaises des ursulines, avec lesquelles elles ne s'accordaient ; et les fit avoir un nouveau monastère sous la paroisse de Saint-Jacques, qui s'appelle le monastère de Sainte-Monique de l'ordre de Saint-Augustin.

» A Mons introduisit les Célestines et les Bénédictines.

» A Mons aussi et à Valenciennes, les Carmelites.

» Mit la clôture aux Bénédictines de Saint-Lazare à Cambrai ; aux Sœurs-Noires de Campeaux à Tournay ; aux Sœurs-Grises de Valenciennes.

» Il dédia l'autel de la chapelle de la Maison-de-Ville de Cambrai, le 29 janvier 1619.

» Outre les pieuses fondations qu'il a faites à Gand, y étant évêque cinquième ; au diocèse de Cambrai, a bâti et fondé la nouvelle église paroissiale de Robertcourt, près le Chastel en Cambresis.

» Au même Chastel a rebâti la maison de Vaucelles du tout ruinée.

» A Cambrai, a grandement augmenté le palais archiépiscopal.

» A fondé et bâti de fond en comble la maison de Sainte-Agnès *sur le Fond des Ours*. Achevée en 1628.

» A aussi fait belles fondations pour les vieux pasteurs qui par impotence délaissent leurs cures.

» Il a donné la cloture de marbre de la chapelle de St-Blaise, en son église métropolitaine. (Défaite en 1789.)

» Il a béni l'autel de la chapelle de Saint-Lazare, le 4 décembre 1617.

» Il posa la première pierre, le 14 avril 1621, à la chapelle des Béguines, et la bénit le 26 de juin 1625.

» Il posa la première pierre de la croisure de l'église collégiale de Saint-Géry, le jour de la Pâques-Fleurie, l'an 1617, y ayant préalablement le même jour célébré la messe en habits pontificaux. Il consacra les deux autels d'icelle croisure, à savoir cestuy de Notre-Dame et cestuy de Saint-Géry, l'an 1621, le 25 août, jour de Saint-Louis. Bénit aussi le même jour, en la même église, 5 autres autels, à savoir : de Saint-Nicolas, — de Saint-Laurent, — de Sainte-Anne, en la carole du chœur, — de Saint-Médard, derrière le grand autel, sous les reliques de Saint-Géry, — et de Saint-Vaast, en la basse-nef qui est l'autel de la paroisse de Saint-Vaast.

» Bénit aussi illec, quatre cloches.

» A aussi posé la première pierre du nouveau chœur de la Madelaine, le 26 de mars 1619. Il a consacré l'autel d'icelui chœur, et l'autel de la chapelle Saint-Nicaise et des saints évêques de Cambrai, le 30 d'octobre 1622.

» En outre a consacré en l'église métropolitaine; l'autel de Notre-Dame-de-Grâce, le 22 mars 1619. Les autels de Saint-Grégoire et de tous les saints, le 5 juin 1617. L'autel de Saint-Blaise, le 22 d'août 1620.

» Les autels de la paroisse de Saint-Gengulphe, le 24 mars 1619.

» En l'église de Saint-Nicolas a consacré quatre autels, à savoir : de Sainte-Anne, de Saint-Nicolas, de Saint-Eustache et de Saint-Michel, en 1618.

» Les autels latéraux de la chapelle de Premy, le 25 d'août 1617.

« L'autel de la chapelle de la maison de Sainte-Agnès, le 28 de.........

» Tous les autels des Récollets, le 8 d'octobre 1624. Lesquels il avait encore béni, auparavant que leur église fût changée le 2 décembre 1617.

» Il bénit la chapelle du couvent de Sainte-Anne, le 23 novembre 1627.

» L'autel septentrional des Sœurs-Noires, le 4 de may 1620.

» L'autel de Notre-Dame en l'église paroissiale de Sainte-Elisabeth, le 7 may 1620.

» En l'église de l'abbaye de Saint-Sépulchre, 5 autels, le 20 may 1620, à savoir : les autels de Notre-Dame de Montaigu, du nom de Jésus, de Saint-Barthélémy, de Saint-Benoit, et de Sainte-Scholastique.

» L'autel de la chapelle de la maison de Lazarre ; le 4 décembre 1617.

» Les autels de l'église de la Citadelle, le 23 d'avril 1618.

» En l'église paroissiale de Saint-Georges, 4 autels, 14 août

1619 ; à savoir : les autels de Notre-Dame , — de Saint-Georges, — de Sainte-Anne , — et de Saint-Antoine.

» La chapelle de Saint-Roch, proche de la porte du Mail , le 22 d'août 1620.

» Il a dédié l'église de Cantimpré , avec les autels , le 11 mars 1619.

» Il contribua de quelques milles , pour la construction de la nouvelle église paroissiale de Saint-Vaast.

» Il accommoda l'Ecole Dominicale l'an 1626 et fit l'ouverture de la dite Ecole, le 24 d'août de la même année.

» Il a bâti de fond en comble l'entrée et la galerie du palais épiscopal, avec tout le corps-de-logis qui est entre l'église paroissiale de Saint-Gengulphe et le vieil bâtiment contre le jardin du même palais. Ce fut achevé en 1620. Il a pareillement bâti l'escalier et la salle d'entrée entre la grande et la petite salette dudit palais. Ce fut parfait en 1622. Dont voici le *chronographe* pour apposer au portail de ladite salle :

PaX hVIC DoMVI.

(Résumé)   MDCXVVII.

» Il a aussi fait la brasserie, pavé les deux cours et la chapelle; accommodé la sacristie et changé en mieux le palais.

» Il a fait pareillement bâtir la sacristie des Clairisses.

» Il translata le corps de Saint-Druon à Sebourg en une autre fierte d'argent, le mardi de la Pentecôte, 13 de juin 1628. (Saint-Druon trépassa au 14 du mois de juin l'an 1186 et alors l'église fut édifiée.)

» Il visita les reliques de Saint-Evrard, de Sainte-Calixte, de Saint-Maxime et autres saints à Cysoing, 16 septembre 1616.

» Il translata la même année, le 25 juillet, les reliques de Saint-Macaire, à Gand, en une fierte d'argent que la ville de Mons-en-Hainault, avait offerte en reconnaissance d'une relique qu'elle avait eue du même saint.

» A aussi translaté le corps de Saint-Ghislain, 18 octobre 1626, de Saint-Humbert, à Maroilles, le 21 d'octobre 1627.

» Les reliques de Saint-Eton et Saint-Hiltrude et autres à Liessies, le 1er de novembre 1618, et en autres temps.

» Les reliques de Saint-Macaire, à Mons, à Sainte-Wauldru, et de Saint-Veron, 4 avril 1617.

» Le corps de Sainte-Renelde, l'an 1621, le 20 de septembre.

» Le chef de Saint-Abel à Binch, le 2 juillet 1617.

» Le chef de Saint-Aibert, le 14 d'octobre 1643, à Condé, en présence des prieur et religieux de Crespin.

» A introduit les reliques de Saint-Henry, martyr, à Mons, le 2 d'avril, et illec à l'église des Jésuites, le 4 d'avril 1617.

» A visité les reliques de Saint-Fiacre, à Saint-Fœuillien; et de

Saint-Frédéric, à Bonne-Espérance, l'an 1617. Et celles de Lobbes, l'an 1624, le 27 d'août.

» Les reliques de Saint-Saulve et autres du prieuré du même Saint-Saulve, le 7 de septembre.

» Celles de Saint-Badilo, à Leuze, le 13 septembre dudit an 1624.

» Celles de Saint-Aubert, en son abbaye à Cambrai, le 3 de février 1625.

» Celles de Saint-Médard, à Auderly, et plusieurs autres, ailleurs, en divers temps.

» Il trépassa en la ville de Mons, l'an 1644, le 23 de mai. Il est enterré en la même ville, en l'église de la compagnie de Jésus; en la chapelle de Saint-Ignace, auprès de M. Antoine de Winghe, abbé de Liessies. »

Vous pouvez voir, Messieurs, par ces notes curieuses, combien fut active la vie si utile de notre vénérable prélat. Il passa sur la terre sans faste et sans bruit, mais chacun des pas qu'il y fit, fut marqué par une bonne action.

Il résulte d'un examen que j'ai fait aux registres du vicariat, que pendant les 28 ou 29 ans que dura sa carrière épiscopale, il fit 6,555 clercs, 3,337 acolytes (1), 3,650 sous-diacres, 3,609

---

(1) On appelle *clerc* celui qui s'est consacré au service des au-

diacres, 3,746 prêtres, il sacra 4 évêques, il investit 19 abbés, 4 abbesses, il dédia 74 églises, il consacra 3,059 autels. Tout cela doit vous paraître extraordinaire, et n'est cependant que l'exacte vérité.

— Il faut convenir, dit Charles de R..., qu'il n'y a point d'œuvres littéraires, de dissertations philosophiques, si brillantes et si nombreuses qu'elles soient, qui puissent dans la vie d'un prélat balancer cette quantité innombrable de bonnes œuvres et d'actions utiles.

— Venons maintenant, reprit l'abbé, à l'Ecole Dominicale.

Je n'entreprendrai pas de vous démontrer tout ce qu'il y avait de sage, de modeste et de généreux dans les façons de procéder de notre bienfaisant Vanderburch; la simple lecture des pièces suivantes suffira pour vous éclairer à ce sujet. Elles sont relatives

---

tels, en prenant la tonsure. La tonsure n'est pas précisément un ordre, mais une cérémonie par laquelle les clercs sont introduits dans le sanctuaire. L'*acolyte* est le clerc promu au plus élevé des quatre ordres mineurs.

Les ordres mineurs sont : le portier, le lecteur, l'exorciste et l'acolyte. On les appelle *mineurs*, par opposition aux ordres *majeurs* ou *sacrés* qui sont le sous-diaconat, le diaconat et la prêtrise.

à l'érection de *la grande école des pauvres de Cambrai*, dite

ÉCOLE DOMINICALE.

Les Filles de Sainte-Agnès à Messieurs du Magistrat.

« Remonstrent très humblement les filles de Sainte-Agnès que, par la grace de Dieu, elles ont emprins d'enseigner gratuitement les pauvres filles à lire, escrire et travailler pour gagner leur vie, ensemble, les catéchiser; de quoy elles s'acquittent le mieux qu'il leur est possible, et considérant que les pauvres garçons n'ont pas moins de nécessité d'être catéchisés et enseignés; pour le zèle qu'elles ont au salut des ames, offrent de donner gages suffisans à austant de maitres qu'il conviendra jusqu'au nombre de trois, pour enseigner journellement lesdits pauvres garçons à lire et escrire, et les festes et dimanches les catéchiser, moyennant qu'il plaise à V. S. les accommoder de quelques places; et ne se trouvant de plus propre que la maison quy fut la veuve Salon proche les Sœurs-Noires de Saint-Jacques-au-Bois, supplient qu'elle puisse être à ce affectée. Et combien qu'elle ne soit en estat pour y exercer semblables fonctions, les remonstrantes ont quelque pieuse personne à la main quy la fera accommoder et fournira aux frais, moyennant l'entretiennement à Messieurs de la Ville, en quoy V. S. feront une œuvre singulière de charité au grand bien de la ville et sans aucun intérest d'icelle, veu même que ladite maison leur est inutile. »

« Du 28 d'août, 1625.

» Messieurs du Magistrat ayant été advertis de bonne part que la personne pieuse que les remontrantes avaient à la main, qu'elle offroit accommoder la place dont l'usage se requiert par ceste requête, était Monseigneur Messire François Vanderburch leur archevesque, ont député deux de leurs confrères pour conférer avec sa Seigneurie illustrissime et révérendissime, du contenu en icelle ; lesquels étant de retour, leur ont fait rapport que Sadite Seigneurie emprenoit de faire outrer et mettre a exécution deue ledit contenu, et mettre ladite place en bon état pour y faire une Ecole Dominicale, et l'entretenir à l'avenir si long-temps qu'elle demeureroit audit usage, moyennant toute fois que, de la part dudit magistrat, ledit usage fût accordé pour durer aussi long-temps que le catéchisme y sera enseigné aux pauvres de ladite ville et que l'autorité d'y constituer des maîtres, appartienne audit archevesque et à ses successeurs (1), avec communication et participation qu'il en donnera audit magistrat et ses successeurs, promettant que lesdits maîtres seront toujours bourgeois de ceste ville et leurs justiciables, et non autres ; ont, à meur advis et délibération de conseil, jugé que la demande dudit sieur, ne pouvait réussir qu'à l'honneur de Dieu, meilleure instruction de la jeunesse et ce qui est du service de Dieu et de Notre Mère la

---

(1) On a depuis lors contrevenu à ces conventions : l'autorité civile s'est emparée du droit que l'archevêque avait réservé à ses successeurs. On ne dit pas qu'en violant ainsi un contrat solennel et par conséquent en l'annulant, elle ait restitué à la famille Vanderburch les fonds que l'archevêque y avait affectés : — *ce qui est bon à prendre est bon à garder.*

Sainte Eglise catholique, appostolique et romaine, et notoire avancement du bien public; ayans partant accordé et accordent, par les présentes, ledit usage aux devises et conditions portées ci-dessus : Remerçians sa Seigneurie, tant de la part de la généralité de ladite ville, que de la leur en particulier, de tous leurs cœurs, de tant de bénéfices et munificence qu'ils ont reçus d'elle, la priant très humblement vouloir continuer les bonnes et saintes volontés qu'elle a à l'advancement de l'instruction de ladite jeunesse, soulagement des pauvres et souffreteux communs d'icelle ville, et autres acts pleins tous d'extrême piété, charité et miséricorde. Fait en pleine chambre à l'ordonnance de mesdits sieurs échevins.

Lettres de l'érection de la Grande Ecole des pauvres de Cambray establie par Monseigneur l'illustrissime et révérendissime messire François Vanderburck archevesque et duc de Cambray, prince du Saint-Empire, comte de Cambresis, en l'an mil six cent vingt-six.

« Messire François Vanderburck, par la grace de Dieu et du Saint-Siége Apostolique, archevesque et duc de Cambray, prince du Saint-Empire, comte de Cambresis, à tous ceux quy ces présentes voiront, salut.

» Considérant la grande nécessité qu'il y a d'enseigner la doctrine chrétienne et bonnes mœurs au peuple qui nous est commis, signament à la jeunesse, mais surtout aux pauvres de Jésus-Christ, nous avons trouvé du tout expédient d'ériger à cette fin, en nostre ville métropolitaine de Cambray, une escole pour l'instruction de nos pauvres subjets, nous promettant par icelle en eulx la crainte de Dieu avecq une bonne vie, et par ce moyen, un grand soulagement de leur pauvreté, suivant la promesse fidèle de Jesus-Christ : cherchez premièrement le royaume de Dieu et sa justice, et toutes choses vous seront imparties pardessus. Partant nous ayant esté libéralement octroyé par le magistrat de ladite ville, *l'usaige d'une place et batiment publicque appartenant à ladite ville pour tant si longuement qu'on y fera le catéchisme et non plus, icelle située sur le Marché au Bois à l'opposite de l'hopital Saint-Jacques*, qu'avons à nos frais approprié à l'usaige de l'escolle, y faisant bâtir chapelle, gallerie montée sur rue, et la pourvoyant de toutes choses nécessaires, y avons establi l'ordre que s'ensuist.

Règles de l'Escolle.

" Quatre maistres par nous gagés que *nous et ledit magistrat institueronts* à la présentation que nous en feront les administrateurs, *lesquels seront justiciables audit magistrat et leur presteront le serment*, l'un desquels sera concierge de la place et aura préséence sur les aultres, enseigneront gratuitement en cette escolle, le cathéchisme et bonnes mœurs, à lire et escrire aux pauvres seulement quy n'auront le moyen d'estre enseignés où de se faire enseigner par aultres et quy leur seront consignés par les administrateurs, veu, au préalable, le témoignage de leur pasteur, et ce, tous les jours ouvriers (excepté demi jour de relâche chaque semaine) depuis huit heures, jusqu'à onze, et depuis une heure, jusqu'à quatre ; et pour accommoder ceux qui seroient en tel temps empêchés tels que sont pauvres apprenans leur mestier, et aultres pauvres artisans ; deux desdits maistres, continueront jusqu'à douze, et les deux aultres, continueront depuis douze jusqu'à une, pour, en ces deux heures, les enseigner ; ce qu'ils feront aussy tous les dimanches et festes pour le moins deux heures le jour.

« Les dimanches tous les pauvres escoliers entendront la messe du matin, et après midy, le cathéchisme avecq tous les pauvres artisans de la ville sans y admettre ceulx des aultres escoles ny les enfans honnêtes, attendû qu'ils seront cathéchisés ailleurs, à quoy assisteront tous les maistres.

Et sera donné, par les administrateurs présens, quelque aulmone à la fin, à chacun de ceulx quy s'y seront trouvés, sy comme un liard, plus ou moins selon les facultés de la fondation. Bien entendu que les messes fondées debvront estre au préalable deschargées une fois le mois ; et se fera, par une fête ou dimanche, le cathéchisme avant midy pour les pauvres hommes et femmes quy debvront lors ouyr la sainte messe, et sera distribué, à chacun d'iculx, deux liards plus ou moins, selon les facultés de la fondation, à quoy lesdits maistres debvront aussy assister.

« Pour attirer les pauvres à l'escole journalière, après qu'ils l'auront fréquentée et seront bien endoctrinés, on fera apprendre quelques mestiers à quelques uns des pauvres et plus dignes, aux frais de la fondation quand elle en aura le moyen.

« On fera, quelques fois l'an avec un bon ordre, confesser tous les pauvres quy fréquenteront cette escole.

» On les menera aussy aux églises des patrons de la ville et auront pour patrons spéciaux, la mère de Dieu et des pauvres, et Saint-Ignace, fondateur de la Compagnie de Jésus.

Administration de ladite Escolle.

» Nous avons commis *par agréation mutuelle du magistrat de la ville*, l'administration de ceste escole en dessoubs nous et dudit magistrat, quatre honorables bourgeois zélés de la gloire de Dieu et du bien publicq, tels que François Begard, Pierre Ballicq, Guillaume Lecouf et Antoine Dupuis, *quy presteront le serment audit magistrat*, et procureront soigneusement et charitablement l'exécution de tout ce règlement, et entr'eux *un recheveur quy aussy prestera le serment audit magistrat*, et quy debvra tous les ans rendre ses comptes à nous et audit magistrat sans aulcuns droits et frais d'audition de compte.

» L'ordre reprins ci-dessus touchant l'institution des quatre maistres se debvra garder pour toujours et estant l'une de nos charges pastoralles et non des moindres, de cathéchiser les pauvres suivant cette prophétie : *il m'a envoyé pour évangéliser aux pauvres*, et n'ayant (quoy qu'à notre grand regret) la commodité de l'exécuter nous même en propre personne, nous en avons donné la charge aux pères de la Compagnie de Jésus qui pourront cathéchiser les pauvres pour lesquels seuls ceste escole est instituée selon le règlement susdit.

» Quant à l'intendance que nous et les magistrats avons sur ceste escole, elle se continuera après nous à nos successeurs archevesques et audit magistrat, sans toute fois pouvoir rien ôter ny changer des ordonnances susdites que voulons estre inviolablement gardées, priant les uns et les aultres d'embrasser ceste œuvre et les personnes quy charitablement s'employeront à l'administration d'icelle avecq la charité de laquelle le fils de Dieu a tant étroitement embrassé l'œuvre de notre rédemption et salut, et suppliant celuy quy donne accroissement à ce que plantons et arrousons, d'amener ceste œuvre à sa plaine perfection luy faisant produire le fait de sa gloire et combler de bénédiction spirituelle et temporelle tous ceux quy, en la conduite de ceste œuvre, coopéreront avecq luy à ce fruit.

» Fait à Cambray, le dernier de février, mil six cent, vingt-six. »

Règlement pour l'administration de la grande Escole des pauvres de Cambray érigée par Monseigneur illustrissime et révérendissime, archevesque et duc dudit Cambray, prince du Saint-Empire, compte de Cambresis, en l'an 1626.

« La fin de ceste œuvre soubs le patronage de la mère de Dieu et de Saint-Ignace fondateur de la Compagnie de Jésus, est la bonne instruction en la foy catholique, vie chrétienne et bonnes mœurs des pauvres lesquels d'ordinaire manquent d'instruction. Partant, ils seront, à ceste escolle, cathéchisés par les pères de la Compagnie de Jésus, et enseignés en la doctrine chrétienne et bonnes mœurs ainsy qu'il plaira *à nous et à nos successeurs* ; en outre à lire et escrire gratuitement par maistres à ce gagés soubs la surintendance des administrateurs de ladite escole, lesquels maistres ne pourront rien prendre où exiger desdits pauvres ny de leurs parens et amis soubs quelque prétexte que ce soit.

» Personne ne sera admis en icelle pour y estre enseigné journellement quy ne soit vrayment pauvre où n'ayant le moyen d'estre enseigné par aultres maistres, et ce, au jugement des quatre administrateurs (ouy, au préalable, le tesmoignage du pasteur) quy le consigneront au maistre quy le debvra enseigner.

» Tous les maistres enseigneront ensemble tous les jours ouvriers, (excepté demy jour de relache par semaine) depuis huit heures jusqu'à onze et depuis une jusqu'à quatre; et pour accommoder ceux quy ne pourront se trouver auxdites heures, tels que sont pauvres quy apprendent leur mestiez, et aultres pauvres artisans, deux desdits maistres, continueront d'enseigner lesdits pauvres ouvriers depuis onze jusqu'a douze, et les deux aultres commencheront depuis douze jusqu'a une ; et tous ensemble enseigneront lesdits pauvres apprentifs et artisans (à l'exclusion des aultres) festes et dimanches pour le moins deux heures.

» Pour attirer les pauvres à la leçon journaliére, après qu'ils l'auront fréquentée un où deux ans, et qu'ils seront bien cathéchisés, on fera, aux frais de ladite escole, quand le moyen y sera, apprendre quelque mestier à quelques uns des plus dignes pour leur vertu et bon naturel, esprit et doctrine, ayant aussy esgard à leur plus grande pauvreté, quy seront choisis par les quatre administrateurs et le père cathéchiste à pluralité de voix.

» Les dimanches matins, tous les pauvres garçons escoliers

entendront la messe, et après midy le catéchisme avec tous les pauvres artisans de la ville, (sans admettre ceulx des aultres escoles ny les enfans honnêtes, attendû qu'ils seront catéchisés ailleurs;) à quoy assisteront tous les maistres, et sera donné à chaque pauvre, un liard; et pour exciter les enfans à bien apprendre leur catéchisme, seront mis ès mains du père Catéchiste, par les administrateurs, aux frais de la fondation, quelques prix, comme images, chapelets, livrets, et choses semblables, même quel qu'argent pour distribuer aux plus diligens et mieux repondans.

» Une fois le mois, se fera le catéchisme, par une feste ou dimanche du matin, pour les pauvres hommes et femmes quy debvront lors ouyr la messe, et sera distribué, à chacun d'eulx, deux liards, plus ou moins selon les facultés de la fondation, à quoy tous les maistres assisteront aussy.

» On ne tiendra escole ny se fera catéchisme ès jours de la bonne Pasque, Pentecostes, Noël, Toussaints, Assomption, Notre-Dame, Saint-Ignace, fondateur de la Compagnie de Jésus, et le jour de la procession généralle.

» Les administrateurs prendront soin de faire confesser tous les pauvres de l'escole en leur chapelle ou ailleurs pour le moins deux ou trois fois l'an, aux jours qu'ils trouveront convenir.

» Quelque fois l'an, comme au premier dimanche des Advents et de Caresme et le dimanche des Octaves de l'Assomption, les maistres, accompagnés desdits administrateurs où du père Catéchiste, mèneront en bon ordre, tous les pauvres de ladite escole à l'heure propre, à l'église Notre-Dame pour y faire prières pour le bien de l'église et de la ville, au dimanche des Octaves, Saint-Géry, Saint-Aubert, Saint-Ignace, aux églises desdits saints, ce que conviendra faire ès-nécessités publiques, de guerres, peste, fasmine ou temps se disposant à cherté ; lors principalement que pour telles causes se feraient priéres publiques ; lorsqu'il y aura jubilé à gagner, et lorsque l'archevesque où le gouverneur seront griévement malades. A la mort desdits archevesques et gouverneurs, de chacun administrateur et de quelques insignes bienfaiteurs, on ménera, au plustôt, tous les enfans de l'escole, prier à l'église de leur sépulture.

» Les administrateurs, avec le père Catéchiste, s'assembleront au moins quatre fois l'an, comme à la Saint-Remy, aux Advents, Caresmes et Pentecoste, où plus souvent s'il est besoing, pour maintenir et advancher l'exécution de ce réglement, déçidans tous doubtes à pluralité de voix ; et là où quelque notable difficulté se représenteroit, où bien qu'on jugeroit expédient d'introduire quelque nouvellité, *le tout nous sera rapporté où à nos successeurs et* **audit magistrat**, *avant de rien déterminer*.

» En ces assemblées, les maistres seront quelques fois appellés pour consulter sur le bien et advanchement de ladite escole et des catéchismes, disposer ce que faire se debvra, et coucher par escript ce que sera pensé digne de mémoire depuis la dernière assemblée. »

Règlement des Officiers.

« Le debvoir des administrateurs sera de procurer que tout le règlement susdit soit mis en exécution ; que les bastimens et chapelle soient bien entretenus, que les messes soient révéremment célébrées ; qu'aux archives de l'escole soient diligemment gardées les lettres originelles de la fondation, rentes, légats, érection, règlement de l'escole, les livres des comptes contenant copie authentique de l'institution et érection de cette escole, et du règlement prescrit, les noms et qualités des administrateurs, catéchiste, maistres, enfans auxquels on aura fait apprendre mestier, et tout ce qui sera fait dez le commencement de l'institution et sera par succession digne de mémoire pour servir d'instruction au futur : de pourveoir de bons maistres avecq advis du Catéchiste qu'ils debvront présenter *à l'archevesque et magistrat pour être par eux advoués;* establir le principal des maistres et concierge de l'escole auquel ils donneront par escript l'inventaire des meubles de la chapelle qu'il aura en charge, dequoy debvra rendre compte au commencement de chasque année à la rendition des comptes.

Les quatre administrateurs auront la charge d'admettre à ladite escole, les pauvres quy s'y présenteront avec le tesmoignage de leur pasteur, par commun advis ou pluralité des voix touchant la pauvreté, et en cas d'égalité par décision du tesmoignage qu'ils auront de leurs pasteurs où d'autres personnes honorables de la ville : aussy pourront les quatre constituer un d'entr'eux quy aura la charge de congréger les assemblées en temps préfix, où toutes les fois que deux d'entr'eux, où l'un avecq le père Catéchiste le requéreront pour adviser à tout ce que sera à faire pour le bien, et duement observer le règlement de l'escole. Semblablement au substitut quy suppléra à tout ce quy est de l'office du principal en son absence, et aura spécial soing des pauvres qu'ils feront apprendre leur métier.

» Le recheveur aura chez soy le livre des comptes respondant à celuy quy se gardera au ferme ; tiendra bon compte des receptes et dépenses ; *rendra à nous et audit magistral ses comptes* au commencement de chaque année en notre palais ; les comptes rendus, il en transcrira le sommaire au livre ordinaire des archives et en sera faicte lecture en l'assemblée privée, y présent le père Catéchiste.

» Le *greffier commis par les administrateurs et juré audit magistrat*, aura chez soy le livre des acts respondant à celuy quy se gardera aux archives auquel il rapportera tout ce qu'il sera jugé convenir aux assemblées, et au commencement de chaque année transcrira le tout au livre originel des archives et en sera faicte lecture en l'assemblée privée, présent le père Catéchiste.

» Les quatre administrateurs modernes ayant achevé trois ans, feront choix de deux autres notables bourgeois zèlés au bien publicq et à l'advancement de cette pieuse fondation, pour succéder en la place de deux d'entr'eux quy sortiront, et les autres trois ans expirés, les quatre administrateurs quy lors seront, feront de rechef choix d'aultres deux personnages tels que dessus ; pour succéder ès places des deux derniers quy succéderont ès places des deux anciens quy pour lors debvront sortir ; *lesquelles personnes choisies debvront être présentées à nous et audit magistrat pour être admises et en prester le serment en la chambre eschevi-*

nalle. Ce qu'entendons d'être à toujours observé. Et afin que ce soit chose ferme et stable à toujours, nous avons signé ces présentes de notre propre main, et à icelles, fait appendre notre scel. Donné à Cambray le dernier jour de febvrier mil six cent vingt six. Plus bas est signé François Vanderburck archevesque de Cambray, et Louis-le-Foulon secrétaire. »

— Il est, dit Charles de R..., une institution de Vanderburch, non moins utile, non moins généreuse que l'*Ecole Dominicale*, je veux parler de celle que le grand roi prit pour modèle lorsqu'il fonda Saint-Cyr. Voulez-vous bien, Monsieur l'abbé, nous faire connaître également les actes constitutifs de la fondation de Sainte-Agnès ou mieux de Notre-Dame, qui sont dans votre carton auprès de ceux que vous venez de lire.

» — Les voici. Ils sont une nouvelle preuve de la sagesse et de la charité du bon Vanderburch.

FONDATION DE NOTRE-DAME.

» François VANDERBURCH par la grace de Dieu et du Saint-Siége Apostolique, Archevesque et duc de Cambrai, prince du Saint-Empire, comte du Cambresis, etc., à tous ceux qui ces présentes voirront, salut. Comme ainsi soit qu'il auroit pleu à Dieu par sa bonté et miséricorde nous faire souvent considérer combien les pauvres du sexe féminin en cestre nostre dite Ville de Cambray et chastel en Cambresis ont besoing de nourriture et instruction chrestienne d'où provient que plusieurs jeunes filles vont s'abandonnant et se perdant de corps et d'ame journellement ; pour à quoi remédier autant qu'en nous est par la mesme bonté de sa majesté divine, sommes estez inspiré de faire une fondation en ceste notre dite ville pour y nourrir et entretenir le nombre de quatre-vingt ou cent pauvres filles, qui debvront y estre eslevées en la crainte de Dieu, piété et bonnes mœurs comme pauvres boursières ; auquel effect nous aurions faict bastir une fort ample maison à l'honneur et soubz la protection et nom de N^{re} Dame, et afin que les proviseurs de ladite maison et fondation, et celles qui y seront comises pour nourir, enseigner et endoctriner lesdites pauvres filles sçachent comme ils se debvront comporter, nous avons fait et ordonné, faisons et ordonnons les règles et statuts qui s'ensuivent.

» Lesdites pauvres boursières seront nouries, enseignées et endoctrinées par les filles dévotes de Ste-Agnès suivant le règlement particulier sur ce faict, lesquelles administreront leur propre bien et seront les maistresses et soub-maitresses et autres officieres créées en la mesme forme et manière que jusques ores s'est observé.

» Il y aura quatre proviseurs, par lesquels ladite fondation et bien d'icelle seront gouvernez et receuz par un recepveur commis par eux et desquels biens ils payeront la table desdites boursières, moyennant laquelle elles debvront être nouries, chauféés et buées.

» Les filles de Ste. Agnès auront pour table de chasque boursière demy muit de bon bled Cambresien faisant huit mencaux et cinquante-six florins (1) par an : et si à l'advenir les vivres s'enchérissaient notablement, on augmentera à proportion ladite somme, et ce au dire et jugement des sieurs du vicariat, au cas qu'au faict de ladite augmentation les proviseurs ne se trouvassent d'accord avec lesdites filles de Ste. Agnès.

» Semblable augmentation se debvra faire si ladite ville de Cambray venoit à estre assiégée, ou quelque autre sinistre ou notable accident arrivoit; et en ce cas de débat, il sera décidé par lesdits sieurs du vicariat.

» Quand quelques-unes des pauvres boursières seront malades, tout ce qu'il faudra frayer pour médecines, chirurgiens et drogues et autres choses oultre et pardessus leur traictement ordinaire, il se payera par la fondation aussi bien que tout ce qui touche leur entretenement.

» Leur nourriture sera sobre et frugale, servant plustot à contenter la nature, que d'excés au boire et manger.

» Elles prendront leurs réfections au disner et souper devant les filles de Ste. Agnès.

» Leurs habits, coiffures et chaussures seront uniformes et leurs robbes debvront estre de drap médiocre, couleur de minime.

---

(1) Le florin équivaut à 1 fr. 25 c. de notre monnaie.

» Chascune aura sa chambrette à part, plus petitte néantmoins que celles des filles de Ste. Agnès, mais de mesme façon.

» Elles auront des matelas, des linceux de toile grosse et deux couvertoirs.

» Elles debvront estre toutes bien catéchisées et enseignées à lire, et celles qui seront capables à escrire, ensemble à coudre soit en drap ou en linges, à filer, faire dentelles et semblables ouvrages, chacune selon sa capacité et inclination, au jugement et discrétion de la maistresse. Et lorsqu'elles seront d'aage suffissant, on les enseignera les ouvrages qui sont à faire dans un mesnage, comme laver, faire le pain, cuisiner etc.

» Ce qu'elles gaigneront par leur labeur se recepvra par la maistresse ou ses commises, lesquelles le délivreront tous les trois mois, ou tous les demy-an aux proviseurs (qui en cela se rapporteront a la fidelité de la maistresse, adjoustans foy à sa simple parolle) et sera le tout mis en recepte au compte général au profit de la fondation de Notre-Dame.

» Les avantdits quatre proviseurs et administrateurs détermineront toutes les affaires qui se présenteront touchant l'administration des biens temporels de ladite fondation, réception et renvoye des boursières : et où il arriveroit qu'ilz ne s'accordassent pas ensemble et qu'il y eust deux d'une part et deux de l'autre, en cas messieurs du vicariat décideront le débat.

» Les pauvres boursières seront par les proviseurs choisies de la ville de Cambray seulement vrayement enfans légitimes de père et mère, bourgeois dudit Cambray, gens catholiques et de bonne renômée jusques au nombre de quarante. Si les forces de ladite fondation portent d'en recepvoir davantage, la moitié du surplus de telle qualité que dessus, sera prise encor de ladite ville de Cambray et l'autre moitié du Chastel en Cambrésis, Ors et Cattillon, au choix d'iceux proviseurs, qui paravant sur ce oyront la maistresse et soubmaistresse et auront regard à leur recômandation autant que la raison le permettra.

» On les choisira autant que faire se pourra de l'âge d'environ douze à quatorze ans et non notablement plus jeunes n'y plus vielles; n'est que pour quelque grande et légitime cause, lesdits proviseurs, après avoir ouy la maistresse et soubmaistresse, jugent autrement convenir.

» Elles y demeureront jusques à ce qu'au jugement desdits proviseurs, elles seront bien capables de se mettre en service ou de facilement gaigner leur vie de leur travail manuel : en tous cas, elles n'y seront jamais plus que huict ans; n'est que, pour cause urgente et légitime, lesdits proviseurs, après avoir ouy comme dessus lesdites maistresses et soubmaistresses, trouvent expédient les continuer.

» Quand elles sortiront, elles seront racoustrées aux frais de ladite fondation à la discrétion des proviseurs selon leur bon comportement et le service qu'elles auront faict à ladite maison.

» Quand quelqu'unes d'entre elles seront réfractaires, ou se comporteront aultrement qu'elles ne doibvent, les maistresses et soubmaistresses les admonesteront et de l'admonition faicte en advertiront les proviseurs et si la défaillante continuoit en ses fautes après la troisième monition, iceux proviseurs oyront sur ce, non seulement lesdites maistresses et soubmaistresses, mais aussi quatre ou cinq autres filles principales de Ste. Agnès et s'ilz trouvent bon que ladite défaillante doibve estre mise hors de la maison, ilz la mettront dehors.

» Ladite maison en tout son comprendement s'entretiendra aux frais de ladite fondation, excepté le jardin qui se cultivera à la charge des filles de Ste-Agnès, puis qu'elles en auront le profit.

» Lesdites filles pourront continuer à tenir tablières à leur discrétion jusques à ce que le nombre des pauvres boursières soit arrivé à trente-cinq ou quarante, que lors elles n'en tiendront que trois ou quatre au plus, afin de pouvoir mieux vacquer ausdites pauvres boursières.

» Les comptes de ladite fondation se rendront annuellement ausdits proviseurs, chacun desquels aura pour honoraire au lieu de disner la somme de vingt-cinq florins.

» Le nombre des filles de la communauté de Ste-Agnès n'excédera le nombre de quarante, et ne pourra icelle communauté s'establir en quelque ordre de religion, autrement debvra sortir de la maison sans autre formalité.

» Pareillement elle debvra sortir de ladite maison en cas qu'elle ne vueille continuer d'enseigner les pauvres filles et observer les règlements et statuts de ladite fondation de Notre-Dame et en cas de débat sur ce entre les proviseurs de ladite fondation et les filles de Ste. Agnès, messieurs du vicariat en décideront

» Et s'il arrivoit que quelque fille de la communauté de Ste. Agnès vinst à faillir et donner scandal (que Dieu ne vueille) la maistresse la fera incontinent sortir de la maison et si elle manque à ce debvoir, il y sera pourveu par lesdits sieurs du vicariat; comme aussi si ladite communauté en général venoit à se gouverner scandaleusement.

» Arrivant que lesdites filles de Ste. Agnès voudroient, ou pour un de cas susdits debvroient sortir de ladite maison, les proviseurs feront debvoir d'y remettre autres filles de semblable institut bien idoines, soit de la ville de Mons, Valenciennes ou autre, en nombre compétent, pour y faire les mesmes fonctions que y font lesdites filles de Sainte-Agnès, leur donnant la mesme rétribution pour la table des pauvres boursières qu'on donne ou qu'on eust dû donner à celles de Ste. Agnès. Voires si on n'en pouvoit avoir aucunes telles sans leur donner quelque advantage du revenu de la fondation, j'ordonne que cela se face, encores bien que le nombre des pauvres filles se debvroit diminuer et tout ce qui est ordonné au regard desdites filles de Ste. Agnès, sera pareillement gardé en leur endroict.

» Tous les meubles servants aux chambres des pauvres filles, comme aussi les nappes, autres linges et estaings destinéz à leur usage, se fourniront aux frais de ladite fondation, desquels se fera un inventaire et iceluy s'exhibera d'an en an aux proviseurs par la maistresse, qui quant et quant déclarera que tout est encores en estre, où désignera les pièces qui y manquent et sera adjoustée foy à son dire. Et tous les autres meubles et ustensils seront à la charge de la communauté de Ste. Agnès, exceptez les ustensils de la brasserie, les vaisseaux pour faire la buée et les grandes marmites et chaudrons pour la cuisine. Faict à Cambray soubz noz seel et signature le trentiesme d'aoust de l'an seize cent trente-trois.

» Signé François VANDERBURCH, Archevesq. de Cambray.

» François VANDERBURCH, par la grace de Dieu, Archevesq. et duc de Cambray, prince du sainct Empire, comte de Cambresis etc., scavoir faisons qu'ayans commencé une fondation pour des pauvres filles en nostre ville de Cambray, avecq intention de faire la mêsme maison nostre héritière universelle, nous avons ordonné et ordonnons par ceste, que les biens d'icelle fondation soient employez par les proviseurs, comme s'ensuit.

» Premierement, que toutes les réparations et entretènemens de la maison, seront tousjours à la charge de notre fondation.

» Deulxiesmement, que les pauvres filles y reçues et à recepvoir seront entièrement et de tout poinct entretenues du bien de ladicte fondation.

» Tiercement, qu'à leur entrée, elles seront véstues en la mêsme manière et façon que celles qui y sont présentement et ce à la charge de la fondation.

» Quatriesmement, quand elles sortiront pour aller servir des gens de bien, seront revêstues honestement, comme aultres servantes et pourveues de six chemises et d'aultre linge à l'advenant, à la discrétion des proviseurs; moyennant qu'elles se soient tousjours bien comportées et après avoir demeuré en la maison environ huict ans et sortent avecq bon gré et consentement desdicts proviseurs.

» Cincquiesmement, quand celles quy auront demeuré en la maison environ huict ans, en seront sorties avecq honneur et auront servy sans reproche des gens de bien, se mettront en estat de de mariaige ou de religion, elles auront chascune, cent et cincqante florins à la charge de ladicte fondation.

» Sixiesmement, que les mêsmes devenant vefves et ayans besoing d'assistence, auront à charge de ladicte fondation quatre florins par mois, jusques au nombre de trente et point davantaige : pourveu néantmoins qu'elles se soient tousjours bien comportées et ayent eslévé leurs enffans en la crainte de Dieu et les envoye au catéchisme.

» Septiesmement, afin que tout ce que dessus se puisse deuement accomplir sans diminution du capital de nostredicte fondation, nous voulons que le nombre des boursières soit à l'advenant et jamais sy grand que le revenu annuel ne puisse suffir à tout ce que dessus et quand il y aura du boni de consideration, il sera employé à la rente ou à l'achapt de quelques terres pour augmenter la fondation.

» Et finalement ledict boni, estant ainsy employé et venant le revenu annuel à s'augmenter, en sorte que non seulement il bas teroit (1) pour entretenir jusques à cent boursières et accomplir

---

(1) Suffirait.

tout ce que dessus, mais y auroit aussi de l'excrescence ; nous entendons que ladicte excrescence, soit distribuée par septmaine selon la discrétion des proviseurs, à quelque nombre des pauvres filles quy fréquenteront les escoles de ladiste maison et le catéchisme quy s'y faict. Car nous voulons que le nombre des boursières, n'excède jamais le nombre de cent. Ainsy faict et ordonné à Mons le trentiesme de janvier mil six cens trente-sept et en tésmoin de vérité, avons à ces présentes signées de notre main, faict appendre notre scel. Signé François Vanderburch, Archevesq. de Cambray. Par ordonnance de sa S.rie. Ill.me et R.me. Signé M. Cunelier, Secrétaire.

• François Vanderburch, par la grace de Dieu et du St-Siège apostolique, Archevesq. et duc de Cambray, prince du S. Empire, comte de Cambresis, etc. à tous ceux qui ces présentes verront, salut. Ratifions et confirmons toutes les ordonnances, règles et statuts, qu'avons faict en 1633 sur le faict de notre fondation pour des pauvres filles et administration de la maison de Nostre-Dame par nous bastie et dotée en ceste ville. avons jugé convenir d'y adjouster les poincts qui s'ensuyvent et ordonner, comme nous ordonnons par ceste, qu'ilz soyent accomplys exactement et gardéz à tousjours.

• Lesd. pauvres filles ne seront pas seulement accoustrées à leur réception et derechef à leur sortie, aux fraitz de notre fondation, comme dit est en nos lettres précédentes, mais en oultre s'ayant tousjours comporté avec honneur, quand elles viendront à l'estat de mariaige, auront quelque dot de la maison, comme c nt cinquante florins chascune, plus ou moins, selon la discrétion des proviseurs.

» Celles quy entreront en quelque religion ou bien seront receues en quelque maison de Notre-Dame ou de Ste-Agnès, auront semblable assistance de ladicte Maison.

» Lesd. filles qui aprés avoir esté mariées, deviendront vefves et auront besoing d'assistance recevront de la maison quatre florins par mois, jusques au nombre de trente, moyennant qu'elles ayent tousjours vescus avec honneur et sans blasme et envoyé leurs enfans au cathéchisme.

» Le revenu de deux mille florins par an sera employé à l'achat de nouvelles rentes seulement.

» Ces nouvelles rentes serviront pour augmenter peu à peu le nombre des boursières : et quand il sera si grand, qu'au jugement des proviseurs, il ne se debvra augmenter davantage, alors le revenu des rentes qui par aprés s'acquéreront du revenu de ladite rente de deux mil florins, se distribuera tous les ans, aux pères de la compagnie, aux filles de Ste-Agnès et aux pauvres filles qui visiteront leurs escoles, selon la discrétion desd. proviseurs ; ne fut que la fondation en auroit besoing pour entretenir les bastimens ou aultrement.

» Faict à Cambray soubz noz scel et signature, le 2 de septembre 1638.

» Signé François Vanderburch, Archesvecq. de Cambray. »

SEPTIÈME SOIRÉE.

UN PROSCRIT. — L'ABBAYE DE SAINT-SÉPULCRE.

Un soir, la bise soufflait avec violence, le vent pleurait en traversant les étroites fissures de la porte ; cette harmonie plaintive jetait de la tristesse dans l'âme, et disposait à la rêverie. Nos jeunes gens se serraient autour du feu, auprès de l'abbé Tranchant ; le cercle s'était rétréci. On plaignait les pauvres voyageurs obligés de lutter contre la froide tempête; on plaignait surtout cette foule de proscrits que la patrie en délire avait rejetés de son sein.

— La tourmente, dit Charles de R..., est bien en harmonie avec les fureurs populaires. Ces châteaux, ces abbayes, ces églises qui s'écroulent sous la pioche du Vandale moderne, recevront, cette nuit, les coups de l'ouragan. Les élémens viennent en aide à la révolution. Et cependant les maîtres des châteaux, les hôtes des monastères, errent sans asile et sans ressources, sur la terre de l'étranger.

— Le peuple fut ingrat, dit le prêtre, mais les desseins de Dieu sont impénétrables, mes amis. La France devait sans doute à la justice éternelle une terrible expiation. Les crimes d'une nation s'accumulent aux yeux du Seigneur, comme les fautes du pécheur. Le jour vient où la coupe déborde : alors la vengeance éclate, les bourreaux se lèvent et fonctionnent par instinct, sans comprendre, sans connaître le bras qui les pousse. Les destinées s'accomplissent ; mais Dieu est juste, et tout s'enchaîne dans ses décrets, il n'y existe pas de lacune : quand les ministres aveugles de sa colère ont frappé, comme ils ne sont pas exempts de crimes, ils sont frappés à leur tour.

Voyez ce qui se passe aujourd'hui : le peuple des villes et des campagnes détruit les puissans manoirs, les riches monastères : il tarit les sources de son bonheur et de sa prospérité. Il y a long-temps que les châteaux ne sont plus des repaires de brigands, les moines n'ont jamais été des ogres, comme on l'a fait croire à beaucoup de sottes gens. Ils s'apercevront, mais trop tard, que de la tourelle féodale, descendaient mille bienfaits sur les chaumières ; que des granges de l'Abbaye sortait tout le blé qui nourrissait le pauvre pendant l'hiver. Ils sauront bientôt que le vêtement qui couvrait leurs enfans, que les secours qui réparaient les ravages de l'ouragan ou de l'incendie, s'en sont allés avec les proscrits. Hé ! que dis-je? Tout cela, ils le savent déjà. Les temps sont durs, les vivres sont rares et chers. Les campagnes n'ont-elles pas reçu l'insolente circulaire de l'agent national, qui exige que le paysan vide sa grange dans les greniers de la République ? qui arrache le pain des mains de la veuve et de l'orphelin, pour en engraisser la famille du tribun populaire? Quelle dîme que celle-là! et de quelle façon grossière et menaçante ne la lève-t on pas? Souffre pauvre peuple! Meurs de faim, de froid ou de misère, qu'est-ce que cela fait au tyran sanguinaire, bien repu sur sa chaise curule? Il ne connaît pas, lui, la voix qui dit: *aimez-vous les uns les autres;* il n'a pas une religion, des croyances qui lui ordonnent de se dépouiller pour son prochain; qui le forcent à partager son manteau avec le pauvre de la route; qui lui ordonnent de porter les fers de l'esclave, pour soulager un frère qui souffre; qui font à tous une loi de l'hospitalité... Homme du jour, sans foi dans un avenir, sans respect pour le passé, sans autre raison que la force, il ne connaît que lui, il n'a d'autre Dieu que son orgueil, d'autre loi que son intérêt; pour lui le monde n'est rien; il s'en fait un jouet, Néron s'amuse à voir brûler Rome.

Ainsi parlait le vieux prêtre, lorsque la porte de la chambre s'ouvrit. Un homme apparut et s'arrêta sur le seuil, comme s'il eût été stupéfait de trouver l'abbé en compagnie. Il était grand, maigre et pâle; il portait des haillons, et tenait en main le bâton du voyageur. Ses cheveux longs retombaient en désordre sur ses épaules déjà voûtées par l'âge. Sur sa lèvre, une moustache grise hérissait son poil rare et chétif; un petit havre-sac pendait à son côté, on eût dit d'un mendiant ou d'un pauvre colporteur.

— Que demandez-vous? dit l'abbé Tranchant.

— Je n'oserais vous le dire, répondit l'étranger, en jetant un coup d'œil scrutateur sur les jeunes gens. Plus tard je reviendrai:

— Parlez dès à présent, reprit le vieux chapelain. Que voulez-vous de moi?

— L'hospitalité!

— Qui donc êtes-vous, mon pauvre frère, pour venir ici réclamer un pareil service?

— Hélas! ce sac étroit dans lequel sont quelques marchandises, vous répondra pour moi. Dans ma détresse j'ai pensé qu'un ministre du Seigneur ne serait pas sans pitié.

Cela paraissait singulier à l'abbé Tranchant. Un colporteur demandant asile, à cette heure avancée de la soirée, chez un vieillard qu'il croyait seul... Il y avait là en effet de quoi faire penser.

— Certes le malheur a droit à toutes mes sympathies, dit l'abbé, mais nous vivons dans des temps malheureux, où la défiance est nécessaire. Autrefois l'on ne s'inquiétait pas du nom des hôtes auxquels on donnait asile, aujourd'hui, on aime à connaître ceux que l'on reçoit au foyer domestique.

— Vous le saurez, reprit l'étranger, quand nous serons seuls. Comme vous, j'use de prudence, parce que j'en ai besoin.

— Qu'à cela ne tienne, dit l'abbé, votre air respectable me fait croire que votre secret l'est également; dans ce cas vous n'avez rien à craindre de ces jeunes hommes qui sont tous mes amis, mes enfans; et sur le dévouement desquels je compte sans réserve.

— Oui, s'écrièrent les jeunes gens, vénération et dévouement à l'abbé Tranchant et à ses amis, mais malheur à qui voudrait leur nuire !

— Soyez donc sans crainte, ajouta le vieux chapelain.

— Je vois qu'aucun danger ne me menace ici ; je puis parler... Hé bien ! moi comme vous, vénérable abbé, je suis prêtre, de plus je suis proscrit.

— Un proscrit ! A ces mots les jeunes gens s'inclinèrent avec respect.

— J'ai été riche et puissant, continua l'étranger, je suis pauvre et vagabond ; j'avais, sur mon déclin, conservé la vigueur, la santé du jeune âge ; quelques mois de souffrance m'ont rendu pâle et chancelant. Ah ! mes amis, c'est que j'ai fui le sol de ma patrie ; c'est que sur la terre étrangère, l'homme souffre et se flétrit.

L'abbé Tranchant était visiblement ému, un trouble singulier agitait le noble vieillard.

— Oh ! maintenant, dit-il, je ne crains plus rien : vous ne pouvez être un traître, et si vous préférez demeurer inconnu...

— Je n'y ai plus d'intérêt, puisque je suis avec des amis. Et d'ailleurs, obligés par état et par zèle, de courir ainsi les chances aventureuses d'une carrière de dévouement, ne devons nous pas nous familiariser avec le péril ? Tantôt sous un déguisement, tantôt sous un autre, dans ce pays où le culte chrétien est interdit, quelques prêtres que Dieu soutient, parcourent les villes et les campagnes, bénissant les mariages, confessant les pécheurs, consolant les malades, les aidant à mourir, baptisant les petits enfans, ranimant partout la foi qu'on persécute. J'ai voulu être un de ces prêtres ; le Seigneur ainsi l'a ordonné. Voilà pourquoi je suis aujourd'hui à Cambrai, pourquoi demain je serai ailleurs ; échappant ainsi à l'impiété qui nous traque comme des bêtes fauves.

— Admirable caractère ! s'écria Charles de R..., rôle sublime et digne des temps antiques !

— Béni soit mon foyer, dit l'abbé Tranchant, auquel s'est assis l'envoyé du Seigneur. Heureux sont vos hôtes, heureux ceux dans l'intimité desquels vous avez vécu !

— Hé quoi! Tranchant, mon vieil ami, vous ne reconnaissez pas encore ma voix ! Votre cœur ne vous dit pas que vous êtes de ceux-là ! Ces haillons qui me couvrent, et les ravages du temps m'ont-ils donc tellement défiguré ?...

— O ciel ! s'écria le pieux vieillard, c'est lui... Mon trouble n'était donc pas une chimère.... lui... Dom Gérard, abbé de Saint-Sépulcre !

Et les deux amis furent soudain dans les bras l'un de l'autre, et les jeunes gens contemplaient avec respect et attendrissement ces vieux débris du clergé français, se retrouvant fidèles à l'antique foi du Seigneur, comme jadis deux chrétiens, dans le mystère des catacombes.

— Oui, mon pauvre et généreux Tranchant, je suis Gérard, votre vieil ami, et je sens au bonheur que j'éprouve en vous serrant dans mes bras, que le ciel a voulu jeter encore quelques fleurs sur cette carrière si pénible qu'il nous a donnée à parcourir. Je suis venu bénir un mariage secret, un mariage chrétien. C'est une vieille promesse que j'ai accomplie... une promesse sacrée. Je n'ai pas osé passer la nuit dans la pieuse maison où il a été célébré : j'aurais pu compromettre gravement les braves gens qui m'ont appelé. Je vous ai donné la préférence, elle vous revenait de droit.

— Je vous en remercie, et je l'accepte avec reconnaissance. Vous auriez, du reste, trouvé dans la ville de Cambrai, beaucoup d'honnêtes familles, heureuses et fières de vous offrir l'hospitalité.

— Je sais que cette ville est généralement bonne et hospitalière. Aussi j'y suis venu avec bonheur ; mais il me serait impossible de vous dire ce que j'ai éprouvé en passant, ce matin, devant notre vieille Abbaye de Saint-Sépulcre ; en contemplant ces riches bâtimens, cette élégante chapelle, profanée aujourd'hui par le culte de la raison.

— La raison ! folle déesse, dont les hommes rougiront un jour, comme d'une honteuse erreur.

Ainsi s'établit la conversation qui devint générale. Dom Gérard, le digne abbé, le mystérieux missionnaire, conta ses malheurs et les vicissitudes de son ministère. Il en revint plusieurs fois au souvenir de l'Abbaye de Saint-Sépulcre, si riche, si puissante autrefois ; il consentit même à donner aux jeunes gens des détails qui furent écrits sous sa dictée , et d'où sont extraits ceux que nous rapportons ici. Ils ont principalement pour objet les droits dont jouissait l'Abbaye.

NOTES RELATIVES A L'ABBAYE DE SAINT-SÉPULCRE.

« Cette Abbaye , de l'ordre de Saint-Benoît , en Cambrai, fut fondée en l'année 1064 par le bienheureux Lietbert, évêque de Cambrai. Il ne fit en cela qu'achever l'œuvre commencée par Gérard , son prédécesseur.

» Il dota largement l'Abbaye ; l'acte de cette dotation a été enlevé par les spoliateurs du clergé , mais il se trouve imprimé dans tous les diplomatistes du clergé , tant des Pays-Bas que de France. Voyez Mirræus, et la Gallia Christiana.

» L'abbaye du Saint-Sépulcre fut érigée sur l'emplacement d'un cimetière que l'évêque Gérard avait béni hors de l'enceinte de la ville , à l'occasion d'une peste qui dévastait le pays en 1031. Plus tard elle fut englobée dans l'enceinte de défense.

» C'est à titre de sa dotation que l'Abbaye est patrone et colla- trice des paroisses de la Madelaine, de St-Georges, ainsi que de la paroisse Saint-Nicolas, qui fut érigée postérieurement sur le fond de l'Abbaye, à raison des établissemens qui se firent dans les en- virons du nouveau monastère : et c'est à ce titre que, de toute an- cienneté, l'Abbaye nomme les grands clercs de ces trois paroisses, et qu'elle est décimatrice de la banlieue qui s'étend depuis la rivière de l'Escaut jusqu'à la chaussée de Valenciennes. En cette qualité de décimatrice, l'Abbaye est chargée de l'entretien des chœurs des trois paroisses, de la portion congrue des curés, de leurs vicaires au nombre de cinq, sans y comprendre la paroisse de Proville qui se trouve enclavée dans le globe décimable de la banlieue, où l'Abbaye est également chargée du chœur, de la portion congrue du curé et du presbytère ; les presbytères des campagnes dans le Cambresis étant à la charge des décimateurs et non dans les villes.

Hommage de la paroisse St-Nicolas.

» On observe qu'en reconnaissance du terrain que céda l'Abbaye pour l'érection de la nouvelle paroisse de Saint-Nicolas, le curé est tenu de fermer son église le jour de la dédicace de l'Abbaye qui est le 28 octobre ; ce jour-là le curé est tenu de venir célébrer dans l'église Abbatiale les offices avec ses vicaires, et il est d'un usage ancien que l'Abbaye fait inviter honnêtement le curé, tant pour la célébration que pour le dîner.

» Le même jour les marguilliers de la paroisse présentent à l'abbé, à l'issue de la messe paroissiale, un gâteau de six livres en reconnaissance de la permission qui leur fut accordée de bâtir, au profit de leur fabrique, un rang de petites maisons le long de leur église sur le terrain et juridiction de l'Abbaye : c'est pourquoi elles sont numérotées sous une cartouche en vert, couleur de la livrée de l'Abbaye.

Droit de Tol au marché au Poisson, ou droit du Minck.

« Entre plusieurs droits est celui du Minck, qui consiste en certaine levée de poisson, à chaque somme, qui se fait par les égards avant que l'on minke. L'Abbaye a joui de ce droit jusqu'en 1789 suivant l'exécution du concordat passé sur la fin du dernier siècle entre le magistrat, le gouverneur de la ville et l'Abbaye, qu'ils engagèrent à se relacher sur certains poissons de son droit en entier, lequel était d'un poisson à chaque somme, moyennant qu'en dédommagement, elle percevrait sur les petits poissons deux ou quatre à la somme. Il ne s'est élevé aucune difficulté depuis le dernier concordat sur la perception de ce droit, qui fait une partie de la première dotation de l'Abbaye. »

Droits de Cambage et Patronat. — Poestée.

« C'est au même titre de fondation que l'Abbaye jouit des droits de Cambage sur les bières marchandes qui se font ou vendent dans l'étendue de son ancienne Poestée ou juridiction, ainsi que du droit de patronat qui se perçoit sur les mêmes bières dans la circonscription de son dit patronat; ces droits sont énoncés au titre de fondation par le mot *Cambæ*.

» L'ancienne juridiction de l'Abbaye connue sous le nom de *Poestée*, s'étendait sur un tiers de la ville et banlieue, et était administrée par un maire, sept échevins à la nomination de l'Abbaye, ainsi que le greffier, procureur d'office et sergent. L'Abbaye à la demande du magistrat de la ville, lui fit cession de cette

Poestée, en en retenant les droits utiles, à l'exception des droits de lots et ventes des mainfermes : cette cession fut faite dans les intentions du bien public et d'une police générale.

» Le droit de cambage consiste en quatre pots de bierre sur chaque brassin marchand, qui se fait ou débite dans l'étendue de la Poestée.

» Celui de patronat n'est que de deux tiers de deux pots de bierre à l'encontre des curés respectifs des trois paroisses pour l'autre tiers.

» Ces deux droits, quoique de peu de valeur, n'étant affermés cy devant que trente-six florins, ont été le sujet d'un très grand procès entre le corps des brasseurs qui s'étoit lié avec celui des cabaretiers. Les deux corps ayant intéressés le magistrat dans leur cause, le procès fut long et très dispendieux, et les droits de l'Abbaye furent confirmés par la sentence du premier juge, par un arrêt d'une chambre du parlement par appel, et enfin par un arrêt de révision des trois chambres assemblées. »

Tonlieu sur les Fruits.

» Un troisième droit dont jouit l'Abbaye est celui de tonlieu sur les fruits, etc., qui se vendent au Marché et dans la ville, *minutum theloneum* ; ce droit est de peu de revenu, ne se percevant qu'à raison de deniers, liards, et patars ; avant la révolution il n'étoit affermé que deux louis. »

Droit de Foire. — Bourreau de la Ville.

« Un quatrième droit est celui que perçoit l'Abbaye le jour de la Foire de la Saint-Simon-Saint-Jude ; jour anniversaire de la Dédicace de l'Abbaye, repris au diplôme de Charles V, sous ces mots : *Forum in Dedicatione*.

» Ce droit consiste en un denier ou liard sur toutes les boutiques de la ville ; à l'exception des brasseurs, cabaretiers, aubergistes, boutiques établies sur la Grand'Place et dans l'Hôtel-de-Ville, qui paient chacun un patar; ce droit se perçoit également sur les bestiaux vendus au Marché de ce jour, ainsi que sur les chariots conduisant des marchandises et denrées.

» Le produit qui est plus honorifique que lucratif, est de si peu de valeur, que les charges acquittées, il ne reste presque plus rien ; ces charges consistant au paiement des salaires des gens employés à la perception du droit, en celui des sergens de la ville qui sont, cette journée, aux gages de l'Abbaye; en un dîner qu'on donne tant à la communauté, qu'à certains externes ; en ce que l'on paye au bourreau pour l'hommage qu'il fait chaque année en ce jour à l'Abbaye, en présentant, épée nue, genou en terre, trois paires de gants à l'abbé. On donne à dîner ce jour là au bourreau ainsi qu'à son cortége, et en outre un jambon, six lots de vin, six pains et une tonne de bierre.

» Le bourreau jouit le jour de la Foire des mêmes droits que l'Abbaye, lui demandant, en faisant hommage ses droits ordinaires, et c'est l'Abbaye qui annonce ce jour, par le son de sa cloche, l'ouverture des portes et de la Foire.

» Le jour de la Saint-Simon-Saint-Jude, il y avait anciennement, avant la cession de la Poestée faite en 1700, au magistrat, une Foire publique sur la place de l'Abbaye. Les places des marchands se passaient au profit des officiers de justice de l'Abbaye, ainsi qu'il se pratique dans les villes ; mais depuis cette cession, il n'y a plus qu'un maître cordonnier qui est obligé de s'établir sur la place de l'Abbaye, le jour de la Foire au nom du corps : et on ne sait à quel titre ce même corps vient, chaque année, faire une collation à l'Abbaye, le jour de la Saint-Crespin et Saint-Crespinien après les vêpres ; on leur donne, pains, fromages et bierre. »

Droit de Justice.

« L'Abbaye jouit des attributs de la haute justice dans son enclos, ainsi que sur la Place dite de Saint-Sépulcre. A l'extrémité de cette place était érigée une grande Croix en fer sur la base de laquelle se trouvoient incisées dans le grés les quatre lettres suivantes : *T. I. S. S.*, signifiant *Terminus Jurisdictionis Sancti-Sepulcri.*

Cette Croix fut supprimée lors de la révolution, ainsi que le piloris aux armes de l'Abbaye qui était planté sur ladite Place, au coin parallèle de la Croix. Le terrain de cette Place était séparé de celui de la ville par de hautes bornes qui ont été brisées à rase du pavé à la même époque de la suppression de la Croix. Ce terrein se trouve encore distingué le long de la rue de Saint-Nicolas et d'une partie de la rue de Saint-Georges, par une ligne de pavés plats bordant lesdites rues de Saint-Nicolas et de Saint-Georges, et il se trouve dans cette dernière, encore une partie de terrein non pavée le long des jardins des religieux (1).

» L'Abbaye avoit un bailliage dans son enclos qui était le chef-lieu d'où ressortissoient les seigneuries qu'elle possédoit dans le Cambresis.

» Ce bailliage étoit composé d'un bailli portant épée, de quare hommes de fief, tous gradués; d'un greffier, d'un procureur fiscal et d'un sergent; l'Abbaye avait aussi ses prisons particulières dans son enclos.

» Le bailliage étoit juge en première instance de toutes les causes civiles et criminelles qui s'élevoient entre ses vassaux : ce bailliage servoit de cour féodale, l'appel de ses sentences se portoit au baillage de l'archevêché et en dernier ressort au parlement de Flandres. »

Etats de Cambrai et du Cambresis.

« Par le don fait en 1007, du comté du Cambresis à l'évêque de Cambrai, qui est devenu successivement duc de Cambrai et

---

(1) Toutes ces traces ont disparu depuis quelques années.

prince du Saint-Empire, de la concession des empereurs ; cet évêque exerçoit dans la province les droits de la souveraineté, y battant monnoie à son coin, convoquant les états de la province quand il le jugeoit à propos. Il les présidoit et les abbés avoient séances avant les députés des chapitres. En cas d'absence de l'évêque, c'était un abbé qui les présidoit.

» Par la conquête de Cambrai faite en 1595 par le comte de Fuentes, au nom de Sa Majesté catholique, la souveraineté de l'évêque s'éclipsa malgré ses réclamations et celles de son chapitre.

» Sa Majesté catholique convoqua en son nom pour la première fois, en 1590, les états de la province du Cambresis auquel son commissaire présida et fit des demandes de la part de Sa Majesté.

» L'archevêque étant alors absent, les députés du chapitre de Cambrai s'emparèrent de la préséance au préjudice des abbés de Saint-Aubert, Saint-Sépulcre et Vaucelles qui étoient nouvellement nommés et auxquels on disputoit leur crosse. Ces trois abbés peu au fait de leur droit et du rang qu'avoient tenu leurs prédécesseurs dans les anciens états ; siégèrent en la place qu'il plut aux députés de leur assigner.

» Mais au sortir de l'assemblée, ils furent informés de leurs droits, et protestèrent de suite contre l'atteinte y portée par le chapitre en énonçant que c'était par ignorance de leur droit, qu'ils avoient occupé la place que le chapitre leur avait assignée, tandis que leurs prédécesseurs dans toutes les assemblées précédentes avaient siégé avant les députés du chapitre.

» Le chapitre s'empara de suite de la députation au bureau permanent, ce qui fut matière à de longs procès.

» Les abbés voyant que toutes leurs réclamations devenaient inutiles, n'eurent d'autre marche à tenir pour la conservation de leurs droits, que de se retirer des assemblées d'états et de se pourvoir au conseil privé de Sa Majesté, qui aiant entendu les réclamations tant des abbés que des chapitres, prononça d'abord provisoirement, puis définitivement sur cette question, en faisant droit aux remontrances des abbés. »

Maisons dans la Ville.

« L'Abbaye, outre son enclos, possède une quinzaine de petites maisons y attenantes, formant le côté gauche de la rue allant à la Porte de Saint-Sépulcre, la juridiction dans ces maisons était anciennement exercée par les officiers de l'Abbaye et ce ne fut qu'en 1731 qu'elle en fit la cession au magistrat de la ville, en se réservant la justice dans les greniers de ces maisons qui étaient à l'usage de l'Abbaye et dont l'entrée se trouvoit dans son enclos, ainsi que l'entrée de son bailliage. Le magistrat, en indemnité tant de cette dernière cession que de celle de la Poestée, en 1700, accorda à l'Abbaye l'exemption de vingt mille pesant de braye, à raison de deux liards la livre.

» Outre les maisons susdites, elle possède encore quatre petites maisons dans la rue des Vaches, se joignant les unes aux autres ; dans la rue de Saint-Sépulcre quatre maisons ; dans celle du Collége deux petites maisons attenantes à celle du coing de la rue de Saint-Sépulcre et à la brasserie de Saint-Nicolas ; une maison de la rue de Cachebeuvon ; enfin deux maisons dans la rue de Saint-Georges, tenant au Béguinage de Saint-Nicolas et aux jardins des Religieux, contre le clos de l'Abbaye. Il se trouve cinq à six maisons bâties sur son ancien clos et tenues en arrentement perpétuel, sous une modique reconnaissance. Toutes ces maisons ne produisent à la recette que de 2,800 florins environ.

Mobilier de l'Abbaye.

« Le mobilier de l'Abbaye étoit considérable avant la révolution, surtout dans la bibliothèque qui renfermoit plusieurs éditions très rares, une collection de SS. PP., d'historiens, des ouvrages en tout genre, des manuscrits dont le district s'est emparé.

» Une autre richesse de l'Abbaye consistait en tableaux des plus grands maîtres dont une partie en neuf bas-reliefs du célèbre Gheraert, directeur de l'académie d'Anvers, lesquels faisoient l'admiration des curieux et décoraient supérieurement l'église et la sacristie, tableaux qui ont été vendus et enlevés (1).

---

(1) Les grisailles de Saint-Sépulcre furent déposées dans l'église de Saint-Aubert dont on avait fait un Musée. Privées de

» La sacristie ne le cédoit en rien pour la richesse et l'ensemble des ornemens, linges et argenteries utiles au service du culte.

» Dans le clocher que firent démolir les nouveaux administrateurs de l'église de l'Abbaye qui était devenue paroissiale, il se trouvoit trente-deux cloches très harmonieuses, avec un carillon mélodieux et une horloge. »

Chapelle de Saint-Druon.

« Il y avoit, avant la révolution, dans le faubourg de la Porte de Saint-Georges, une chapelle sous l'invocation de Saint-Druon dont le faubourg a pris depuis la dénomination de faubourg de Saint-Druon; cette chapelle fut érigée vers l'an 1629 par le magistrat de Cambrai, du produit des revenus de l'hôpital dit des Maladeaux, dont il prit les biens, ce qui lui forme une petite caisse particulière. Le magistrat avoit commencé à bâtir cette chapelle qui se trouve dans le Patronat de l'Abbaye, sans avoir au préalable obtenu son consentement : en conséquence opposition de la part de l'Abbaye à l'érection de cette chapelle. Sur ce différend, procès au conseil privé de Bruxelles qui fut ter-

la disposition nécessaire des jours qu'elles reçoivent dans l'église de Saint-Sépulcre, elles ne produisaient aucun effet. Plus tard, elles furent restituées à l'édifice sacré pour lequel elles avaient été faites.

miné par une transaction en 1631. A la médiation du conseiller-rapporteur M. Sthennuys qui s'était transporté sur les lieux, l'Abbaye donna son consentement à condition qu'elle jouiroit dans cette chapelle des droits de Patronat qui consistoient alors dans les deux tiers des offrandes : que les armes de l'Abbaye seroient apposées sur la fenêtre du côté de l'Evangile, et celle du magistrat du côté de l'Epitre.

» Cette chapelle étant devenue succursale, depuis environ vingt-cinq ans, la population ayant exigé qu'on établît un vicaire dans cette partie du faubourg; le magistrat qui étoit resté propriétaire de cette chapelle, voulut en rejeter l'entretien sur l'Abbaye, qui s'y refusa, attendu que cette chapelle n'étant qu'un changement du local de la chapelle des Maladeaux, dont le magistrat s'était attribué les biens, il étoit de la justice qu'il continuât de se charger de l'entretien de la chapelle dont il était toujours resté propriétaire quoique succursale, et il s'exécuta en conséquence en faisant les réparations nécessaires. »

Etang de l'Abbaye.

« L'Abbaye possédoit, avant la révolution, un étang considérable contre le rempart et qui servoit de fortification à la ville. Le contour de cet étang étoit planté de quantité d'arbres de différentes espèces, dont la vente eût procuré à l'Abbaye plus de 20,000 florins; à cet étang qui était très bien empoissonné, joignoient de beaux réservoirs. Le tout fut vendu 17,000 francs avec le terrain qu'on dénatura de suite, en abattant les arbres, en comblant l'étang et en détruisant les réservoirs. »

Maison de Campagne.

« Au de-là de l'Escaut qui recevoit les eaux de l'étang, se trouve la maison de campagne de l'Abbaye, contenant plus de dix-huit mencaudées, entre lesquelles sont comprises trois mencaudées tenues en arrentement perpétuel du chapitre de Saint-Géry, sous un canon de quarante florins et cinq boittelées tenues en fief de l'archevêché de Cambrai ; l'enclavement de ces deux corps de terres ayant été nécessaire pour la régularité et distribution du terrein qui est partagé en promenades et en fossés alimentés par une fontaine qui se trouve dans l'enclos le quel était très bien planté d'arbres fruitiers. Sur cette propriété était bâtie une très jolie Maison avec étage, écurie et logement de concierge. L'ensemble a été vendu 50,000 florins au charpentier de l'Abbaye qui a dégradé cette campagne. »

Le bon moine ajouta encore un grand nombre de détails sur son Abbaye ; sur les revenus considérables dont elle jouissait ; sur les secours sans nombre qu'elle donnait aux indigens de la ville, aux malades, aux pauvres voyageurs. Ses discours captivaient l'attention, et quand il eut cessé de parler, on s'aperçut que la veillée avait été prolongée plus que de coutûme. Les jeunes gens se retirèrent discrètement, après avoir souhaité à Dom Gérard des chances favorables et du bonheur dans ses missions secrètes.

Ils s'éloignèrent avec ce sentiment de vague tristesse qui s'empare de nous, lorsque nous quittons pour toujours l'étranger qui a passé une nuit sous notre toit hospitalier. Il s'est fait aimer pendant sa courte apparition ; il ne comptera bientôt plus dans nos souvenirs que comme un de ces rêves agréables que le réveil interrompt et que l'on ne recommence plus.

Les deux vieillards demeurèrent ensemble, et le lendemain, eux aussi, se séparèrent pour ne plus se revoir.

HUITIÈME SOIRÉE.

L'Hôpital des Pélerins de Saint-Jacques : son emplacement. — La Maison du Berger (*Bregier*). — Le Pont a l'Aubelen. — L'Abbaye de Prémy. — Fait inconnu, relatif a l'insurrection bourgeoise qui rendit Cambrai a l'Espagne. — L'Eglise de Saint-Martin. — Le Beffroi. — Les Soeurs de la Charité a Cambrai. — Le Mont-de-Piété.

Quelques jours après la soirée que les disciples de l'abbé Tranchant avaient eu le bonheur de passer avec Dom Gérard, ils revinrent chez leur vénérable ami, tout pleins encore du souvenir du pieux voyageur. On devisa quelque instans sur ses dangereuses excursions, on admira son zèle et sa courageuse résignation. On parla aussi de ces intrépides apôtres de la foi, qui ne quittaient pas Cambrai durant les jours néfastes où l'on vivait, et qui dans des chambres silencieuses, transformées en chapelles; dans l'ombre et le secret de la nuit, célébraient, pour de rares et fervens chrétiens, les saints mystères du catholicisme. Rien n'arrêtait, rien n'ébranlait ni le prêtre, ni les fidèles. Quand la cloche de minuit avait retenti au Beffroi dépouillé de son caractère sacré, malgré les frimas et la tourmente, à travers les tourbillons de neige qui volaient par les rues ; des vieillards, des jeunes femmes, soutenus de leurs enfans, de leurs époux, de dévoués serviteurs, sortaient mystérieusement de chez eux, arrivaient par des rues détournées, à quelque distance les uns des autres, dans la maison *compromise*. Là le prêtre attendait en priant. Quand le cercle de fidèles était réuni, il montait à l'autel. Le saint sacrifice consommé, il faisait à voix basse, une courte exhortation à ses fidèles disciples. Courage ! disait-il en finissant, courage ! mes frères ; priez et pardonnez... puis chacun se retirait. Hélas si les auteurs de ces jours de misère avaient surpris, dans leurs innocentes réunions, les conviés de la table sainte, comment les auraient-ils traités ? Et cependant ils n'avaient fait que prier, ces fils de la foi, prier pour leurs amis, pour leur patrie, pour eux-mêmes. Certes ils étaient bien dégagés alors des misères d'ici-bas. Ils pardonnaient à la terre, leurs espérances étaient pour le ciel.

Du reste, il n'était pas rare qu'ils rencontrassent la nuit, dans leurs dangereux pèlerinages, quelque patrouille de farouches soldats. Le sergent les accostait, les interrogeait brutalement ; une réponse évasive les tirait d'affaire. Alors le Sans-Culotte, armé de sa pique, jetant sur eux un regard de travers, s'éloignait en blasphémant, et murmurait entre les dents les mots sacramentels : *aristocrates, suspects, ennemis de la république !*

Bientôt l'abbé Tranchant détourna la conversation de ce triste sujet. Naturellement bon et enclin au pardon, il n'aimait pas les entretiens qui tendent à aigrir l'esprit, à ulcérer le cœur.

— Revenons, dit-il, à nos études, à nos souvenirs du passé ; j'ai encore tant de choses à vous dire !

— Voulez-vous bien nous permettre, dit Henry de V..., quelques questions sur des points historiques qui piquent notre curiosité ? Ainsi, par exemple, pourriez-vous nous fixer la situation de *Saint Jacques-le-Majeur* dans la rue des Rôtisseurs ? Un archéologue généralement instruit de notre histoire locale, et à qui j'en parlais dernièrement, m'a dit qu'il n'avait à cet égard aucun document précis.

— En voici de très positifs, reprit le bon abbé : je les ai consignés dans un livre sur les communautés de femmes qui ont existé à Cambrai.

Il y avait, en effet, à Cambrai, un hôpital, indépendant de Saint-Jacques-au-Bois, et dédié à Saint-Jacques-le-Majeur. Il était situé en la rue de la *Boulangerie*....

— Pardonnez-moi, je croyais que cet hôpital Saint-Jacques était dans la rue des Rôtisseurs.

— Vous ne vous trompez pas. Seulement la rue des Rôtisseurs s'appelait alors de la *Boulangerie*. Il était situé dans l'espace compris entre la rue des Bélottes et la Rue-Neuve. Il servait à la réception des pauvres pèlerins de Saint-Jacques, d'où il prit le nom de *Pèlerins de Saint-Jacques*.

Le terrain où il fut bâti était un warechaix que Gérard Rabeuf, avec d'autres bourgeois de la confrérie de Saint-Jacques, achetèrent en 1489, et sur lequel ils firent élever cet hôpital.

Il ne reste plus, comme vous le savez, aucun vestige de cette Maison, ni de l'élégante chapelle qui y était annexée. Je puis vous montrer l'image de cette chapelle.

En disant cela l'abbé Tranchant prit sur ses rayons un gros portefeuille dans lequel il avait recueilli les dessins d'une foule de monumens anciens de la ville de Cambrai.

— Voyez, dit-il, comme ce clocheton était gracieux et léger. Voyez ces dentelles de bois revêtu de plomb ; voyez cette foule de flammes qui surmontent la petite galerie servant de base à la flèche carrée, et qui semblent s'envoler vers le ciel comme des âmes qui prient. Le génie du christianisme avec ses pensées mystiques se révèle partout, même dans les petites choses.

La réunion des fondations des pauvres pour l'érection d'un hôpital-général, ordonnée par édit du roi, donné à Versailles, en juin 1752, et enregistré au parlement de Flandre, le 4 août de la même année, fit supprimer l'hôpital des Pélerins de Saint-Jacques. Il fut vendu alors à M. Lammelin, bourgeois de Cambrai, seigneur de Sainte-Olle et de Raillencourt, bailli de l'église collégiale de Saint-Géry. Cette vente fut faite le 27 février 1753.

Au mois d'octobre suivant, on démolit l'hôpital et la chapelle, et sur ces ruines on éleva une grande et belle maison qui fut apportée en dot à M. Lefèvre, seigneur de Rieux, par Mlle Lammelin, fille du propriétaire (1).

---

(1) Cette maison est celle habitée aujourd'hui (en 1845), par M. Piettre.

Vous voyez donc qu'il n'y a pas le moindre doute sur l'emplacement de l'hôpital des Pélerins de Saint-Jacques. Si d'ailleurs il était permis d'avoir encore quelque hésitation, voici qui la ferait cesser entièrement. Je garde soigneusement un vieux plan de la ville de Cambrai, le plus ancien qui soit connu ; car il est antérieur à l'érection de la citadelle. On y voit l'antique église de Saint-Géry, assise sur le Mont-des-Bœufs. Sur ce plan, que je crois être l'œuvre inachevée d'un moine, se trouve la maison des *Pélerins de Saint-Jacques*, non-seulement représentée, mais désignée par ces mots : *les Pélerins*.

Les auditeurs de l'abbé Tranchant parcoururent avec intérêt cette antique image de la cité primitive, rencontrant des monumens, des rues, des places, des carrefours, disparus depuis des siècles (1).

— A propos de monumens détruits, dit Charles de R..., nous voudrions savoir encore où était située la *Maison du Brégier* dont il est quelque part question dans nos vieilles chroniques.

— Je puis également vous satisfaire reprit l'abbé. La *Maison du Bregier* ou *Berger*, était située vis-à-vis du Pont à l'Aubelen; à l'endroit où fut construit, depuis, le couvent des Clairisses (2);

---

(1) Ce plan appartient aujourd'hui à l'auteur des Soirées de l'abbé Tranchant.

(2) De ce couvent, il ne reste plus aujourd'hui que les ruines de la chapelle qui avait été reconstruite en 1751. Après la révolution les Clairisses furent rétablies, grande rue Fénélon, où elles sont encore aujourd'hui.

dans cette grande rue dite aujourd'hui du *Marché au Poisson*, parce qu'à l'époque de la suppression du Flot de Kayère, on y transféra le Marché du Poisson.

On lit dans la chronique des Clairisses, que Monseigneur Henry de Berghes, évêque de Cambrai, pour ériger un monastère à ces pieuses recluses, présenta une requête à MM. du chapitre de la cathédrale, le 7 octobre 1490, pour avoir leur maison du Bregier, dont il offrit 490 couronnes communes; ce qui fut accepté.

— Le Pont-à-l'Aubelen, dit un des jeunes gens, était évidemment un pont jeté sur l'Escaut à l'endroit où l'on a construit une voûte recouverte par le pavé de la rue? Cela se comprend; mais d'où lui vient ce nom de *Pont-à-l'Aubelen?*

— J'en ai cherché l'étymologie, et je ne l'ai trouvée que dans un mot du patois du pays : *aublin*, qui signifie *bois-blanc*. Il n'est pas invraisemblable qu'un arbre antique, demeuré sur la rive, à l'endroit du Pont, ait servi à désigner ce passage. Telle est mon opinion que je ne vous donne que pour une conjecture.

— Monsieur l'abbé, dit un autre interlocuteur, j'ai aussi une question à vous adresser... Le laboureur qui promène sa charrue dans les environs de la ferme appelée *la Buse*, au delà de la chatellenie de Cantimpré, rencontre souvent de grosses pierres, des matériaux, des fondations gigantesques de constructions antiques. Est-il vrai que ce soient-là les ruines d'un couvent?

— Oui, c'est en ce lieu qu'existait l'Abbaye de Prémy. C'était une grande et belle maison, dont l'enceinte avait environ une lieue de circuit. Les murailles de clôture en étaient si épaisses, dit un vieux manuscrit, qu'*un chariot aurait roulé dessus*. L'église était spacieuse et magnifique, elle passait pour une des plus belles du pays. Cette maison était tellement forte, que pour en faire une forteresse il eût presque suffit de remplacer par des hommes d'armes, les saintes filles qui l'habitaient. Le baron d'Inchy, cet usurpateur qui promena dans nos faubourgs sa pioche dévastatrice, comprit trop bien l'usage qu'un ennemi pourrait faire de ce monastère, aussi le mit-il en ruines en 1581. Les matériaux servirent à fortifier la citadelle. On ne saurait imaginer quelle en fut l'abondance : pendant long-temps des convois de plus de deux cents chariots traversaient la ville, chaque jour, portant ce nouveau tribut de ruines sacrées à l'œuvre sacrilège de Charles-Quint.

Quant aux religieuses, quelques-unes se retirèrent dans la rue de l'Epée, à Cambrai, au lieu dit aujourd'hui le *Petit Prémy*, qui était alors une brasserie, qui est devenu depuis une espèce de cour des Miracles (1). D'autres se retirèrent à Marquette. Plus tard on les réunit aux religieuses de Saint-Ladre qui étaient elles-mêmes dans un asile provisoire. Enfin, en 1596, elles obtinrent un terrain dans la ville où elles relevèrent la belle Abbaye de Prémy que la révolution a confisquée récemment (2).

---

(1) Aujourd'hui le Petit Prémy est habité par des gens plus honnêtes que ceux qui peuplaient les cours des Miracles.

(2) Des usines, des manufactures, sont maintenant établies dans les bâtimens et dans les jardins des pieuses filles de Prémy.

— Plus j'étudie, reprit Charles de R..., plus j'apprends les événemens qui ont préparé le retour de la domination espagnole, et plus je comprends que tous : bourgeois, religieux, habitans même des faubourgs, avaient intérêt à voir cesser cette tyrannie française qui aboutissait à la destruction de leurs plus saintes institutions et de leurs plus beaux monumens.

— L'événement auquel vous nous reportez, dit l'abbé Tranchant, me rappelle un fait que bien des personnes ignorent.

En pareille matière les plus minces particularités doivent être conservées : elles finissent en se groupant autour des faits principaux, par former un ensemble plus pittoresque et plus vrai. Les grands faits sont l'esquisse d'une histoire, les détails lui donnent sa couleur locale.

Tout le monde sait que, dans cette fameuse journée du 2 octobre 1595, où la bourgeoisie de Cambrai s'insurgea au profit de ses libertés, et ouvrit les portes à l'espagnol, elle eut à lutter contre des corps-de-garde français, contre un bataillon de 300 suisses, etc. Quand on considère les précautions prises par Balagny, pour se maintenir dans la ville, on comprend à peine le succès des bourgeois. Cela s'expliquera néanmoins plus facilement, quand on saura qu'outre les deux compagnies Walonnes qui se mirent du côté des bourgeois, ils eurent un renfort que Balagny avait maladroitement laissé à leur disposition. Chacun était las de la tyrannie de ce gouverneur : le bailli de la Feuillie, directeur des prisons de ce fief, sentit aussi que l'heure des représailles avait sonné. Il préféra la délivrance de son pays à l'intérêt du duc. Il tenait sous ses verroux un grand nombre de gens de guerre, faits prisonniers dans les sorties de la garnison. Le bailli n'hésita pas, ouvrit les portes à cette portion de l'armée ennemie de Balagny. On arma les soldats, on rendit leurs épées aux chefs, et de cette façon, il y eut soudain dans nos murs un parti d'espagnols qui aida puissamment les bourgeois à y introduire le reste de l'armée.

Le hasard m'a fait tomber entre les mains une pièce qui constate ce fait généralement inconnu ; je vais vous en donner lecture. C'est un certificat donné à Lambert de Bailleul, bailli de la Feuillie.

« A tous ceulx qui ces présentes lettres verront ou oiront eschevins et magistrat de la cité et ducé de Cambray, salut, sçavoir faisons et certifions a tous qu'il appartiendra que Lambert de Bailleul porteur des présentes quy est de sa personne homme ayant de la modestie, revestû de prudence naturelle, a tenû et exercé le bailliaige de la Fœuillye, en ceste cité, appartenant à Sa Majesté catholique, notre prince duc et souverain seigneur, l'espace de deux ans et plus, en quoy il a faict le debvoir de bon et fidel officier; comme encore il faict présentement. Etant advenu que lors de notre réduction quy fut le lundy deuxième jour d'octobre dernier, la noblesse, le magistrat, capitaines et chef bourgeois et communaulté de ceste cité, se seroient sur ladite réduction et le désir qu'ils avoient eulx remettre en l'obéissance de saditte majesté, assemblez du matin et dez la naissance du soleil, en armes sur le Marché, que lors ledit Lambert avoit en sa charge comme tenant les prisons de laditte Fœuillye, quantité de prisonniers de guerre capitaines et aultres qui estoient au service de sadite majesté et avoient été prins ès sortyes quy se seroient faictes paravant et durant notre siége par la garnison d'icelle cité, est advenu que l'assemblée dessus ditte, étant en émotion et pour eulx de tant fortiffyer, se seroient trouvés esdittes prisons pour en faire sortir lesdits prisonniers, à quoy ledit Lambert, pour le désir qu'il avoit au service de Sadite Majesté et à la réduction de ceste ditte ville, auroit librement consenty, sans y donner aucune difficulté, ains au contraire à ce plus affectionné, délivra auxdits capitaines et à plusieurs desdits soldats, des armes avecq lesquelles ils seroient sortys avec lesdits habitans sans depuis avoir fait le content dudit Lambert pour leur despense et aultres fraix quy se montent a plus de neuf cents florins monnaye de Flandres... etc.»

Revenons maintenant aux renseignemens que vous avez à me demander.

— Henry croit avoir vu quelque part, qu'originairement l'église de Saint-Martin était hors des murs de la ville. Cette assertion est-elle fondée ?

— Henry ne se trompe pas ; il est dit, en effet, dans un vieux manuscrit latin que j'ai mis à sa disposition, et dans un manuscrit français, attribué à Jean Duchastiel, que l'église de Saint-Martin était originairement hors des murs de la ville : *Extra murum Cameracæ civitatis constructa erat ecclesia Sancti Martini.* Cette église n'était d'abord qu'une petite Abbaye de nonnes qui gardaient le corps de Sainte-Maxellende. Plus tard dévastée, sans doute, par les bandes de pillards qui arrivaient jusque sous les murs de la ville, la petite église fut reconstruite, et érigée en paroisse. On ne sait à quelle époque elle fut enveloppée dans les murailles de la cité. L'obscurité règne ainsi sur beaucoup de circonstances historiques. La ville de Cambrai fut d'abord fort restreinte, en comparaison de ce qu'elle est de nos jours. Car vous savez qu'elle ne s'étendait pas, vers le sommet de la montagne, jusqu'à l'église de Saint-Géry qui était primitivement hors de la ville à 250 pas de la muraille d'enceinte. Vers l'ouest, la cité ne comprenait pas l'Abbaye et l'église de Saint-Aubert. Inutile de vous dire que le château de Selle était à une bonne distance des habitations bourgeoises. Les murailles, au midi, n'allaient pas jusqu'à l'endroit où est aujourd'hui l'Abbaye de Saint-Sépulcre. Vous voyez donc que l'enceinte était étroite. Elle s'accrut rapidement, d'ailleurs. On la mesura en 1516 : elle avait alors près d'une lieue et demie de circuit.

La tour de l'église de Saint-Martin est depuis long-temps honorée du titre de Beffroi. L'ancien Beffroi de la cité fut abattu en 1240. Dès lors, la tour de Saint-Martin en joua le rôle, toutes les fois que les bourgois eurent besoin de la voix terrible du tocsin (1).

---

(1) En 1808, le ministre de l'intérieur, Crétet, sous le prétexte d'économie, supprima du budget de la ville, la somme de mille francs votée comme d'usage pour la dépense du guet. Les bourgeois se virent par-là privés de ce service si utile. De là rumeur, mécontentement et inquiétude. Le conseil municipal

Cette tour a été beaucoup plus belle, plus élégante qu'elle n'est aujourd'hui. « C'était, dit un vieux manuscrit, une pièce singulière : son sommet était bâti en torse, et fait à peu près en forme de sceptre. » Cette flèche s'élevait entre quatre tourelles légères et gracieuses qui couronnaient les quatre angles de la tour. Les tourelles, dit Julien Deligne, furent abattues par l'orage le 26 juillet 1528. Plus tard, tout le couronnement de cette belle tour fut démoli, parce qu'il n'était plus d'aplomb et menaçait ruine du côté de l'occident. Alors on l'arrangea tel qu'il est aujourd'hui.

— Il nous reste encore à vous demander, dit Henry de V...,

comprenant, mieux que le ministre impérial, les intérêts de la localité, réclama et fit valoir les antécédens au profit de l'avenir.

« Cette institution, disait-il, date de plusieurs siècles. On voit dans les comptes de la ville de Cambrai de 1400 et de 1500, qu'il y existait *un guetteur* au Beffroi.

« On lit dans les comptes de 1681 et de 1682 qu'il y en avait quatre, comme de nos jours; que leurs fonctions étaient :

« 1º Un service de 24 heures, de deux par deux, l'un commençant à six heures du soir, jusqu'à une heure et demie du matin, l'autre se levant pour guetter à son tour.

« 2º De répéter toutes les heures et les demi-heures sur la cloche du Beffroi, et la nuit de répéter en outre, avec le *porte-voix*, toutes les demi-heures, à commencer de la fermeture des portes et finir une demi-heure avant leur ouverture.

à quelle époque les Sœurs de la Charité se sont introduites à Cambrai.

— Les Sœurs de la Charité y vinrent en 1702. Ces douces filles du ciel, ces anges de consolation, furent appelés par le magistrat. Fénélon y prêta sans doute la main, mais n'intervint en aucune manière dans les actes officiels. Le pouvoir temporel seul en eut l'honneur. On logea les Sœurs de la Charité dans cette grande maison, sise dans la rue qui porte leur nom.

Sur le pignon de cette maison, on a sculpté dans la pierre un pélican, symbole de la tendresse maternelle (1).

» 3° De faire la nuit comme le jour, au moins chaque demi-heure et plus souvent l'hiver et dans les temps nébuleux, le tour des quatre fenêtres, pour surveiller les incendies.

» 4° En cas de feu, de sonner le tocsin autant de fois que de besoin. Au premier coup, de mettre *la lanterne* du côté du feu, annonçant, avec le *porte-voix*, le quartier dans lequel existe l'incendie.

» 5° D'annoncer l'arrivée des troupes, soit en corps, soit par détachement, et d'en désigner la porte d'entrée. »

Le ministère ne céda pas de suite, et ce ne fut qu'en 1810 que le guet fut rétabli dans la tour de Saint-Martin, à la grande satisfaction de tous les habitans de Cambrai.

(1) Cette pierre sculptée existe encore aujourd'hui. Elle fait partie du mur qui regarde le rempart.

Les actes relatifs à l'introduction des filles de Saint-Vincent de Paul à Cambrai, n'ayant jamais, que je sache, été publiés, je pense qu'il ne vous sera pas indifférent d'en prendre aujourd'hui connaissance.

FILLES DE LA CHARITÉ.

« Pardevant les notaires royaux de la résidence de Cambray, soussignez, furent présens, en personnes, honnorables hommes, Daniel François Lievon et Jean-Philippe Desvignes, tous deux licentiez ès-loix, eschevins semaniers et spécialement authorisez par messieurs du magistrat de laditte ville, à l'effect du présent traités d'une part; M. Louis Tillot, prêtre de la congrégation de la mission, supérieur du séminaire d'Arras, y demeurant, comme ayant pouvoir et fondé de procuration spéciale des supéricures et officières de la communauté des Filles de la Charité, servantes des pauvres malades, établye au faubourg de Saint-Lazare, à Paris; icelles authorisées de MM. Nicolas Perron, supérieur-général de la congrégation de la mission, et supérieur de laditte communauté des Filles de la Charité; laditte procuration icy veue passée pardevant Lefebvre et de Villaine, notaires au Chastelet de Paris, en datte du douze de ce mois de juin mil sept cent deux, dont copie authentique est cy-jointe collationnée par les notaires soussignez, d'autre part; lesquels comparans, sont convenus au nom que dessus, de faire un établissement de deux Filles de la Charité dans laditte ville de Cambray, pour l'assistance des pauvres malades et même, si elles en sont requises, pour l'instruction de la jeunesse, en la manière qui sera cy après déclarée, ont faict et accordé le contract qui s'ensuit.

» C'est à savoir : les officrères présentes et avenir, de laditte communauté des Filles de la Charité, seront tenues et obligées de fournir et tenir tousjours à l'avenir deux des filles de laditte communauté en la susditte ville de Cambray, où il leur sera donné incessament un logement meublé, séparé et commode par lesdits sieurs du magistrat qui promettent et s'obligent de payer par chacun an en deux payements esgaulx la somme de trois cents livres monoye de France pour la nourriture et entretien desdittes deux filles de la Charité, laquelle somme sera prise sur les biens des pauvres de cette ditte ville et payable exactement en payements esgaulx par le receveur desdits biens.

» Laditte maison exempte de lots et ventes, amortissement, indemnitez et de toutes autres charges ordinaires et extraordinaires aussi bien que le fonds et la rente, ou pension de trois cents livres pour l'entretien et subsistance desdittes deux filles de la Charité qui ne seront sujettes à aucune capitation ou autres taxes quelqonques.

» Ledit établissement fait à condition que lesdittes Filles de la Charité s'occuperont, suivant leur institut, au service et soulagement des pauvres malades de laditte ville.

» Elle feront elles-mêmes les saignées en cas qu'il n'y ait point de chirurgien, les cirops, décoctions, ptisannes et infusions; se servant des drogues qui leur seront fournies. Et l'on les fournira de bois et sel pour les pauvres.

» Elles ne s'engageront point au soing des riches, ny de leurs serviteurs et domestiques, ny même des ecclésiastiques s'ils ne sont pauvres et malades ; auquel cas de nécessitez, elles n'iront jamais seulles chez eux, et ne se mesleront point du tout de leur ménasge ny de leurs affaires domestiques.

» Elles vivront en particulier dans leur logement, dont les réparations ne seront point à la charge desdittes filles, non plus que l'entretien des meubles et ustensiles tant pour elles que pour les pauvres.

» Elles n'admettront avec elles, dans leur logis, aucunes filles ou femmes, si ce n'est durant une heure de lecture spirituelle qu'elles pourront faire aux filles et femmes avant vespres les jours de festes et dimanches, dans une salle, et non dans la chambre où elles coucheront.

» Elles seront obligées, si elles en sont requises, de faire les petites escoles aux pauvres petites filles de laditte ville, sans y recevoir aucun garçon tant petit soit-il.

» Que s'il arrivoit qu'elles ne pussent vacquer aux petites escoles à cause de la grande quantité des pauvres malades, pour lors elles quitteront les escoles et s'appliqueront uniquement au service des pauvres malades, comme étant la fin principale de leur institut.

» On laissera vivre lesdittes Filles de la Charité dans la pratique des exercices de piété qui leur sont prescrites dans leur communauté.

» Elles ne seront point obligées d'aller de nuit assister aucuns malades, ny de rendre leurs services qu'à des personnes pauvres : et encore moins aux femmes dans leurs accouchements, soit qu'elles soient pauvres ou non : néantmoins, si lesdittes femmes sont malades, on leur donnera la portion comme aux autres pauvres.

» Lorsque lesdites filles seront malades, elles seront traitées de médicaments comme les pauvres, et quand quelqu'une d'entre elles décédera, on ne fera aucune pompe funèbre, ny autre cérémonie à son enterrement qui se fera par M. le curé avec un service pour le repos de son âme, une messe haute et deux messes basses, sans payer aucune rétribution de la part des filles.

» Pour le spirituel elles seront soubmises à Monseigneur l'archevêque et à M. le curé, comme les autres paroissiennes : en sorte néantmoins que ledit sieur supérieur et ses successeurs pourront les visiter et leur assigner sur les lieux un confesseur approuvé de l'ordinaire, les changer et rappeller quand ils le jugeront à propos, et envoier d'autres en leur place, et si le changement se fait en faveur de la charité dudit lieu, soit que les dames officières demandent le changement, ou à cause de la mort survenue auxdittes filles, ou qu'elles soient devenues infirmes, en ce cas laditte Charité payera la dépense du voyage.

» Mais si les changemens se font pour le bien et à la réquisition de la compagnie desdites Filles de la Charité, les voyages se feront à leurs despens, n'étoit qu'en retirant une desdittes qui aura demeuré l'espace de six ans audit lieu, auquel cas laditte Charité luy payera aussi son voyage.

» En outre sera payé la somme de soixante et douze livres, monnoye avant ditte, pour les premiers habits desdites deux filles pour cette fois seulement.

» A tout quoi lesdits comparans au nom que dessus se sont respectivement obligez satisfaire, entretenir et accomplir soubz l'obligation, etc. Renonçants à toutes choses contraires. Fait et passé audit Cambray, le vingt-un juin mil sept cent et deux. Signé Tillot, D. F. Lievon, J.-P. Desvignes, H. Cocqueau, notaires, et N. Houseau, notaire, avec paraphes.

» Plus bas est,

» Nous prevost, eschevins et magistrat de la ville, cité et duché de Cambray,

» Le grand soulagement que reçoivent tous les jours les pauvres malades de cette ville par les soins de deux filles de la Charité, nous faisant connoître de plus en plus l'utilité de cet établissement, et que pour bien continuer ce même secours dans touts les endroits de la ville sans aucune interruption, une troisième fille de laditte Charité nous seroit nécessaire, afin qu'en cas de maladies de l'une d'elles, les deux autres puissent porter leurs soins partout, à quoy il est évident qu'une seule ne peut suffire :

» A ces causes nous requérons en faveur desdits pauvres malades, les supérieures et officières de la communauté des Filles de la Charité, establies au faubourg de Saint-Lazare, à Paris, et tous autres à qui il appartient, de vouloir bien nous envoyer l'une des filles de leur ditte communauté, sous l'assurance que nous leur donnons de la recevoir sur le même pied que les deux autres pour lesquelles nous avons contracté, en sorte que cette troisième fille aura pour ses entretiens et subsistance cent cinquante livres de pension, et au surplus jouira de tous les mêmes advantages stipulez en faveur desdittes deux autres filles. En tesmoin de quoy nous avons à ces présentes, signé de l'un de nos greffiers, fait mettre et apposer le sceel aux causes de laditte ville, le 28 juin 1703. »

— Après ces documens précieux pour celui qui s'intéresse à l'histoire de la religion et de l'humanité, s'en trouve un autre, dans ce carton, qui concerne une institution également utile; et dont le but est de venir en aide à la misère. Je veux parler de l'organisation du Mont-de-Piété de Cambrai.

Les disciples de l'abbé Tranchant lui demandèrent avec empressement, quelques détails sur ce genre d'établissement et notamment sur celui de Cambrai.

Le bon prêtre leur lut un mémoire sur ce sujet, dont voici quelques fragmens :

NOTICE SUR LE MONT-DE-PIÉTÉ DE CAMBRAI.

« Les abus journaliers que commettaient dans la Flandre les usuriers ; les intérêts exhorbitans que percevaient les Lombards ; la ruine des familles et du commerce, qui en était la suite ; firent vivement désirer, dans le pays, l'établissement des *Monts-de-*

Piété, charitables et prévoyantes institutions, dont le pauvre et le riche devaient recevoir tant de secours.

» Les Monts-de-Piété furent d'abord érigés en Italie, vers le milieu du XVe siècle. Aux bulles données par Sixte IV, Innocent VIII et Jules II, qui les ont approuvées, Léon X en ajouta une nouvelle qui dit que Paul II leur avait aussi donné le sceau de son approbation.

» L'utilité générale et les ressources avantageuses qu'on en tirait, les firent multiplier en peu de temps. On les considérait comme le remède seul et efficace à l'usure énorme qui régnait alors.

» L'archiduc Albert, jaloux de faire jouir ses sujets de ces bienfaisants établissements, crut devoir, néanmoins, consulter à ce sujet l'opinion des évêques et archevêques du pays ; celle de l'université de Louvain et des docteurs en renom. Il les fit assembler à Malines en 1617. Le résultat des conférences fut parfaitement favorable aux Monts-de-Piété, et la docte assemblée excita le prince à les établir dans toute l'étendue de sa domination.

» En conséquence de cette approbation, l'archiduc par lettres-patentes du 18 janvier 1618, autorisa l'établissement des Monts-de-Piété dans la Flandre, et, les couvrant de sa sauve-garde, il leur accorda par de nouvelles lettres-patentes du 13 mai 1621, confirmées le 3 juillet 1627 par Philippe, roi d'Espagne, les priviléges les plus étendus. Il affranchissait particulièrement ceux qui fourniraient des fonds pour leur établissement, *de tous droits quelconques*, même de confiscation jusqu'à concurrence de 6,000 florins, pour tel crime qu'ils pourraient commettre, exceptant seulement celui de lèze-majesté. Ce privilège énorme en faveur de chaque *crieur de rentes*, s'étendait même sur ses enfans légitimes.

» La direction et la surintendance générale des Monts-de-Piété fut confiée à Wenseslas Coberger qui en établit, dans le cours de quinze années, dans toutes les villes où les Lombards avaient des banques.

» Celui de Cambrai fut ouvert le 12 mai 1625 et eut l'archevêque et le gouverneur de la ville pour protecteurs particuliers, comme l'archevêque de Malines et le chancelier du Brabant l'étaient de tous les Monts-de-Piété établis dans le Pays Bas, lesquels, dès l'année 1621, ne formèrent plus qu'une seule et grande administration, dont chaque administration particulière était une subdivision.

» Celle de Cambrai fut composée dès sa naissance, comme elle est encore aujourd'hui (1), d'un *surintendant particulier*, comptable et responsable de tous les deniers, de tous les effets qui lui étaient confiés; de trois *conseillers auditeurs* des comptes, qui devaient de concert avec un des magistrats et un des pasteurs des

---

(1) C'est en 1785 que l'auteur de ce mémoire l'écrivait. Les choses changèrent depuis. Supprimé en 1793, le Mont-de-Piété a été ouvert de nouveau en l'an XI, par arrêté préfectoral.

paroisses, veiller aux intérêts du Mont-de-Piété (1) ; d'un premier commis *estimateur-orfèvre*, d'un *priseur*, d'un *secrétaire*, d'un second *commis-vendeur*, d'un *greffier* et de deux *chercheurs*, à la charge du surintendant particulier.

» Tous ces officiers et commis, nommés par le surintendant général, après avoir été agréés par les protecteurs généraux et particuliers, devaient prêter serment de s'acquitter fidèlement et avec zèle des fonctions qui leur étaient confiées. Ils juraient de plus de n'avoir rien donné, ni promis, directement ou indirectement pour obtenir leur office. *Ce dernier serment était de rigueur.* Ils étaient tenus de donner un cautionnement proportionné à l'importance de leur office. Tous leurs biens étaient tacitement engagés pour la sûreté de leur administration, et l'action des Monts-de-Piété était privilégiée et préférée à tout autre.

» L'intérêt du prêt sur gage dans le Mont-de-Piété de Cambrai originairement fixé à quinze pour cent, se perçoit encore sur le même pied ; scavoir :

» 1°. Cinq pour cent pour le cours des rentes constituées dans le principe de son établissement, pour former un fonds de caisse comptant et pour faire l'acquisition des bâtimens et ameublemens.

---

(1) Le service des conseillers n'avait que trois ans de durée. Les changemens se faisaient de manière qu'il y eût toujours un ancien conseiller avec deux nouveaux.

» 2° Cinq pour cent pour l'entretien des bâtimens, paiement des gages des officiers employés, frais de bureau, etc.

» 3° Cinq pour cent pour former le remboursement des capitaux deniers des rentes constituées.

» Les pertes immenses que l'administration générale des Monts-de-Piété avoient essuyées tant sur les pierreries de l'infante Isabelle, que par le malheur des temps, les effets n'ayant point été retirés, ou ayant été vendus au-dessous du prix pour lequel ils avoient été engagés; obligèrent, en 1652, messieurs les protecteurs généraux à réduire le cours des rentes à trois pour cent. Les révolutions que la Flandre a successivement essuyées par les guerres, dont elle a été le théâtre presque continuel, forcèrent encore à les réduire, en 1672, à deux pour cent. Enfin, les pertes essuyées sur les espèces, le système des billets de banque qui a paru en 1720, ont achevé d'épuiser ses épargnes et n'ont plus permis aux administrateurs de rien payer depuis.

» Le Mont-de-Piété de Cambrai a dû, dès son établissement, 14,200 florins en rentes viagères, dont les derniers paiemens ont été faits, en 1692, à raison de deux cinquièmes des arrérages qui étaient dûs.

» Les sommes levées en différens temps à cours de rentes héritières, à raison de cinq pour cent, tant pour l'achat et la construction des bâtimens nécessaires à son établissement que pour former un fond de caisse suffisant pour faire le prêt, montèrent à celle de 315,916 florins dix patars douze deniers; 107,838 florins furent remboursés sous la domination espagnole, de manière qu'il était encore dû 208,078 florins dix patars douze deniers, lorsque ce Mont-de-Piété fut réuni, en 1677, à tous ceux qui étoient dans les villes conquises par les François pour ne faire qu'un seul et même corps d'administration sous la direction d'un conseil-général des Monts-de-Piété établi à Lille par Louis XIV.

» La réduction des rentes à deux pour cent en fit désirer aux propriétaires le remboursement ; ils consentirent de ne recevoir que la moitié des capitaux deniers, d'abandonner au profit des Monts-de Piété l'autre moitié, les cours et les arrérages. C'est sur cette convention qu'il leur a été payé, en 1678, par ordre du conseil-général, la somme de 21,376 florins treize patars huit deniers, qui acquita le Mont de celle de 42,753 florins six patars seize deniers.

» En 1687, 1692 et 1698, il a été remboursé sur le même pied par ordre de M. de Bagnol, intendant de Flandre, à qui la direction et la surintendance générale de tous les Monts-de-Piété de la domination françoise avoient été confiées la somme de 13,531 florins dix-neuf patars qui a acquitté cette administration de celle de 27,063 florins dix-huit patars.

» Enfin, par une ordonnance de M. de Caumartin du 30 août 1765, il a été payé à tous les crédit-rentiers qui ont pleinement justifié de la propriété de leur rente suivant les titres par eux rapportés, les deux cinquièmes des capitaux deniers et une année de cours à deux pour cent, montant ensemble à la somme de 38,826 florins six patars qui a acquitté celle de 92,444 florins douze patars douze deniers ; ainsi il ne reste dû que celle de

45,816 florins treize patars et huit deniers à des créanciers qui n'ont pû justifier de la propriété de leur créance.

» L'administration actuelle de ce Mont est composée à peu près comme elle l'étoit dans sa création scavoir :

» 1° De trois charges de conseillers qui doivent être remplies par un ecclésiastique, un avocat et un commerçant dont les fonctions sont d'écouter et de vérifier tous les mois les comptes que le surintendant particulier doit leur rendre de l'état de sa caisse, de l'argent qui a été prêté, de celui qu'il a reçu et de veiller à l'exactitude de l'administration du Mont-de-Piété.

» 2° D'un surintendant particulier comptable et responsable de tous les deniers et de tous les effets qui lui sont confiés. Il est particulièrement chargé de veiller à l'équité et à l'exactitude de tous les officiers et commis qu'il a sous ses ordres.

» 3° D'un premier commis estimateur-orfèvre dont la fonction principale est d'enregistrer tous les gages qui se présentent au Mont-de-Piété, et la somme qui a été prêtée sur iceux, d'engager, de priser et d'estimer toutes les orfèvreries et les bijoux qui se présentent, de manière cependant que le Mont-de-Piété n'y soit point intéressé, si ces gages venoient à n'être point réclamés ; c'est pourquoi les règlemens ont prescrit qu'il ne serait prêté sur l'or et sur l'argent que les quatre cinquièmes de leur valeur sans y comprendre la façon et la moitié seulement sur les bijoux, diamants et pierreries.

» 4° D'un priseur chargé de l'engagement et de l'estimation de toutes les marchandises, nipes et effets qui se présentent pour être engagés et sur lesquels il doit donner les deux tiers de leur valeur.

» 5º D'un second commis-vendeur, c'est lui qui est chargé de la vente de tous les gages que les débiteurs ont abandonnés pendant plus d'un an et six semaines sans venir renouveller leurs engagemens et payer les intérêts dûs. Ces ventes se font tous les deux mois, elles sont annoncées et publiques. La multitude des gages attire un concours d'amateurs qui en facilitent les enchères; c'est un avantage pour les propriétaires à qui on remet ensuite avec exactitude le surplus de l'argent qui en provient. Il est de plus chargé du dégagement; c'est lui qui reçoit toutes les sommes qui ont été prêtées et les intérêts qui sont dûs en restituant les effets sur lesquels elles avoient été prêtées.

» 6º D'un chercheur, c'est lui qui veille à la conservation de tous les effets qui sont dans les magasins en les tenant toujours dans un état de propreté et d'ordre qui empêche que rien ne dépérisse et ne se confonde. Il contrôle aussi le dégagement.

» 7º Enfin, d'un assistant du chercheur, il l'aide à avancer tous les gages qui sont demandés et réclamés par les propriétaires et il arrange jour par jour tous les nouveaux qui sont apportés. Ils sont tous deux responsables de tous les dépérissemens qui pourroient arriver à quelques gages que ce soit par leur négligence ou leur inattention.

» Tous ces officiers et commis sont nommés par le surintendant général. Depuis que ce Mont a été réuni à tous ceux de la domination françoise, en 1677, les offices de secrétaires et de greffiers ont été supprimés et les chercheurs n'ont plus été nommés par le surintendant particulier qui, en perdant leur nomination, n'a plus été chargé de leurs salaires.

» Tels sont l'origine, l'établissement et l'administration du Mont-de-Piété de Cambrai, telle est sa situation vis-à-vis ses créanciers. Le fond de sa caisse, le premier janvier 1775, consistoit en une somme de 59,640 florins et neuf patars prêtée sur 9,600 gages, et en espèce, en celle de 30,709 florins quatre patars et quinze deniers, faisant ensemble celle de 90,349 florins treize patars quinze deniers. Les profits qu'il a faits depuis dix ans montent à une somme de 67,301 florins douze patars quinze deniers. La dépense qu'il a faite ne monte qu'à celle de 28,485 florins et douze deniers; ainsi l'on peut conclure qu'il peut, ou procéder à un nouveau remboursement s'il se trouve encore des crédits rentiers qui puissent justifier de leurs titres, ou diminuer le taux de l'intérêt du prêt de plus de moitié, et ce avec d'autant plus de raison, que les intérêts étant à un taux moins haut, le plus grand concours des engagemens augmenteroit ses profits (1). Mais comme tous les

---

(1) On voit, par les réflexions qui terminent cet intéressant mémoire, qu'avant la révolution, le Mont-de-Piété de Cambrai était déjà en mesure de réduire le taux de l'intérêt du prêt, *de plus de moitié*. On dit que l'intérêt est encore aujourd'hui de 15 p. °|o. Comment la révolution a-t-elle donc ménagé le bien-être du pauvre et du commerçant?

Monts-de-Piété de la domination françoise font partie d'une seule et même administration, et que je ne connois pas l'état des autres Monts, je ne me permettrai aucune autre réflexion à cet égard. »

NEUVIÈME SOIRÉE.

FORTIFICATIONS DE CAMBRAI. — CHATEAUX HISTORIQUES DU CAMBRESIS.

Mes jeunes amis, dit l'abbé Tranchant, je vous parlais dernièrement des limites de la ville et de son enceinte primitive. Cela me rappelle une pensée que j'ai eue souvent : c'est qu'on ferait un livre très intéressant de l'histoire militaire du pays; de l'histoire de nos fortifications; depuis le temps où nos pères s'entouraient de grossières palissades, jusqu'aujourd'hui où de formidables défenses ceignent toute la cité de leurs courtines et de leurs bastions. On assisterait avec intérêt à ce grand drame qui se déroule sur les murailles de la cité ; au spectacle de ces tours qui s'élèvent, qui grandissent ; de ces fossés qui se creusent; de ces forts qui surgissent, qui font siffler leurs flèches, puis bientôt, tonnent comme la foudre et jettent par les bouches enflammées de leurs canons, la mitraille et la mort. Quel nouveau champ à exploiter ensuite que ce réseau de châteaux-forts, étendu sur tout le Cambresis ! Que d'épisodes attachans, que d'effrayantes relations, quelle histoire remuante l'on ferait de tout cela ! Je ne l'entreprendrai pas : les souvenirs de guerre ne sont pas le fait d'un prêtre, mais je souhaite bien sincèrement qu'un jour, quelque vieux militaire exécute, dans sa retraite, ce travail curieux.

Je veux aujourd'hui vous prouver que la matière en est féconde, et je vous signalerai en peu de mots les points principaux de ce sujet, en laissant toutefois bien des lacunes, car je ne m'aiderai que de mes souvenirs qui commencent à faire défaut.

FORTIFICATIONS DE CAMBRAI :

Murailles, Château de Selles et autres.

Je vous ai dit, dans la dernière soirée que nous avons passée ensemble, combien la ville de Cambrai était exigue dans son origine. Nous n'avons sur ses fortifications premières, aucune notion certaine, mais je pense qu'elle fut de bonne heure protégée par une enceinte continue. Tout porte à croire que cette enceinte fut formée en partie de murailles, et en partie de palissades et de fossés. Car on lit dans les manuscrits que Liébert usa de ce dernier moyen (palissades et fossés), pour enclore l'abbaye de Saint-Sépulcre dans la ville, en l'année 1061. « Et pour ce que la dicte Abbaye estoit hors des murs de la cité, il fist faire pallis et clostures de bois et des fossés ; et réagrangea la ville d'autant. »

Les invasions des barbares avaient appris nos pères à se défendre et à mettre en sûreté leurs personnes et leurs biens. En 882 « l'an IV de Charles-le-Gros, empereur, dit un vieux manuscrit, les Normands et les Danois furent persécutans France et Lorraine et vindrent devant Cambrai, laquelle ils prindrent et y boutèrent le feu, et firent grande occision de peuple, en détruisant toute la cité. »

Eclairé par ces désastres, l'évêque Dodilon fortifia la ville, et l'agrandit considérablement en enfermant dans l'enceinte l'église de Saint-Aubert, qu'on appelait alors de *Saint-Pierre*. Néanmoins, il est presque évident qu'il ne lui donna pas toute l'extension qu'elle comporte aujourd'hui, du côté de l'ouest. Je ne suis pas éloigné de croire qu'il plaça alors les limites de la ville sur le premier bras de l'Escaut, dit l'Escauette, dont les eaux baignent encore de vieilles murailles de défense, qui servirent ensuite à l'enceinte du *Château*. Ce qui me donne à penser de la sorte, c'est cette particularité, que pendant le siège terrible que soutint la ville de Cambrai, sous l'épiscopat de Fulbert, en 953, les Hongrois lançaient sur l'église de Notre-Dame des flèches enflammées, qui auraient causé un effroyable incendie, sans le courage du clerc Séralde.

C'est accorder une grande force de projection à ces armes brûlantes, que de les faire partir d'au-delà du premier lit du fleuve. je crois matériellement impossible qu'on eût pu les faire parvenir du dehors de la ville telle qu'elle est aujourd'hui.

Quoiqu'il en soit, nous voyons que, sous Gérard Ier, l'état des fortifications était loin de présenter des garanties suffisantes. Le châtelain Gauthier (1) avait formé le projet de leur donner plus de développement : il s'était, à cet effet, adressé à Bauduin IV, comte de Flandre, qui y aurait donné la main ; mais l'évêque Gérard entrevit dans ces fortifications qui devaient menacer la ville, comme l'ennemi, quelque arrière pensée dont il se défia. En conséquence, il mit au projet de Gauthier une opposition qui triompha de ses efforts.

Plus tard, vers le milieu du onzième siècle, le successeur de Gérard, l'évêque Liébert, étendit la ville du côté de Saint-Sépulcre, comme je vous l'ai dit en commençant.

Dès cette époque, le château de Selles existait. C'est donc par erreur que Julien Deligne dit qu'il fut construit en 1601 (2). Au temps de Liébert, Robert-le-Frison, comte de Flandre, revenant pour la troisième fois à la charge contre la ville de Cambrai, parvint à s'emparer du château de Selles, d'où il se disposait à jeter l'incendie sur les maisons bourgeoises, ce qu'il aurait exécuté à leur grand préjudice, si un événement providentiel n'était venu au secours des Cambresiens. Les soldats du comte, exaltés par leur succès récent, se livrèrent durant la nuit à l'orgie et à de honteux ébats. Bientôt ils pensèrent au partage du butin qui devint

---

(1) D'autres écrivent Watier, Gauthier et Watier sont un même nom.
(2) Recherches sur les églises et établissemens pieux de la ville. Art. 5.

un sujet de querelles ; mais des soldats avinés ne s'en tiennent pas à des querelles ; on se heurta, on se battit, la cohue devint une boucherie : et Robert effrayé, croyant voir, en cela, le châtiment de ses méfaits, se retira et devint dans la suite le protecteur du pays et de la cité de Cambrai.

Pour en revenir à l'origine du château de Selles, je crois que l'on n'en saurait fixer l'époque, et Carpentier s'aventure beaucoup quand il affirme, d'après Gélic, que du temps des Romains il y avait un capitole voisin du *Château de Selles*. Il n'est pas impossible que cela ait été, mais c'est tout ce qu'on peut concéder à ces brillantes assertions.

Ce fut sous Gérard II que les fortifications de la ville prirent un caractère puissant et régulier. Il entoura la cité de fossés profonds et de fortes murailles flanquées de tours. Gérard ne s'en tint pas là, il fortifia également, dans la ville, cette enceinte nommée le *Château*, dans laquelle l'évêque et son clergé pouvaient trouver un abri contre les coups de main de la bourgeoisie.

Voici en quels termes un chroniqueur (1) parle des travaux de Gérard II. « En 1080, Gérard voyant qu'il estoit en paix, fist grand travail, afin que luy et ses gens pussent estre asseurés, en leur temps et après luy, en la cité de Cambray. Il fist fermer toute la cité de murs de pierres, et relever les fossés, et édifier plusieurs tours ; car l'évesque Gérard 1er l'avoit faict fermer et clore de palis de bois, et avoit faict serrer en la cité un

---

(1) Jean Duchastiel.

haut chasteau de murs et à l'environ de profonds fossés, et dedans le chasteau estoit l'église de Notre-Dame et celle de Saint-Aubert. »

Notez donc en passant que le *Château* n'était pas seulement clos de murailles ; mais encore environné de fossés profonds, ce qui en faisait une véritable forteresse.

A partir de cette époque, jusqu'en 1415, les fortifications de la ville restèrent à peu près dans le même état. Je ne parle pas de quelques mesures de défense que les bourgeois auront prises nécessairement à l'occasion des diverses agressions dont la ville fut l'objet; notamment de la part d'Edouard, roi d'Angleterre, en 1337. Ce ne fut qu'en 1415 que les bourgeois songèrent à fortifier considérablement leurs murailles ; pour cela ils jugèrent convenable d'élargir les remparts à l'intérieur de la ville, du côté de l'Abbaye de Saint-Géry qui était encore sur le *Mont-des-Bœufs*. En conséquence, on emprit sur les jardins des chanoines qui voulurent s'y opposer. De là des luttes dans lesquelles l'intérêt public triompha. On peut voir à cette occasion, les détails qu'en donne notre vieux et illustre chroniqueur, Monstrelet.

Si je faisais ici autre chose qu'une analyse rapide des progrès de nos monumens militaires, j'aurais à vous conter comment l'astucieux Maraffin s'empara de la ville de Cambrai pour le compte de Louis XI, son maître, et beaucoup aussi pour son propre compte. Mais je n'ai à constater que les mesures de défense, on pourrait mieux dire d'*agression*, qu'il prit dans la ville. Ainsi il fortifia le château de Selles. Il en exhaussa les remparts, et l'entoura entièrement d'eau ; en creusant du côté de la ville un large fossé alimenté par le cours de l'Escaut. De cette sorte, la forteresse devint une citadelle redoutable et presque inaccessible.

Il fit de plus construire au-dessus de la porte Saint-Sépulcre un château-fort *fermant contre la ville*, dit un vieux chroniqueur ; il y mit de l'artillerie et un grand nombre de gens d'armes.

Il fit pareillement de l'Abbaye de Cantimpré, dont l'église et les cloîtres furent entourés de fossés profonds et devinrent un fort, dans lequel fut placée une nombreuse garnison sous les ordres d'un capitaine, nommé Devaux.

C'est ainsi que le capitaine Maraffin tenait la ville en respect, opprimée qu'elle était par trois points formidables et menaçans, dont il ne fut chassé que long-temps après. Alors le sire Jacques de Foucqueselles, capitaine d'une troupe de bourguignons, qui avait renvoyé en France, Maraffin et ses gens, fit ajouter de nouvelles défenses à la ville, hors de la Porte de Selles et de la Porte de Cantimpré.

On lit dans la chronique de Jean Duchastiel, qu'en 1480, « Cornille de Berghes, frère de l'évesque, capitaine de la cité, fit abattre les faubourgs d'entour de la place, les arbres et les jardins, l'Abbaye et l'hôpital de Saint-Ladre, aussi le béguinage de Cantimpré ; et les portes et les tours qui étaient trop hautes, les fit rabaisser pour mieux se garder. »

Il ne faudrait pas conclure, de ce qui vient d'être dit, que ces ruines ne furent plus réparées. Le danger passé, les monumens se relevaient. Ainsi l'hôpital Saint-Ladre fut, au dire de Julien Deligne, réédifié entièrement en 1497. Il subsista encore jusqu'à l'époque où Charles-Quint construisit sa redoutable citadelle sur les ruines de l'Abbaye de Saint-Géry et de plus de 800 maisons. Ce monument militaire s'éleva en 1543. L'hôpital de Saint-Ladre échappa à une ruine immédiate. Mais peu à peu les servitudes militaires s'étendirent et ce fut en 1554 que l'asile des Lépreux disparut. La Porte Saint-Ladre ne fut comprise dans les murailles de défense qu'en 1559 (1).

Ce serait ici le cas, pour l'écrivain qui raconterait l'histoire de nos monumens militaires, de faire une halte et d'examiner en détail l'état général de défense où se trouvait la ville. Charles-Quint en a changé le caractère en transportant toute la force, toute la puissance militaire sur le sommet de la cité, du côté de l'est; tandis qu'avant lui, les forts qui dominaient, étaient placés à l'ouest. Du reste, il ne répudia point l'œuvre de ses devanciers. Il faut encore dire que son premier projet avait été de construire la citadelle du côté de Cantimpré et de se servir pour la défense des eaux de l'Escaut. Le monument ne fut édifié sur le Mont des-Bœufs que par le résultat d'une intrigue honteuse et d'un acte de cupidité indigne d'un officier supérieur. L'ingénieur chargé par l'empereur, de désigner la place de la forteresse, comprenant combien il serait préjudiciable aux bourgeois de le placer sur la

---

(1) Julien Deligne.

montagne de Saint-Géry, imagina de faire de cette circonstance une spéculation. En conséquence, il déclara aux habitans qu'il ne leur éviterait ce malheur qu'à la condition qu'ils lui compteraient une grosse somme d'argent. La cité refusa ; l'œuvre inique s'accomplit.

Ce serait le cas d'examiner encore les précautions, la discipline qu'on observait en temps de guerre. Ainsi de nombreux postes qu'on appelait *cinquantaines*, du nombre d'hommes qui les composait, étaient répartis dans la ville. Chacune des sept portes était gardée par une cinquantaine. L'artillerie garnissait les remparts. De grosses chaînes étaient tendues en travers des rues (1). « Soudards à cheval, dit un manuscrit anonyme, estoient ordonnés pour sortir au matin à la porte ouvrante ; afin d'aller découvrir, autour de Cambray, s'il n'y avoit nuls gens d'armes. Et venoient tous les portiers avec les grands bourgeois (2), au matin, en la maison de la ville. Et là, tiroient à taille pour voir à quelle porte ils iroient. Et les deux huissiers, avec le varlet des quatre-hommes, portoient les clefs des portes. Et les deux bourgeois et tous les portiers ensemble alloient ouvrir les portes : et puis, deux desdits portiers raconvoyoient lesdites clefs en la maison de la ville. Et le soir, pour clore les portes, deux des portiers venoient quérir les clefs ; et les portes fermées, tous les

---

(1) Chronique de Jean Duchastiel.
(2) Evidemment on entend ici par *grands bourgeois*, les échevins de semaine.

portiers raconvoyaient lesdites clefs que deux des échevins renfermoient dans un coffre. »

En 1516 la ville de Cambrai avait une lieue et demie de circuit. Deux cents tours défendaient ses murailles. Le chroniqueur qui nous fournit ces détails a soin d'ajouter qu'il ne compte pas les tours qui garnissaient les portes et les châteaux-forts.

On voit dans l'histoire de Cambrai que, du temps d'Henry II, la ville craignant un siège de la part de ce monarque qui s'était brouillé avec Charles-Quint, fit de grands préparatifs de défense. Le clocher de la Madeleine fut abattu, ainsi que les *combles* de la Porte de Saint-Sépulcre, de la Porte Robert et de la Porte de Selles. Mais les craintes qu'on avait conçues, furent vaines pour cette année, et ce ne fut qu'un an après, que le roi vint camper devant Cambrai. Il demanda l'entrée de la ville qui lui fut refusée. Alors il se contenta de ruiner les environs. Mais comme on prévoyait d'autres desseins pour la suite, on travailla, avec une activité incroyable, aux fortifications. On élargit les remparts depuis le château de Selles jusqu'à la Porte du Mâle (aujourd'hui de Notre-Dame). On fit entrer dans ces boulevards nouveaux, la maison des *archers de St-Sébastien*. On fit une voûte à la Porte du Mâle ; on démolit l'église Saint-Ladre, ainsi que je vous l'ai dit tout-à-l'heure. Plusieurs maisons, une grande quantité d'arbres et de jardins qui entouraient la ville, disparurent par suite de ces travaux militaires. Trois mille ouvriers étaient journellement employés à ces bouleversemens devenus nécessaires : et comme les travailleurs ne suffisaient pas, tous les bourgeois enrôlés par divisions, ayant chacune un capitaine, y furent envoyés, enseignes déployées. Personne ne fut exempt de ces tristes corvées : les chanoines de Saint-Géry, ceux de Sainte-Croix, ceux de Notre-Dame, les chapelains et les vicaires, tous durent payer de leur personne.

Du reste le siége n'eut pas lieu, mais les Français se vengèrent cruellement, sur le pays, de la bonne contenance des habitans de Cambrai.

En 1595, à l'époque où le comte de Fuentes reprit la ville de Cambrai, du consentement et à l'aide des bourgeois ; les fortifications du côté de la Porte de Cantimpré n'étaient en rien semblables à ce qu'elles sont aujourd'hui. L'entrée de la ville se resserrait entre de vieilles tours, disparues depuis long-temps. Dans un manuscrit qui m'a été donné par un moine de Saint-Sépulcre, il est question du pont des Amoureux qui existait sur l'emplacement où est maintenant l'Abattoir (1) ; et du pont des Arquets, voisin de la tour qui porte encore ce nom.

La tour des Arquets est ainsi nommée des Petites Arches pratiquées dans sa base et sous lesquelles le principal bras de l'Escaut passe pour entrer dans Cambrai: Presque toutes les tours de la

---

(1) Il ne faut pas confondre l'Abattoir dont parle l'abbé Tranchant, avec celui qui existe actuellement rue Saint-Lazare. Le premier Abattoir était près de la Porte de Cantimpré. C'est aujourd'hui un magasin de charbon.

ville portaient un nom. Ainsi, disait-on : la *tour Caudron*, la *tour des Bons-Enfans* (1), la *tour des Sottes* (2), etc.

On voit dans les mémoriaux que « ceux de la ville abattirent une belle tourelle, de compétente hauteur, et de magnifique structure, en brique, qu'avait autrefois fait bâtir messire Robert de Croy, sur le château de Selles. »

Les clochers eux-mêmes servaient parfois à la défense de la place ; ainsi j'ai lu dans un manuscrit, que Balagny fit placer des *fauconnaux* (3) au haut de la tour de Saint-Géry, pour tirer sur l'ennemi, durant le siége fait par les Espagnols.

Le comte de Fuentes ne fut pas plutôt maître de Cambrai, qu'il fit élever un château-fort sur la Porte de Cantimpré (en 1595). Pour cela l'Abbaye de ce nom fut rasée. Le général fit, de plus, abattre environ six cents maisons sur l'Esplanade pour en faire une Place d'Armes. Huit cents maisons pour la citadelle de Charles-Quint, six cents pour la Place d'Armes de Fuentes, voilà de bon compte 1,400 maisons que cette forteresse coûta à la ville de Cambrai, sans compter l'un de ses monumens les plus vieux, les

---

(1) La tour *des Bons-Enfans*, ainsi nommée d'un couvent du même nom, dont elle était voisine, est située à l'endroit du rempart où aboutit la rue des Cignes.

(2) La tour *des Sottes* existe à l'endroit du rempart où aboutit la rue des Sottes.

(3) Petites pièces d'artillerie.

plus historiques; et un hôpital, un asile pour de honteuses souffrances. Il faut avouer que c'était payer bien cher le droit d'être mitraillé, à la première velléité d'indépendance.

Depuis cette époque, l'enceinte militaire de Cambrai ne subit guère de modification jusqu'à la prise qu'en fit Louis XIV. Le comte d'Harcourt, le vicomte de Turenne, avaient successivement échoué dans deux sièges différens : l'un au mois de juin 1649, l'autre au mois de mai 1657. Louis XIV entra dans nos murs, et Vauban mit la dernière main aux fortifications. La place est encore aujourd'hui, à très peu de chose près, dans l'état où la laissa cet illustre ingénieur (1).

A l'histoire militaire de notre ville, se lie nécessairement et intimement celle des châteaux-forts du pays qui en ont été tantôt les agresseurs, tantôt les satellites. Placés en sentinelles avancées soit contre la ville, soit contre l'ennemi qui l'attaquait, ils ont presque toujours ressenti les secousses de la guerre. Plusieurs ont eu une existence très dramatique.

---

(1) M. Alc. Wilbert a donné dans son *rapport sur les Anciens Monumens de l'arrondissement de Cambrai*, des détails intéressans sur divers points de défense de la ville. Nous engageons le lecteur à les consulter.

Le Château de Sainte-Marie (Le Câteau).

Le chroniqueur laborieux qui, dans mes prévisions et selon mes espérances, s'occupera un jour de cette histoire pittoresque; après avoir passé en revue les murailles cambresiennes, reportera sans doute son attention sur la ville du Câteau qui fut dans l'origine une forteresse protectrice pour toute la partie du Cambresis, située de ce côté. Ce fut Herluin qui fit élever à Vendelgies, village devenu plus tard la ville du Câteau (1), un château-fort auquel il donna le nom de la mère du Sauveur. « Herluin, dit un vieux chroniqueur, fist faire un chastel en bois, où est maintenant le chastel en Cambresis, pour renfermer et warder le pays, contre les voleurs et robbeurs qui faisoient ravage, repairans es bois (ayant leurs repaires dans les bois). » La *forteresse de Sainte-Marie* ne tarda pas à montrer de quelle utilité elle pouvait être pour la défense du pays, aussi prit-on soin de la fortifier considérablement; et bientôt elle fut érigée en ville. « L'évêque Gérard y fist faire un chastel de pierres. » Cette ville du Câteau mériterait une histoire particulière (2). Elle fut souvent une rési-

---

(1) La ville du Câteau fut construite sur l'emplacement de deux petits villages : Vendelgies et Péronne ou *Péronnelle*.

(2) M. A. Bruyelles, vient de publier sur cette petite ville une intéressante notice, qui prouve toute l'importance que prendrait une *histoire complète du Câteau*.

dence agréable et parfois un refuge pour les évêques de Cambrai. Elle fut aussi l'objet des convoitises de maint puissant seigneur. Elle soutint des siéges sanglans, et plus d'une fois elle eut à subir les cruautés du vainqueur. On y tint un synode en 1311. On y conclut un traité de paix en 1559. Les Français la fortifièrent ; puis la démantelèrent en 1642.

L'historien nous parlerait ensuite d'un grand nombre de châteaux-forts, sur lesquels il pourrait retrouver d'intéressantes chroniques. Il y en a eu bien peu, dans le Cambresis, auxquels ne se rattachent pas des souvenirs historiques. Je vais vous en citer quelques-uns dont je n'ai pas la prétention de faire l'histoire, mais à l'occasion desquels je vous dirai ce que je sais.

Le Chateau d'Honnecourt.

Il serait, je crois, impossible de déterminer l'époque de la fondation du château et de la ville d'Honnecourt, cette localité qui n'est plus qu'un village, fut jadis une ville, si tant est qu'on ait dû donner ce nom aux bourgades fortifiées (1). Les premiers souvenirs d'Honnecourt remontent à la fin du VII° siècle, époque où

---

(1) On trouve, dans plusieurs anciennes chroniques, la dénomination de *ville* appliquée au village de Lesdain, et autres qui n'ont jamais été des villes.

un seigneur nommé Amalfrid, et sa femme Childebertine fondèrent une abbaye qui, au dire de Balderic, fut d'abord consacrée à une congrégation de femmes. Saint Vindicien bénit la première église de ce monastère. Quant au château-fort je ne saurais indiquer l'époque de son érection.

La ville était fortifiée. Dans un *dénombrement* de la terre et seigneurie d'Honnecourt, dressé en novembre 1563, il est fait mention de la *Tour aux chiens*, de la *porte poulallier*. Les souvenirs des vieux du village sont en défaut à cet égard, et nulle tradition ne désigne la place occupée jadis par ces pièces de fortifications. Il existe d'ailleurs en plusieurs endroits des vestiges de muraille : on a même trouvé quelquefois des tombeaux en pierre blanche, à l'égard desquels on n'a pu faire que de vagues conjectures. On voit encore à peu de distance du village, vers le nord, un grand tertre carré, appelé *les castelets*, il semble évident qu'un fort flanqué de quatre tourelles a existé en cet endroit. Des fondations de maisons que l'on rencontre souvent, en creusant la terre, entre les demeures actuelles et les *castelets*, donneraient à croire qu'autrefois la ville, beaucoup plus grande que n'est le village aujourd'hui, s'étendait vers le nord, ou bien qu'elle s'est déplacée peu à peu, pour se rapprocher de l'église qui est assez éloignée du fort présumé dont nous venons de parler. Les habitans désignent encore sous le nom de *noble-ville*, de *franqueville*, etc., plusieurs rues et quartiers de cette ville déchue.

Honnecourt dont la position est peu avantageuse sous le rapport de la défense, a été fréquemment le théâtre d'escarmouches acharnées, la proie des flibustiers, un point d'appui pour le parti vainqueur.

Froissart parle d'un siège que cette ville eut à soutenir en 1339. Je ne puis résister au désir de relire et de vous faire connaître cette narration colorée et pittoresque du naïf chroniqueur. Le style de notre vieil écrivain a tant de charme, que c'est une bonne fortune, que d'avoir à le citer.

Chapitre LXXXVI, du livre 1er, partie 1re des Chroniques de J. Froissart.

« *Comment messire Jean de Hainaut et plusieurs autres grands seigneurs cuidèrent prendre Honnecourt; et comment l'abbé et ceux de la ville s'y portèrent très vaillemment.*

» Entrementes que le roi anglois se tenoit en l'Abbaye du Mont Saint-Martin, ses gens couroient tous le pays de là environ jusques à Bapaumes et bien près de Péronne et de Saint-Quentin. Si trouvoient le pays plein et gras, et pourvu de tous biens, car ils n'avoient oncques mais eu point de guerre. Or avint ainsi que messire Henri de Flandre, en sa nouvelle chevalerie, et pour son corps avancer et accroître son honneur, se mit un jour en la compagnie et cueillette de plusieurs chevaliers, desquels messire Jean de Hainaut était chef, et là étoient le sire de Fauquemont, le sire de Berghes, le sire de Baudresen (1), le sire de Kuck et

---

(1) Vraisemblablement, *Bautershem*.

plusieurs autres, tant qu'ils étoient biens cinq cents combattans ; et avoient avisé une ville assez près de là, que on appeloit Honnecourt, où la plus grand'partie du pays étoit, sur la fiance de la forteresse, et y avoient mis tous leurs biens. Et-jà y avoient été messire Arnoul de Blakehen et messire Guillaume de Duvort (1) et leurs routes, mais rien n'y avoient fait : donc, ainsi que par esramie, tous ces seigneurs s'étaient cueillis en grand désir de là venir, et faire tout leur pouvoir de la conquérir. Adonc avoit dedans Honnecourt un abbé (2) de grand sens et de hardie entreprise, et était moult hardi et vaillant homme en armes; et bien y apparut, car il fit au-dehors de la porte d'Honnecourt faire et charpenter en grand'hâte une barrière, et mettre et asseoir au travers de la rue ; et y pouvoit avoir, entre l'un banc et l'autre environ demi-pied de creux d'ouverture; et puis fit armer tous ses gens et chacun aller ès guérites, pourvu de pierres, de chaux, et de telle artillerie qu'il appartient pour la défendre. Et si très tôt que ces seigneurs vinrent à Honnecourt, ordonnés par bataille, et en grosse route et épaisse de gens d'armes durement, il se mit entre les barrières et la porte de ladite ville, en bon convenant, et fit la porte de la ville ouvrir toute arrière, et montra et fit bien chère et manière de défense.

---

(1) Peut-être, *Duvenvorde*. On trouve dans les *Troph. du Brab.* un *Willaume de Duvenvorde*, chambellan du comte de Hainaut.

(2) La liste des abbés d'Honnecourt est incomplète : on n'y trouve point celui-ci.

« Là vinrent messire Jean de Hainaut, messire Henri de Flandre, le sire de Fauquemont, le sire de Berghes et les autres, qui se mirent tout à pied et approchèrent ces barrières, qui étoient fortes durement, chacun son glaive en son poing; et commencèrent à lancer et à jeter grands coups à ceux de dedans; et ceux de Honnecourt à eux défendre vassalment. Là étoit damp abbé, qui point ne s'épargnoit, mais se tenoit tout devant en très bon convenant, et recueilloit les horions moult vaillamment, et lançoit aucune fois aussi grands horions et grands coups moult appertement. Là fut faict mainte belle appertise d'armes; et jetoient ceux des guérites contre val, pierres et bancs, et pots pleins d chaux, pour plus essonnier les assaillans. Là étoient les chevaliers et les barons devant les barrières, qui y faisoient merveilles d'armes; et avint que, ainsi que messire Henri de Flandre, qui se tenoit tout devant, son glaive empoigné et lançoit les horions grands et périlleux, damp abbé qui étoit fort et hardi, empoigna le glaive dudit messire Henri, et tout paumoiant et en tirant vers lui, il fit tant que parmi les fentes des barrières il vint jusques au bras dudit messire Henri, qui ne vouloit mie son glaive laisser aller pour son honneur. Adonc quand l'abbé tint le bras du chevalier, il le tira si fort à lui qu'il l'encousit dedans les barrières jusques aux épaules, et le tint là à grand meschef, et l'eût sans faute saché dedans, si les barrières eussent été assez ouvertes. Si vous dit que ledit messire Henri ne fut à son aise tandis que l'abbé le tint, car il étoit fort dur, et le tiroit sans épargner. D'autre part les chevaliers tiroient contre lui pour rescourre messire Henri; et dura cette lutte et ce tiroi moult longuement et tant que messire Henri fut durement grevé. Toutes fois par force il fut rescous ; mais son glaive demeura par grand'prouesse devers l'abbé, qui le garda depuis moult d'années, et encore est-il je crois, en la salle de Honnecourt : toutes voies il y étoit quand j'écrivis ce livre, et me fut montré un jour que je passai par là, et m'en fut recordée la vérité et la manière de l'assaut comment il fut fait, et le gardoient encore les moines en parement. »

On lit dans la chronique de Jean Duchastiel, qu'en l'année 1521, le 12 de mars, à 3 heures après minuit, « les François pillèrent Cantimpré, et le faubourg entre deux portes, dont fut sonnée alarme, et *emmenèrent le butin à Honnecourt.* »

La même chronique nous apprend qu'en novembre 1523, les Bourguignons s'emparèrent d'Honnecourt, et puis bientôt après se retirèrent en Hainaut, abandonnant leur prise aux Français qui y rentrèrent le 23 du même mois.

En ces occasions il n'est pas question du château, mais nous trouvons dans les mémoires chronologiques (1) ouvrage contemporain des évènemens qu'il rapporte, que, en 1536, le 2 juillet, « la ville d'Honnecourt fut prise d'assaut par les Bourguignons, le château se rendit à discrétion, les moines de l'Abbaye furent pris prisonniers, parce qu'ils se défendirent et le 8 dudit mois, lesdits Bourguignons brûlèrent la ville et démolirent le château. »

La chronique de Jean Duchastiel, rapporte le même fait avec

---

(1) Manuscrit précieux pour l'histoire de Cambrai et de ses environs. Il appartient à l'auteur des *Soirées de l'abbé Tranchant.*

plus de détails. « Le 2e jour de juillet 1536, fust le siége devant Honnecourt par les Bourguignons, et l'assaillirent par assaut, où il y eust plusieurs occis, d'un côté et d'autre. Après que la ville fust prinse, le capitaine se mist au chasteau, et se tint à force, et y fust tué le capitaine de Bourgogne, appelé *Mons de Lompéret*, lequel conduisoit des Namurois. Après que ledict capitaine fust occis, on tira tant contre le chasteau, qu'on abattit une partie de la muraille. Et le lendemain se rendirent à la volonté de M. du Roux, chef de toute l'armée à Honnecourt.

» Il y a une Abbaye de noirs moisnes (1) lesquels se défendirent et tirèrent après les Bourguignons, et dit-on que che fust un moisne qui occit ledict capitaine, pourquoi tous les moisnes furent faicts prisonniers, et plusieurs aultres avec eux. »

Le château détruit en 1536, fut bientôt reconstruit. Il existait encore l'an dernier. Il vient d'être démoli. (2) C'était une belle forteresse environnée de fossés profonds et remplis d'eau, ayant tour et pont-levis. On n'a laissé subsister que la prison : sans doute nos héros de la liberté moderne ont prévu que leur règne aurait besoin de prisons, et que ce serait là un puissant auxiliaire de l'*émancipation* qu'ils projettent.

---

(1) La communauté de femmes avait été remplacée par des hommes, à cause des dangers qu'elle courait lors des fréquentes incursions des hommes de guerre dans le pays.

(2) L'abbé Tranchant disait cela à la fin de 1793.

Gelic, auteur d'une chronique qu'il a écrite vers 1512, nous apprend que du temps de Philippe-de-Valois, roi de France, on trouva sous le pavé, dans le vieux cloître de l'Abbaye d'Honnecourt, une casaque d'armes, garnie de lames d'or et de pierres précieuses ; un heaume ou casque d'or orné de rubis ; un bouclier d'argent pur, sur lequel était gravé un lion ; et enfin une croix émaillée dans le goût antique, ainsi que plusieurs autres pièces d'or et d'argent. Carpentier qui rapporte ce fait, ajoute que la tête du cadavre enterré dans cette tombe était accompagnée d'une tablette d'or qui portait ces mots : Odo. Kast. Kamer. H. A. Rest. C'est-à-dire : *Odon castellanus Cambracensis hujus Abbatiæ restaurator.* (*Odon châtelein de Cambrai, restaurateur de cette Abbaye.*)

L'homme studieux qui rédigerait nos chroniques pourrait, abandonnant quelques instans ses études stratégiques, faire d'utiles recherches et peut-être de précieuses découvertes sur l'histoire de l'Abbaye d'Honnecourt ; il pourrait examiner les intéressantes questions d'archéologie que soulève la vieille et artistique église du village ; jeter un coup-d'œil sur les religieuses et sur les moines qui se sont succédés à l'ombre du vieux cloître. Il pourrait aussi, rentrant dans son sujet, étudier la forme et l'usage de ce fort aux quatre tourelles dont les *castelets* rappellent l'existence antique, et s'assurer si ce n'a pas été là, un premier château d'Honnecourt : remonter aux sources des noms de *noble-ville*, de *Franqueville* donnés à certains quartiers. Il pourrait enfin, en s'écartant un peu du village, rechercher la position exacte des combattans dans cette fatale journée où le pauvre maréchal de Guiche fut par un excès de valeur (1), cause d'une défaite sanglante et de la mort d'un grand nombre de Français.

Pour moi je n'oserais me jeter dans ce champ des conjectures : j'aime mieux vous conter comment la ville d'Honnecourt fut démantelée la dernière fois et probablement pour toujours.

En 1636, à la faveur des guerroyeuses querelles de la France et de l'Espagne, une bande nombreuse d'aventuriers Picards et Artésiens, s'était organisée sous le commandement d'un chef audacieux nommé Marotel. Ces bandits après s'être fortifiés dans Honnecourt, dont ils avaient fait le point central de leurs opérations, se mirent à exploiter le pays, mettant à contribution tous les villages voisins d'Honnecourt. Ils poussaient même quelquefois leurs courses dévastatrices jusque sous les murs de Cambrai.

De pareils brigandages appelaient une répression énergique. Le gouverneur de Cambrai, chargea *le sieur de Maugré* de cette périlleuse entreprise. Le sieur de Maugré était un officier remarquable pour son intrépidité, un homme au cœur chevaleresque, pour lequel une mission aventureuse était une bonne fortune. Il se mit donc à la tête d'une troupe d'hommes déterminés; il courut vers Honnecourt, et malgré la vive résistance des flibustiers qui l'occupaient, finit par s'en emparer en faisant sauter une porte à l'ai-

---

(1) On sait que Puiségur et Rantzau cherchèrent à détourner le maréchal de livrer ce combat où les Espagnols étaient deux fois plus nombreux que les Français.

de de la poudre. Ce fut alors (en 1636), que pour prévenir de nouveaux brigandages et enlever à ces compagnies de pillards, si communes à l'époque dont nous parlons, tout moyen de se retrancher, on fit démanteler cette place qui, n'étant pas assez forte pour former un boulevard au pays, suffisait néanmoins pour mettre l'ennemi à couvert.

Depuis cette époque Honnecourt a perdu toute son importance : et, de ses temps guerriers, il ne restait plus que le vieux château-fort que le pittoresque village conservait comme un honorable souvenir (1). La révolution l'en a privé. Toutes les gloires s'en vont sous la hache et sous la pioche de ces grossiers et ignorans tribuns qui vivent de sang et dorment sur les ruines.

Chateau de Crèvegoeur. — Forteresse de Vinci. — Chateau de Révelon.

Je ne saurais partager l'avis de ceux qui font remonter la première érection du château de Crèvecœur à l'année 979. Il est bien

---

(1) Aujourd'hui l'herbe recouvre les ruines du château ; des ronces, des broussailles croissent sur ces décombres, ; des restes de la prison subsistent encore : chaque jour en détache quelque pierre. Une partie du cloître échappée à la destruction révolutionnaire, sert de demeure à quelques paysans dont la misère ne prouve pas que l'on ait beaucoup gagné à renverser le monastère.

vrai que Balderic dans le chap. 102 de sa chronique, et l'abbé Dupont, après lui, disent qu'Otton fit construire (au temps de Rothard), une forteresse auprès d'un village nommé *Vinci*, à quatre milles de Cambrai. Mais dire qu'Otton élevait une forteresse près de Vinci, n'est pas affirmer que cette forteresse était le château de Crèvecœur. Il ne m'est pas démontré que, comme Carpentier le pense, *Vinchi*, ou Vinci, ne soit autre que Crèvecœur. Si, le village de Vinci eût vu changer son nom en celui de Crèvecœur, à cause d'un échec éprouvé par Jules César (1) ou à cause de la défaite de Chilperic et de ses Neustriens, battus par Charles Martel, ce qui a dû, en effet, leur causer un grand crève-cœur ; le dernier de ces échecs ayant eu lieu le 20 mars 717, le village de Crèvecœur ne se serait plus appelé Vinci deux siècles et demi plus tard, en 979. Balderic n'aurait plus dit *Vinci*, il aurait dit *Crèvecœur*.

D'autres considérations, d'ailleurs, me rendent incrédule. En général, ce n'est pas le vaincu qui impose au lieu témoin de sa défaite, un nom qui en perpétue le souvenir. C'est au contraire le vainqueur qui cherche, par ce moyen, à immortaliser son triomphe. Ainsi, les Belges qui défirent Jules-César, ou Charles Martel qui battit Chilperic, avaient une victoire à constater et non une défaite. Il me serait plus facile de croire que le nom de *Vinci* rappelle l'une ou l'autre victoire, que de supposer qu'on lui a préféré le nom de *Crèvecœur*.

---

(1) Carpentier. T. II. P. 453,

Enfin, le vieux mémorial de Jean Duchastiel s'exprime ainsi :
« S'était retiré (Otton), à Goy, en un chasteau qu'il avoit faict, et nuisoit fort à ceux de Cambray et du pays à l'environ, et pour mieux encore gesner ceux de Cambray et l'évesque, il fist faire *un chasteau en une ville* qui auparavant avoit été appelée *Vinci entre Vaucelles et Crèvecœur.* » Il me semble qu'ici l'auteur ne laisse pas le moindre doute : c'est entre Crèvecœur et Vaucelles qu'était *la ville* ou le village de Vinci. C'est encore là qu'est aujourd'hui la ferme de Vinci.

Au reste, il est incontestable que les emplacemens de Vinci et de Crèvecœur sont très voisins l'un de l'autre, ce qui n'implique pas la nécessité de les confondre. Supposons plutôt que le village de Vinci aura disparu à mesure que Crèvecœur, mieux placé, se fortifiait ; et qu'un fort en ruines, servant plus tard de ferme, aura seul résisté au ravage des temps et à l'oubli des hommes.

L'homme est ami du mystère, un instinct d'immortalité, peut-être, le jette d'abord au-delà du certain, pour errer dans le vague; d'où vient que souvent l'historien veut voir dans la nuit des temps ce qui se trouve plus rapproché de lui. Défions-nous de ces illusions qui caressent l'imagination, et tenons-nous en aux faits affirmés par l'histoire.

Il est beaucoup plus probable que le château de Crèvecœur fut construit par Hugues d'Oisy, en 1120. Notre précieux manuscrit de Jean Duchastiel s'exprime ainsi : « En 1120, Hugues d'Oisy fit faire un chastel à Criefcœur, pour détruire l'évesque et sa cité, et entra dedans avec grands gens, et pillèrent les terres et le pays.

Et ardèrent (brûlèrent) villes et maisons. Par quoi ledict évesque (Bouchard) assembla grands gens d'armes, lesquels assaillirent *la ville* de Criefcœur, laquelle fut prinse d'assault et y bouttèrent le feu, et fust toute brûlée *jusques au chasteau*. Et ledit Hugues recongnut son méfait et furent, l'évesque et luy, bons amis ensemble. »

S'il faut en croire Carpentier, la ville de Crèvecœur était jadis « garnie de murailles, de tours et de bastions d'une épaisseur incroyable. Le château de la ville était très spacieux et garni de tours et de doubles murailles épaisses de 17 ou 18 pieds, très bien flanquées au pied de la rivière (l'Escaut) et autres fontaines. — J'y ai remarqué, ajoute le même Carpentier, dans ses voûtes souterraines, les armes des anciens Gaulois, et de plus fraîche date, les armes de France et de Navarre. »

Carpentier affirme encore d'après Gelic, que *Charles-de-Navarre*, dit le *Mauvais*, détenu d'abord par Jean II dans la tour du Louvre, fut ensuite transféré au château de Crèvecœur (1), pendant la captivité du roi pris par les Anglais en 1356. « J'ai vu moi-même, dit encore l'historien de Cambrai, dans le chasteau de Crèvecœur, qui m'a autrefois servi de séjour, les armes de Navarre entaillées dans la voûte d'une place de ce chasteau, en mémoire et par le commandement de cet illustre prisonnier. »

---

(1) D'autres ont dit au fort d'Arleux. Cette tradition a fourni à M. Le Glay, le sujet d'une nouvelle intitulée : *Le Captif du Forestel*.

Vous savez, du reste, Messieurs, qu'on n'est pas toujours obligé de croire Carpentier sur parole.

Le château de Crèvecœur éprouva souvent de rudes assauts et de vigoureux pillages. Jean Duchastiel raconte que le 27 du mois de février 1521, les Bourguignons prirent Crèvecœur et emmenèrent tout ce qu'ils purent emporter. Ils étaient au nombre de cinq ou six cents hommes.

En l'an 1554, Henry II campa le 18 juillet à Crèvecœur, Masnière et Rumilly ; et après avoir rodé huit jours aux environs de Cambrai, *il démolit la ville et château de Crèvecœur et autres* (1).

En 1635, pendant les guerres entre les Français et les Espagnols, Crèvecœur fut le théâtre d'un fait tout chevaleresque. Cent cavaliers français furent battus par 200 cavaliers espagnols, ce qui n'empêcha pas le colonel français, Gassion, de gagner par sa conduite, toute l'estime du chef espagnol Picolomini. Ce dernier voulut témoigner de vive voix son admiration à son vaillant adversaire ; et du camp, qu'il avait planté près de Cambrai, il envoya à Vaucelles où était le parti français, un trompette pour inviter le colonel Gassion à s'avancer avec un témoin, comme il le ferait lui-même. L'invitation fut acceptée et les deux officiers

---

(1) La ville de Crèvecœur avait été démantelée, au dire de Carpentier, lors de l'érection de la citadelle de Cambrai, en 1544.

ennemis eurent l'avantage d'échanger des paroles d'estime et de considération.

Mais l'espagnol ne s'en tint pas à cette stérile déférence ; à peine rentré dans son camp, il renvoya au colonel français trois de ses officiers qu'il avait faits prisonniers. Ils furent conduits à Crèvecœur dans le carrosse du prince. Le carrosse était attelé de six chevaux blancs, couvert de harnais dorés et de housses richement brodées. Un trompette ouvrait la marche, et quatre valets de pied suivaient la voiture. Ces officiers, d'ailleurs, ne firent que précéder de deux jours tous les prisonniers qu'on avait enlevés à Gassion. Celui-ci ne fut pas en reste de procédés généreux.

Mais lorsque ces nobles ennemis rendaient ainsi Crèvecœur témoin de leurs honorables et faciles procédés, la ville forte n'existait plus, déjà le village commençait; Charles-Quint avait détruit ses murailles pour en employer les matériaux à la citadelle de Cambrai. Le château seul à demi ruiné conservait encore un aspect imposant.

Aujourd'hui, ce château transformé en maison de campagne n'offre plus au curieux, pour rappeler ses vieux souvenirs, qu'une muraille, appuyée sur deux tours. Les fossés sont comblés, des ronces pendent du haut de la muraille, de sombres sapins lèvent leurs flèches de verdure au-dessus des tourelles découronnées. L'artiste s'arrête et rêve devant cette puissance déchue. Ce n'est plus là le temps (1120) où Hugues d'Oisy y faisait flotter sa bannière, où le cheval de guerre piaffait dans la cour d'honneur.

Ce n'est plus le temps (1312) où Jean de Noyel battait monnaie dans sa forteresse de Crèvecœur, au grand déplaisir de l'évêque (1) qui finit par lui interdire ce droit, alors exclusivement réservé, selon lui, au comté du Cambrésis dans l'étendue de cette contrée.

A quelque distance de Crèvecœur dont on retrouve peu de traces de fortifications (2), existe encore la ferme de Vinci. Au dessus du village, et comme un aigle perché sur un rocher, se découvre le petit château de RÉVELON, sous lequel existent ou ont existé, suivant Carpentier, des souterrains voûtés. Le même auteur ajoute qu'on y a trouvé des médailles et autres objets d'antiquité. En définitive il ne serait pas étonnant que jadis le *Mont-Révelon* eût été fortifié. Sa position très avantageuse pour la défense n'aura sans doute pas échappé à l'attention de quelque seigneur belliqueux. Cependant, comme j'aurai occasion de vous le faire remarquer plus tard, en général, nos seigneurs de Cambrésis, à la différence des burgraves d'Allemagne qui posaient leurs châteaux sur le sommet des montagnes, mouillaient les leurs dans l'eau du fleuve, des fontaines et des marais. Autour et au pied du petit château, se sont élevées quelques chaumières et cela s'appelle

---

(1) Pierrre de Mirepoix.
(2) Nous ne parlerons pas du prétendu *Pont-Julius* qui ne pourrait être que celui qui est encore sur l'Escaut dans la grande rue qui mène à Révelon.

le quartier ou la rue *des Vignes* à cause des vignobles qui y verdoyaient autrefois (1).

LE CHATEAU DE LESDAIN.

En présence du château de Lesdain, on peut compléter l'observation que je viens de vous faire. A la différence des burgs d'Allemagne qui tous sont bâtis au sommet d'un rocher mouillé des vapeurs du ciel, les châteaux féodaux de la Flandre sont généralement encaissés dans des lieux bas et humides et enveloppés souvent des brouillards de la terre. Nos châtelains tenaient moins à dominer par la position topographique que par la force des armes ; et d'ailleurs les rochers sont rares en Flandre : les marais s'y rencontrent partout. Quoi qu'il en soit, il semble que ces châteaux entourés d'eaux vives, ombragés de hauts et verts bouquets d'arbres, enrichis de jardins féconds, entourés de gras pâturages, soient dans une position aussi pittoresque et bien plus favorable que ceux qu'un puissant et noble sire allait construire loin, bien loin des hommes, au sommet escarpé d'un aride rocher.

---

(1) Aujourd'hui la rue des Vignes formerait à elle seule un beau village. La plupart des maisons qui y sont construites, l'ont été des matériaux pillés en 93 aux ruines de la magnifique Abbaye de Vaucelles.

C'est donc un caractère particulier de nos vieux châteaux de Cambresis, que d'être entourés d'eau; d'élever leurs élégantes ou pesantes tourelles, du milieu des joncs et des plantes marécageuses. Un grand nombre de ceux dont j'ai à vous parler, sont dans cette condition. Tel est celui de Lesdain.

L'aspect en est mystérieux et rêveur. Du milieu des lilas, des aunes, des genets, d'un bosquet d'arbres frais et vigoureux, s'élève majestueusement ce château quatre fois séculaire. Autour de lui les chaumières sont tombées, d'autres chaumières ont été reconstruites; les arbres du jardin se sont desséchés, et leurs graines sont devenues des arbres ; tout s'est renouvelé, hommes et choses. Il reste là, le vieux manoir, contemporain de l'église, comme pour marquer la place du village aux chaumières nouvelles, et servir de jalon à l'architecte rustique.

Mais que dis-je, *le village!* les vieux de l'endroit m'ont affirmé que Lesdain fut jadis *une ville* comme Crèvecœur. Rêve de vieillards, hélas ! Mais c'est une des manies du pays Cambresien, d'invoquer de glorieuses origines. Il n'est pas de pauvres parmi nous, qui ne soit, à l'en croire, issu d'une grande famille déchue.

L'origine du château de Lesdain remonte à l'année 1391 (1). Il fut bâti *par très redouble seigneur Gui d'Honnecourt* (2). Mais

---

(1) Il a donc en 1845 quatre cent cinquante quatre ans.

(2) Les titres qui constatent ce fait sont entre les mains du propriétaire actuel.

ce monument antique n'est pas arrivé jusqu'à nous dans son intégrité. En l'an 1554 Henry II poursuivait l'Espagnol dans nos malheureuses contrées, mettant tout à feu et à sang. Il rasa maint château-fort dans les environs. « Il vint le 18 du mois de juillet camper à Crèvecœur, Masnières et Rumilly ; et après avoir été huit jours aux environs de Cambrai, il démolit la ville et château de Crèvecœur, *et Lesdain*, et plusieurs forteresses du Cambresis; brusla plusieurs villages, etc. » (1)

Le château de Lesdain fut donc démoli, ou plutôt démantelé. Il demeura dans cet état de ruine pendant plus d'un siècle, et ce ne fut qu'en 1699, date qu'il porte aujourd'hui, au-dessus de son entrée principale, qu'il fut reconstruit et remis dans un état satisfaisant de force et d'indépendance (2).

Il est probable que cet antique castel fut orginairement com-

---

(1) Mémoires chronologiques.

(2) Quatre-vingt-treize le trouva entre les mains de M. Bouly de Lesdain, secrétaire du Roi, et l'en dépouilla révolutionnairement. Les armes du seigneur qui ornaient le fronton furent grattées et remplacées par un énorme bonnet de liberté qui existait encore en 1831, lorsque le propriétaire actuel, fils de celui à qui la république l'avait volé, le racheta aux enchères, pour en faire sa demeure. Le château était alors dans un état pitoyable de délabrement ; les jardins avaient été complètement détruits. Aujourd'hui c'est une des belles habitations du pays. Selon les hommes les choses changent.

posé de quatre tours principales. Néanmoins un plan dressé en 1706, sept ans après sa restauration, n'indique que trois tours. Ces tours disposées en rectangle étaient jointes ensemble, savoir : d'un côté au nord par le corps d'habitation, et des trois autres côtés par des murailles, ou plutôt de véritables remparts de pierre sur lesquels l'homme d'arme faisait sentinelle, à l'abri des parapets qui garnissaient les murailles. Des restes qui existent encore aujourd'hui ne laissent pas le moindre doute à cet égard. Ainsi le corps-de-logis était flanqué de deux tourelles qui sont encore entières. Dans le mur de droite qui était perpendiculaire au bâtiment et qui faisait face à l'ouest, était pratiquée la porte d'entrée, surmontée d'une grande tour carrée. La tour de gauche opposée au corps principal, était plus grande que les autres, et porte les vestiges d'une plate forme. Des dragons de pierre (nommés gargouilles) dont les gueules vomissaient les eaux pluviales, s'élancent aujourd'hui sans usage, mais comme d'antiques souvenirs, de la corniche nouvelle sur laquelle pèse un toit d'ardoises assez élégant. Une vaste cour d'honneur était ménagée entre le corps-de-logis principal et les bâtimens accessoires qui se trouvaient en face. Enfin de larges fossés, alimentés par l'eau vive et salubre de fontaines voisines, baignaient de toutes parts les murailles du manoir.

Ainsi la partie principale du château de Lesdain présentait à l'extérieur l'apparence d'un grand parallélogramme dont les angles étaient armés de tours et dont de vastes et profonds fossés défendaient l'approche.

Auprès de cette grande maison de guerre, s'étendait parallèlement, du côté du midi, un enclos qui n'en était séparé que par la largeur du fossé, et où l'on parvenait à l'aide d'un pont-levis. Cet enclos contenait *la cense*, les granges et autres bâtimens d'exploitation rurale. Des tourelles surgissaient également aux quatre angles de l'enclos, mais elles étaient beaucoup moins grandes que les tours. La même pièce d'eau entourait aussi l'enclos de la cense, dont une porte donnait sur le village. Cette porte était resserrée entre deux tourelles.

Autour des grands fossés qui mouillaient le château et la Cense, s'étendaient les jardins qui étaient eux-mêmes entourés, en grande partie, d'une ceinture d'eau vive ; d'où il résultait un double fossé de défense autour de la forteresse. Ces jardins avaient deux issues dans la campagne ; au moyen de deux pont-levis flanqués de tours, jetés sur le fossé extérieur.

Le château de Lesdain est dominé au nord par des hauteurs, par des espèces de roches tendres et friables qui forment jusqu'au village d'Esnes une chaîne non interrompue d'escarpemens au pied desquels roule *le torrent d'Esnes* qui va se jeter dans l'Escaut. Ce torrent tantôt furieux et gonflé par l'orage, tantôt calme et presque desséché, promène bruyamment ses flots jaunes et bourbeux, ou sert de pature aux troupeaux du village.

Maintenant, si nous examinons à l'intérieur ces restes antiques d'un des plus beaux manoirs du pays, nous le trouvons bâti en pierres dures, provenant probablement des carrières même de Lesdain. On sait qu'il y a dans ce village des carrières immenses abandonnées depuis long-temps et auxquelles les traditions rattachent un souvenir merveilleux. L'évêque Gérard, disent-elles, affligé de ne pouvoir trouver dans les environs de Cambrai des pierres propres à la construction de l'église de Notre-Dame qu'il voulait réédifier, se mit en prière, et eut une révélation qui lui fit connaître deux carrières fort riches : l'une *à Lesdain*, l'autre à Noyelles. Quoi qu'il en soit de la vision, les pierres de Lesdain furent employées par Gérard, c'est donc probablement de la même carrière que sont sorties celles dont est construit le château de ce village.

Chacune des tours qui défendent le corps-de-logis est composée d'une salle souterraine et voûtée, et d'une salle supérieure également voûtée, à laquelle on arrive par quelques marches pratiquées dans l'intérieur du bâtiment. Un toit d'ardoises couvre le faîte de ces tours qui ne paraissent pas avoir jamais été couronnées de créneaux. Les murailles en sont très épaisses. Deux fenêtres qui se rétrécissent à l'extérieur, en véritables barbacanes, éclairent les salles supérieures. Une tradition ancienne désigne comme prison de guerre, la salle souterraine de la tour de l'est. Cela n'est pas invraisemblable. Le château n'a pas d'autres caves que les deux salles qui se trouvent sous les tours.

La troisième tour, plus forte et beaucoup plus élevée que les autres, contient trois places voûtées et superposées. La première est à niveau de rez-de-chaussée. La seconde qui contient une cheminée fort habilement ménagée dans la muraille, est éclairée par trois fenêtres dont les embrasures présentent, dans l'immense épaisseur du mur, des assises ou banquettes de pierre. Cette salle à laquelle on n'arrive pas aujourd'hui sans échelle, se trouvait autrefois à la hauteur des murailles sur lesquelles on faisait le guet, et servait, à n'en pas douter, de corps-de-garde aux soldats du château.

Des inscriptions gravées dans la pierre attestent le passage des hommes d'armes. L'une contient ces mots : *La guerre est la chause* (cause) *que nous sommes ici*. D'autres plus anciennes, en caractères du XVIme siècle, mais devenues illisibles, laissent pourtant apercevoir très distinctement le mot *mort* plusieurs fois répété, comme si ce mot terrible avait été plus profondément gravé que les autres ; comme si ce mot était le seul qui ne dût point s'effacer dans l'histoire des hommes !

On lit encore distinctement ce nom et cette date : *Claude Losiot le 27 de janvier*. Et autre part, de la même écriture 1566.

La troisième salle à laquelle on parvient par une échelle extérieure, sans qu'on puisse croire qu'il y ait jamais eu d'autre moyen d'y arriver, est également éclairée par trois fenêtres. Elle sert aujourd'hui de colombier.

Il est hors de doute, comme je l'ai dit plus haut, que la grande tour dont il est question, a été originairement dominée par une plate-forme : les gargouilles qui y restent suspendues en attestent suffisamment l'existence.

Mais de nos jours où toutes puissances s'en vont au néant, les larges fossés qui baignaient les murs ont été comblés et l'espalier étend ses rameaux verts, là où battait le flot agité par le vent.

Il n'est pas rare que l'on retrouve en remuant la terre autour du vieux manoir, des fondations de murailles ou de tourelles, des fragmens d'armes rongées par la rouille.

Je me suis étendu un peu longuement dans la description du château de Lesdain, parce que plus heureux que ses frères dont je vous ai entretenus, lui, du moins, est demeuré debout : découronné, dépouillé, il est vrai : mais enfin suffisamment conservé pour nous montrer ce qu'il fut jadis. Il est d'ailleurs un type des châteaux-forts du pays et peut donner une idée de ce qu'étaient un grand nombre d'entre eux.

Passons maintenant au château d'Esnes.

Chateau d'Esnes.

A deux lieues de Cambrai, sur la chaussée qui conduit de cette ville à Guise, se trouve le village d'Esnes, fameux par son château. En effet, le voyageur qui pénètre dans le village est frappé d'admiration à l'aspect du féodal manoir qui, placé dans un fond, se dérobe de loin à la vue. Il faut en être à portée de mousquet pour l'apercevoir ; alors on découvre d'abord ses girouettes et la tour de l'horloge qui est bien le plus élégant donjon qui ait dominé jadis forteresses du pays. Puis viennent les grosses tours qui défendent et protègent le château. Enfin celui-ci se montre tout entier.

On aime à le voir cet antique castel, dormir silencieux au fond de ses fossés humides où l'herbe croît pour les troupeaux, et se détacher par ses teintes grisâtres sur le vert sombre des bois lointains qui le dominent. A ce spectacle on admire et l'on rêve. Hélas! pour lui plus de gloire, plus d'honneurs! son pont-levis n'existe plus, les eaux où se reflétait sa formidable image se sont desséchées; le temps, de son aile inexorable a effacé les blasons qui lui ornaient le front.; le bruit du cor ne frappe plus les échos de sa cour d'honneur. Là plus un seigneur, plus un écuyer.... Le noble séjour des sires d'Esnes est une ferme! et dans ces vastes salles où les blanches mains de la damoiselle filaient la quenouille, où le châtelain racontait ses aventures de guerre, quelque grosse fille de basse-cour prépare leur pitance aux hôtes immondes de l'étable. Ces tours, ces machicoulis, ces oubliettes, ces larges fossés, tout cela n'a pas empêché la déchéance du manoir redoutable; et cependant de l'autre côté de la route, sur un mont élevé bien plus exposé aux orages, existe encore une petite église contemporaine du château. Là les cendres des seigneurs d'Esnes ont trouvé un abri que n'a pas donné à leur gloire éteinte l'orgueilleuse forteresse; c'est que la plus humble église a pour la soutenir un bras plus puissant que ceux des hommes.

Dans toute cette grande ruine, plusieurs choses méritent une attention particulière.

D'abord la porte d'entrée qui se resserre entre deux tourelles recouvertes aujourd'hui de toits coniques en ardoises et à l'intérieur desquelles on voit encore les ouvertures carrées d'anciennes oubliettes ou de souterrains. Les murailles sont sillonnées de la trace circulaire qu'y marquaient les verroux du pont-levis dans leur trajet de bascule; et de larges cicatrices attestent les assauts que la forteresse a eu à soutenir. Chacune des tourelles porte en face un écusson dont les armes sont effacées ; de nombreuses meurtrières jettent leur vue inutile dans toutes les directions, et des embrasures rondes ont conservé le souvenir des couleuvrines ou des fauconnaux qui défendaient l'approche aux troupes ennemies.

A l'extrémité opposée de la porte principale, est une porte correspondante qui était également fermée par un pont-levis. C'est là que se percevait le péage ; car il paraît que, placé sur un chemin qui le traversait de part en part, le château d'Esnes interceptait ainsi à volonté la circulation de la route dont on n'obtenait l'usage qu'au moyen d'un péage.

Maintenant le chemin s'est détourné et traverse les anciens jardins dont les murs écroulés ont laissé à peine quelques vestiges; si l'on en excepte les piliers d'une belle porte qui s'élèvent au loin comme isolés dans la campagne.

Les corps-de-logis, les écuries, les granges et une autre tourelle qui sert de pigeonnier, ne sont pas dépourvus d'intérêt; mais ce qui fixe particulièrement l'attention du visiteur, c'est la tour principale à laquelle s'appuie la petite tourelle de l'horloge qui sert en même temps d'escalier pour parvenir aux divers étages et sur les créneaux de cette belle pièce de fortification.

Rien de plus gracieux que le groupe formé par ces deux tours dont l'une, aux formes pesantes et guerrières, contraste parfaitement avec la légèreté de l'autre qui se termine par une jolie campanille en pierre recouvrant l'horloge dont les cadrans également de pierre et richement ciselés sur les flancs de la tourelle, annonçaient l'heure, d'un côté à l'intérieur du château, de l'autre au village (1).

Dans les murs épais de cette grosse tour, sont trois belles salles rondes superposées les unes aux autres, ayant communication par une cheminée commune, large et carrée, au moyen de laquelle les hommes d'armes pouvaient non-seulement converser, mais se passer des vivres ou munitions de guerre.

Des dates incrustées dans les murs font remonter certaines parties du château d'Esnes à l'année 1585. Néanmoins nous verrons tout à l'heure qu'il existait déjà deux siècles auparavant.

De ses vastes jardins il ne reste qu'un petit verger. Et n'étaient, comme je vous le disais tout-à-l'heure, les majestueux piliers d'une porte de sortie, rien ne subsiste du vaste enclos qu'entouraient jadis de hautes murailles de pierres. Les débris de ces murs se sont transformés en chaumières : avec un riche manoir on a fait de pauvres masures.

---

(1) Cette horloge grossière, mais curieuse parce qu'elle est propre à constater l'état de l'art à l'époque où elle a été faite, existe encore dans le haut de la tourelle dite pour cela *tourelle de l'horloge*. La cloche sur laquelle le marteau frappait les heures porte la date de 1680.

Depuis long-temps cette forteresse, une des plus belles du Cambresis, est abandonnée de ses propriétaires. Il semble que cette indifférence du maître ait rejailli sur les souvenirs historiques. Il y en a peu concernant le château d'Esnes. On sait qu'au quinzième siècle, les français s'en emparèrent pour inquiéter le pays. Mais ils ne tardèrent pas à être expulsés par les troupes de l'archiduc Maximilien, qui délivrèrent les environs de ce dangereux voisinage.

Si à ce fait historique l'on ajoute la mention de ces fils du seigneur d'Esnes qui escamotèrent si adroitement la forteresse de la Malmaison des mains de sire Jean d'Aubencheul, on aura à peu près tous les souvenirs de guerre qui se rapportent au château d'Esnes. Je ne vous aurais pas même parlé ici des fils du sieur d'Esnes, dont la prouesse se rattache plus directement à la forteresse de la Malmaison, si l'abbé Dupont'qui raconte cette expédition astucieuse, n'ajoutait que les jeunes gens qui venaient de s'emparer de la Malmaison, envoyèrent chercher des canons et autres munitions de guerre au château d'Esnes. Cet événement qui eut lieu en 1403, prouve qu'il y avait alors de l'artillerie dans la forteresse des sires d'Esnes, et que les munitions de guerre n'y manquaient pas (1).

---

(1) Ce manoir antique et inspirateur a été exploré par l'archéologue, mis en scène par le romancier, chanté par le poëte. M. Leglay a écrit une notice sur les familles auxquelles il a appartenu; M. H. Berthoud l'a décrit dans l'une de ses *chroniques surnaturel-*

Des anciens du village m'ont affirmé que l'on a trouvé quelquefois sur le grand tertre qui domine le château et que l'on nomme *les castelets*, des tombeaux antiques qu'ils appellent sarrasins (1). Je ne saurais vous dire à quelle époque doit se rapporter l'existence de ces tombes mystérieuses. Il ne faudrait d'ailleurs rien conclure de ce nom de *sarrasin* que leur a donné le peuple du village. Dans ces contrées, il n'est pas rare de voir les habitans naïfs attribuer aux sarrasins les choses dont ils ignorent l'origine.

LE CHATEAU D'HAUCOURT.

Quel a été ce chateau ? quel rôle historique a-t-il joué dans les vieux jours ? c'est une question à laquelle les annales de notre pays ne donnent point de réponse. Carpentier (2) nous cite une longue liste de titres et de chartes dans lesquels figurent les noms des seigneurs d'Haucourt ; mais du château, il ne dit pas un mot. On lit bien dans le même historien (3) que *Frédégonde (au dire*

---

les de la Flandre : *Le Sire aux armes brisées*; M. H. Carion en a rappelé le souvenir dans un des plus jolis poëmes des *Sept Merveilles du Cambresis*.

(1) De notre temps, M. Leglay dans de nouvelles fouilles a découvert plusieurs de ces tombeaux.

(2) Tom. II p. 664.

(3) Tom. I p. 43.

de vingt auteurs) prit naissance au village de Haucourt en Cambresis. Mais de ce qu'elle serait née dans ce village, il ne s'en suivrait pas nécessairement que ce fût dans le château. Certes, les sires d'Haucourt étaient d'assez hauts et puissans seigneurs pour qu'on ne puisse pas dire que leurs filles étaient de basse extraction. Or, tous les écrivains s'accordent sur ce point : *que Frédégonde était d'obscure naissance.*

Je ne comprends donc pas pourquoi quelques écrivains ont conclu de l'allégation de Carpentier, que c'est dans le château d'Haucourt qu'il faut chercher les traces de Frédégondé : je les chercherais plutôt dans quelque chaumière du village. Mais je ne conseillerais à personne de prendre cette peine. Carpentier s'aventure un peu, en faisant Frédégonde native de Haucourt : il ne nomme aucun des vingt auteurs d'après lesquels il parle, et sans faire étalage d'érudition, l'on peut citer l'excellent dictionnaire de Moreri et le bon et naïf Méseray qui indiquent comme lieu de naissance de Frédégonde, le village d'Avaucourt en Picardie.

« Elle était, dit Moreri, native d'Avaucourt en Picardie, d'une » naissance obscure etc (1). »

« On dit qu'elle était native d'Avaucourt en Picardie, et de » fort bas lieu. » C'est ainsi que s'exprime Méseray dans son *abrégé chronologique de l'Histoire de France*, à l'article spécial de Frédégonde femme de *Chilpéric.*

---

(1) Dictionnaire historique de Moreri, tom. III p. 730.

Vous savez, du reste, que le nom d'Avaucourt est simplifié dans quelques auteurs en celui d'Aucourt : de là sans doute la confusion.

Il résulte donc de ces citations qui sont à mes yeux des autorités plus puissantes que celle de Carpentier, que Frédégonde n'était pas une fille de châtelain, mais *une femme de bas lieu;* et que si elle est née dans un village appelé *Aucourt*, ce village est celui de Picardie et non le Haucourt de Cambresis.

Voilà ce souvenir qu'on a souvent invoqué parmi nous, tout-à-fait détaché de notre château d'Haucourt. Il ne reste plus hélas! que les *rêves de féodalité* que l'on peut faire en présence de deux vieilles tours (1) éloignées l'une de l'autre d'une vingtaine de pieds, et reliées entr'elles par un corps de logis déjà fort lézardé et menacé d'une ruine prochaine. Ces tours, en pierre grise, qui n'ont qu'un rez-de-chaussée et un étage, sont percées de quelques fenêtres carrées à angles coupés par le haut. Elles sont surmontées d'un couronnement qui fait saillie, et a pu jadis *sans crénaux*, servir de parapets à hauteur d'appui, aux gens de guerre qui les défendaient. Aujourd'hui des toits d'ardoises sont venus couvrir de leurs cônes sombres et élancés ces pièces antiques

---

(1) L'une de ces tours jumelles qui ont supporté ensemble tant de jours accumulés, s'est écroulée, il y a environ quinze ans, sous le poids d'un énorme colombier dont on l'avait imprudemment surchargée.

de fortification. A côté de ces restes vénérables, s'est élevée une maison moderne recouvrant sans doute des fondations qui auraient aidé à reconstruire le plan du vieux château. Il est probable que nul, de nos jours, ne retrouvera ces indices.

Si le château d'Haucourt a été entouré de fossés, ce qui ne serait pas impossible, bien qu'il soit placé sur le plateau d'une éminence, ces fossés n'étaient pas immédiatement au pied des murailles. Ce qui m'amène à cette conjecture, c'est qu'en dehors des tours, à l'endroit même où l'on pourrait supposer que devaient être des fossés, existe un souterrain voûté dont on ne soupçonne pas l'ancien usage (1). Les jardins ne présentent aucun indice particulier, ils paraissent être de la même époque que la maison moderne. Ils sont très pittoresques, divisés en plusieurs étages, et dominent un grand bois qui s'étend aux pieds de cette belle propriété comme un immense tapis d'un vert sombre. (2)

Pour en revenir aux tours d'Haucourt, il est bon d'observer qu'elles ne sont pas entièrement rondes, et que le côté qui regarde l'intérieur du château présente une face plate, comme si l'on en avait retranché une portion; comme si l'on avait fait de cette face la corde d'un petit arc de cercle. Cette forme particulière des

---

(1) Le propriétaire actuel a constaté récemment l'existence de ce souterrain.
(2) Ce bois qui était d'un admirable effet, a été abattu il y a quelques années.

tours est visible dans le haut, parce quelles dépassent le toit du corps de logis qui les relie.

Enfin, et comme dernier mot sur le château d'Haucourt, je vous avouerai que je ne saurais fixer l'époque de son origine. Aucune date ne subsiste. Carpentier rapporte, d'après Gélic, que *Titwin de Haucourt* signa l'an 1025 la charte de fondation de l'abbaye de St Gengoulphe de Florines. Cela montre qu'il y avait des seigneurs de Haucourt dès l'année 1025, mais ne prouve pas d'ailleurs qu'ils avaient alors un château dans ce village.

Chateaux de Walincourt et d'Élincourt.

Il me serait difficile, pour ne pas dire impossible, de déterminer l'origine des châteaux de *Walincourt* et d'*Elincourt*. On voit la famille d'Elincourt et surtout celle de Walincourt contracter dans les siècles anciens de grandes alliances dans tout le pays; mais ceci n'est pas du ressort des études presque militaires que je voudrais voir faire sur nos châteaux-forts. Celui de Walincourt n'existe plus et n'a pas laissé de traces. Il en est question dans l'histoire du pays dès le XII siècle. Le château d'Elincourt a été également détruit, mais on en retrouve des vestiges, des ruines d'un grand intérêt, et que je vais vous décrire.

A quelques pas du village vers le nord-est, on aperçoit un bosquet fort épais, dont certains arbres semblent dominer les autres de toute leur hauteur. C'est là, c'est au milieu de ces noirs feuillages que dorment les ruines du château d'Elincourt. Deux tours construites en briques, avec souterrains et deux salles superposées, existent encore à peu-près entières. On les a recouvertes de toits coniques ; il est probable qu'elles l'étaient également, dans leur origine, mais seulement qu'elles étaient plus élevées. Des fragmens de murailles, des portions de corps-de-logis, échappés aux ravages du temps, suffisent pour aider à reconstruire en imagination le vieux château d'Elincourt.

L'habitation principale était située entre une cour d'honneur et un jardin d'assez médiocre dimension (1). Cette cour formée par des bâtimens accessoires, sans doute écuries et autres, et par de solides murailles, présentait un grand quadrilatère aux angles duquel étaient quatre tours. L'une de ces tours, faisant corps avec le principal bâtiment, donne à penser qu'il en était de même de l'autre côté, et que ce corps-de-logis s'étendait sur une échelle égale à celle du mur en face, dans lequel était pratiquée la porte d'entrée. Derrière se trouvait le jardin. Le tout était entouré de profonds et larges fossés que ni le temps ni les hommes n'ont encore comblés. Un grand pont-levis devait servir de communication avec le dehors. Des arbres, des taillis touffus croissent au fond et sur le bord de ces fossés, d'où vient que la cime des uns est à peu-près à la racine des autres.

Ce lieu, plus peut-être que d'autres ruines, est mélancolique

---

(1) Il n'est ici question que du jardin enfermé dans l'enceinte militaire. Très probablement il en existait d'autres entourés de simples murailles.

et rêveur. De plus, il a sa légende merveilleuse et ses mystérieux souterrains. En effet, dans la cour, à droite de la porte d'entrée, à l'endroit, sans doute, où étaient autrefois des bâtimens aujourd'hui disparus, sous les broussailles et parmi les orties, on découvre l'entrée d'un long et beau souterrain. J'y suis descendu, je l'ai parcouru, et je ne me suis arrêté que lorsque des éboulemens se sont opposés à mon passage. Sa longueur, sa profondeur, sa direction, tout me porte à croire qu'il passait sous les fossés du château et qu'il allait peut-être, à longue distance de là, cacher son issue dans un endroit épais du bois voisin. C'est ainsi que les habitans de certains châteaux communiquaient avec le pays, tandis que l'ennemi croyait les tenir cernés rigoureusement. Tel était, sans doute, le château d'Elincourt : tel était celui de Cantaing, lequel avait, au dire des vieux du village, une issue souterraine dans le bois de Bourlon. Tel était encore celui de Marcoing qui, selon la chronique, avait aussi une sortie dans les bois du voisinage.

Quant à la légende du château d'Elincourt, je ne vous conterai pas ces bruits sourds du balancier, ces voix prodigieuses que l'on entend durant certaines nuits, dans quelque souterrain mystérieux dont celui que l'on connaît n'est que la secrète entrée ; je ne vous parlerai pas des vapeurs métalliques qui s'exhalent de terre pendant ces nuits redoutables. Je vous ferai seulement remarquer que la plupart des légendes populaires ne sont qu'un reflet de souvenirs qui ne sont plus restés bien nets dans la tradition. Les comtes de Saint-Pol ont battu monnaie au château d'Elincourt pendant la première moitié du XIVe siècle.

Ils ont dû le faire malgré la défense de l'évêque qui contestait ce droit à tous les seigneurs de *sa comté* (1). De là les bruits mystérieux, les histoires terribles; et les comtes de Saint-Pol, ont été transformés en faux monnaieurs.

On lit dans Carpentier (2), que Nicolas de Lannoy était capitaine d'Elincourt en l'an 1462.

Les châteaux de Walincourt et d'Elincourt doivent probablement l'obscurité à laquelle leur mémoire est aujourd'hui condamnée, à leur position topographique. Tandis que les forteresses de Marcoing, de Crèvecœur, de Lesdain, de Rumilly, situées sur les grandes voies de communication avec la France, avaient à supporter de rudes et continuels assauts, les forts plus éloignés jouissaient d'un sort plus tranquille et ne voyaient pas se préparer pour eux cette célébrité qui coûta si cher aux autres.

A défaut de gloire militaire, un nom célèbre se rattache au village de Walincourt. L'illustre chroniqueur Enguerrand de Monstrelet, *gentilhomme*, fut quelque temps bailli de Walin-

---

(1) Il existe dans le mémoire pour M. de Choiseul, page 69, des lettres de la part du seigneur de Walincourt reconnaissant qu'il n'a pas le droit de battre monnaie à Walincourt ni en autres lieux, mais que, par don des empereurs, les évêques ont ce droit dans le comté du Cambresis, *comme comtes et princes en leur terre.*

(2) Troisième partie, p. 343.

court. Le souvenir d'un pareil homme est une gloire précieuse pour les lieux auxquels il appartient ; et dans notre siècle surtout qu'on dit d'*intelligence*, l'illustration de la plume, vaut bien celle du sabre.

Chateau de Busignies.

Le château de Busignies était jadis une forteresse des mieux défendues. Plusieurs tours et des murailles d'une grande épaisseur y rendaient inutiles les efforts de l'ennemi. « Les histoires du pays, dit Carpentier, nous enseignent qu'il y a eu de tout temps des capitaines pour commander en ce château. » Malgré ses moyens de défense, Gaucher le prit en 1095. En l'an 1279, Gérard Dufresnoy, écuyer, y commandait avec cinquante lances. Ce château ainsi que le village, était presque adossé à des bois immenses qui rendaient impraticable tout abord de ce côté. La forteresse de Busignies fut plusieurs fois prise et reprise durant les guerres interminables qui affligèrent le Cambresis.

Depuis long-temps le château féodal a disparu, il est remplacé de nos jours par une jolie maison de style moderne sur laquelle la république a étendu sa main avide, souillée de sang, habituée au pillage.

Chateaux de Ligny, de Serain et de Bousies.

Je ne m'arrêterai pas long-temps au château de Ligny que le

fameux Walerand de Luxembourg a quelquefois habité. Il y battit monnaie. L'advoué Malezy, dit Carpentier, y était capitaine en 1453. Le sieur de Montbrehain y commandait en 1460.

Une tour reste debout, seul vestige de l'antique château. Cette tour massive, dort lourdement dans les anciens fossés de la forteresse. Ses sœurs ont disparu depuis long-temps. On m'a affirmé, et cela paraît évident, que le monument primitif avait une tour semblable à chacun de ses angles ; il était environné de fossés profonds et doué de puissans moyens de défense.

Des salles voûtées, ornées d'une nervure en croix, passant par le centre du dôme, existent dans la tour. Un double toit d'ardoise en forme de lanterne la couvre depuis long-temps.

Le château actuel de Ligny dont les constructions remontent à l'année 1631, n'a plus d'apparence guerrière, et ne rappelle que par sa tour antique les temps de féodalité.

Deux circonstances ; l'une qu'il existait un Hugues, seigneur de Ligny dès l'année 1130 (1) ; l'autre qu'à peu de distance du dernier château, on voit un emplacement qui a conservé le nom de *Vieux Château*, peuvent faire supposer que c'est là que dans le XIIe siècle existait la forteresse féodale.

Je ne vous entretiendrai pas non plus du *château de Serain* qui était un fief relevant de l'évêché, et dans lequel, au dire de

---

(1) Carpentier, troisième partie, p. 651.

l'abbé Dupont, Walerand de Luxembourg, ce grand monnayeur, fit également battre monnaie.

Enfin ne signalant qu'en passant le château de Bousies pris et détruit par Gaucher, en 1095, et dont les seigneurs étaient pairs du Cambresis, j'arriverai à la célèbre forteresse de la Malmaison.

Forteresse de la Malmaison.

Jean Duchastiel et d'autres chroniqueurs nous apprennent que ce fut Nicolas de Fontaines qui fit édifier la Malmaison en l'an 1255. — « Il fit construire la Malmaison près le chastel en Cambresis, à une lieue. » — Gélic et Froissart, disent qu'elle en était à deux lieues. L'on pense généralement que ce véritable boulevard du Cambresis, du côté du Haynaut, était situé entre les villages d'*Ors* et de *Câtillon*. En un endroit qui porte encore le nom de la forteresse, le curieux retrouve des traces de fortifications qui semblent confirmer l'opinion générale.

Je ne connais pas d'autres descriptions de cet antique château-fort, que celle que l'intelligence du lecteur peut tirer d'une page d'*Enguerrand de Monstrelet*, que l'abbé Dupont a reproduite en style moderne, avec assez peu d'exactitude. J'aime mieux vous citer le vieil auteur. Son style est plus naïf et plus vrai.

« Au commencement de cet an (1427), fut prise la forteresse de la Malmaison, séante à deux lieues, près du chastel en Cambresis, laquelle étoit à Jean de Lens, seigneur de Liekaerque et évêque de Cambray, à cause de son évêché. Et la prit messire Jean Blondel, tenant le parti du roi Charles, accompagné de ses gens qui étoient en petit nombre. Dedans icelle étoit comme capitaine par ledit évêque, un bel écuyer nommé Watier de Baillon, lequel fut trouvé en son lit. Et entretemps, les dessus dits, en traversant *les fossés parmi l'eau*, et montant par échelle de dedans *la basse-cour* audit lieu, prirent le guet. Et après ils s'embuchèrent devant le *pont du donjon;* et au matin, quand le portier avala ledit pont, ils saillirent sus, les épées traites, et occirent ledit portier. Puis entrèrent tout paisiblement dedans, sans y trouver quelque défense ni empeschement, jà soit ce que ce fut la plus forte place et mieux gardable qui fût en toutes les marches ès pays d'environ (1). »

Il résulte de ce récit que le donjon, la partie la plus fortifiée de la forteresse, lequel était garni d'un pont-levis qu'on levait toutes les nuits, était précédé d'une avant-cour séparée de ce donjon par un fossé, et dans laquelle on faisait le guet. Le tout était ceint de murailles baignées d'eau et assez hautes pour qu'on ne pût les franchir qu'à l'aide d'escalade.

La forteresse était toujours munie de garnison à la solde de l'évêque de Cambrai qui y résidait quelquefois.

Parlons maintenant de divers événemens antérieurs à cette

---

(1) Chroniques de Monstrelet. Liv. II. Chap. XLII.

surprise dont je ne vous ai entretenus d'abord que pour avoir la description de la forteresse.

On lit dans Froissart qu'en 1340, elle avait une garnison assez importante pour former un renfort à *une chevauchée de six cents armures de fer* qu'on envoyait de Cambrai à la ville de Haspre.

.... « Ainsi que je vous ai ci-dessus devisé, dit plus loin le même Froissart (1340), les garnisons des frontières étaient pourvues et garnies de gens d'armes; et souvent y avoit des chevauchées, des rencontres et des faits d'armes les uns aux autres, ainsi que en tels besognes appartient. Si avint en cette même saison que *soudoyers* allemands, se tenoient, de par l'évêque de Cambray, en la Malmaison, à deux lieues du castel en Cambresis, et marchissant (limitrophe) d'autre part plus près de Landrecies dont le sire de Potelles étoit capitaine.

« ... Si avoient souvent le hutin (bruit) ceux de la Malmaison et ceux de Lendrecies ensemble. Dont un jour saillirent hors de la Malmaison les dessus dits allemands bien montés et bien armés et vindrent courir devant la ville de Landrecies et *accueillirent la proie* et l'emmenoient devant eux. Adonc s'arma le sire de Potelles et fit armer ses compagnons, et montèrent à cheval et se partirent pour rescourre aux allemands leur proie qu'ils emmenoient. Si était adonc le sire de Potelles tout devant et le suivoient chacun qui mieux mieux. Il, qui était de grand'-volonté et plein de hardiment, abaissa son glaive et cria aux François qu'ils retournassent, car c'étoit honte de fuir. Là avoit un écuyer allemand qu'on appeloit Albrecht de Cologne, appert homme d'armes durement, qui fut tout honteux quand il se vit ainsi chasser. Si retourna franchement et baissa son glaive, et férit le cheval des éperons, et s'adressa sur le seigneur de Potelles, et le chevalier sur lui, tellement qu'il le férit sur la targe un si grand horion que le glaive vola en pièces; et l'Allemand le consuivit par telle manière de son glaive raide et enfumé (1) que oucques ne brisa ni ploya, mais perça la targe, les plates et l'auqueton, et lui entra dedans le corps et le poignit droit au cœur, et l'abattit jus de dessus son cheval, navré à mort. Dont vinrent les compagnons Hainuyers, et le sire de Bousies, Girard de Mastain, Jean de Mastain, et les autres qui de près le suivoient; qui s'arrêtèrent sur lui quand en ce parti le virent, et le regrettèrent durement; et puis requirent les François fièrement et asprement en contrevengeant le seigneur de Potelles qui là gissoit navré à mort. Et combattirent et assaillirent si dur Albrecht et sa route (troupe) qu'ils furent déconfits, morts et pris, ou peu en échappèrent; et la proie rescousse et ramenée, et les prisonniers aussi, en Landrecies, et le sire de Potelles mort, dont tous les compagnons en furent courroucés durement. (*Chroniques de Froissart. Liv. I, Partie I, Chap. CXIII.*)

Des chroniqueurs nous enseignent qu'en 1403, la forteresse de la Malmaison fut surprise d'une singulière façon.

Voici en quels termes un de mes amis qui s'occupe de l'histoire de Cambrai, raconte cette anecdote.

---

(1) On durcissait quelquefois le bois des lances au feu.

« Lorsqu'un beau matin d'automne, le sire Jean d'Aubencheul, châtelain de la forteresse, traversait les ponts-levis, escorté d'un grand nombre d'écuyers et de veneurs, pour se livrer au plaisir de la chasse, il ne se doutait pas de la désagréable surprise qui l'attendait à son retour. Il partit bruyant et jetant de joyeux propos à sa suite égayée ; pour lui c'était jour de fête, mais les joies de l'homme ne sont pas de longue durée. Le châtelain avait une fille fort éprise d'un jeune écuyer qui la demandait en mariage ; aussi la belle demoiselle ne fut-elle nullement étonnée de voir arriver dans la matinée les seigneurs Mansart et Grignart, tous deux fils du sieur d'Esnes, qui venaient, disaient-ils, traiter de cette grande affaire. Ils furent accueillis par la demoiselle et par son frère avec beaucoup d'empressement, et leurs gens d'armes furent introduits sans difficultés dans la forteresse. Mais rien ne pouvait se conclure pendant l'absence du père ; ce fut un prétexte pour diminuer la garnison en envoyant plusieurs soldats le chercher dans la campagne. Alors les astucieux seigneurs se trouvèrent maîtres du château. C'était en effet pour cela qu'ils y étaient venus. Quand le châtelain rentra chez lui, il fut fait prisonnier sans que sa faible garnison pût le moins du monde s'y opposer. Cependant des canons et des munitions arrivaient du *château d'Esnes*, en aide aux usurpateurs qui ne s'occupant plus du mariage, se mirent à piller le pays avec une troupe de soldats ardennais qu'ils avaient soudoyés à cet effet. »

L'évêque était alors absent de Cambrai. Ses vicaires et les bourgeois décidèrent que pour mettre ces pillards à la raison, on s'adresserait au comte du Hainaut. Le comte répondit aux députés qu'on lui envoya dans cette circonstance que , *en brief, on en aurait bonnes nouvelles*. En effet, trois ou quatre jours ensuite, le comte de Hainaut était en possession de la forteresse , ce qui n'empêcha pas les sieurs d'Esnes de faire la guerre à l'évêque pendant plusieurs mois.

Cependant le *libérateur* qui s'était emparé de la forteresse , s'y trouvait très à l'aise, et n'en voulait plus déguerpir. L'évêque à qui elle appartenait , la lui réclama en lui offrant de l'indemniser de tous les frais de son expédition ; mais le comte n'entendait pas trop raison. Néanmoins il finit par ouvrir trois voies d'accommodement : la première de démolir le château , car elle portait ombrage au Hainaut ; la seconde de la conserver par lui-même pour le compte de l'évêque ; la troisième d'y mettre un châtelain , sujet du comte et à gages communs ; ce qui équivalait à ceci : ou démolir la forteresse , ou la laisser occupée par le comte ou un de ses gens.

L'évêque était assez disposé à faire raser sa forteresse, mais de perfides conseils l'en détournèrent. Elle fut remise à un écuyer du Hainaut , Girard de Sémousies , qui n'y fut pas plutôt qu'il fit difficulté d'y laisser entrer l'évêque. Celui-ci ne put s'y introduire qu'avec une suite très peu nombreuse. Le nouveau capitaine intrigua et parvint à se faire venir du Hainaut un ordre de garder très sévèrement la forteresse.

Mais le terme de l'existence de la Malmaison approchait ; ce fut en 1427 qu'après avoir été un sujet de soucis , de querelles et d'intrigues, ce célèbre château-fort fut démoli.

« Tôt après, dit Jean Duchastiel, le duc de Bourgogne était à Mons en Haynault avec son conseil, messire Jean Blondel y arriva par sauf conduit, car par ledit duc avoit été plusieurs fois requis de rendre la forteresse, auxquelles requêtes il ne voulut mie obéir; dont le duc et son conseil délibérèrent de bailler gens et aide à l'évesque jusques à temps qu'il auroit reconquesté la Malmaison. Et pour cela furent commis messeigneurs de Lallaing, de Lannoy, le gouverneur de Lille et autres gentilshommes, avec un certain nombre de gens d'armes. Messire Jean Blondel ayant appris ces nouvelles, et que le duc de Bourgogne s'en mesloit, demanda à traicter et délibéra de rendre la forteresse moyennant que sa paix fust faicte avec le duc et ses biens saufs et pour ses dépens 4,000 écus, laquelle chose fut promise. Et par ainsi délivra la Malmaison en la main du bâtard du Quesnoy, qui par le duc y était commis. Et pour payer la dicte somme, fut mise une grosse taille en tout le pays, tant sur gens d'église que sur autres. »

L'abbé Dupont fait judicieusement, à ce sujet, les réflexions suivantes : « Il y aurait de quoi s'étonner de la facilité avec laquelle le duc accepta ces conditions, si la forteresse n'avait pas été remise à Balthasar, bâtard du Quesnoy, pour la garder au nom du duc; et si les 4,000 écus n'avaient pas été levés sur le Cambresis. »

Ces charges énormes, ces troubles continuels auxquels elle donnait lieu, ces injustes entreprises dont elle était l'objet, tous ces déplorables inconvéniens que ne balançaient pas les avantages qu'elle pouvait procurer, déterminèrent alors sa destruction. Ce ne dut pas être sans un profond sentiment de regret que l'évêque et les principaux seigneurs du pays se décidèrent à cette mesure extrême. Elle fut donc *toute démolie dont ce fut grand dommage, car c'était la non pareille et la mieux édifiée qui fust en tout le pays à l'environ, et le plus fort lieu* (1).

Ainsi, pour résumer son histoire, nous dirons que construite en 1255, par Nicolas de Fontaines, démolie en 1427, la forteresse de la Malmaison exista pendant 172 ans.

Ici l'abbé Tranchant s'arrêta : onze heures venaient de sonner; toute une longue soirée venait de tomber dans ce passé dont le prêtre évoquait les intéressans souvenirs. Les jeunes gens se retirèrent, non sans avoir pris jour pour entendre la suite des récits du vieux chapelain.

---

(1) Jean Duchastiel.

DIXIÈME SOIRÉE.

CHATEAUX HISTORIQUES DU CAMBRESIS.

(*Suite.*)

— Dans la dernière soirée, que nous avons passée ensemble, dit l'abbé Tranchant, j'ai examiné une bonne partie des châteaux qui formaient comme un premier cordon de fortifications au sud du Cambresis. Je vais aujourd'hui compléter cette revue rapide des forteresses historiques en vous parlant de celles qui existaient au nord et dans le centre de cette contrée.

CHATEAU DE SAINT-AUBERT.

La famille de ce nom est très ancienne : selon Gélic, un Gautier de Saint-Aubert était sénéchal de Cambresis à la fin du Xe siècle.

Quant au *château de Saint-Aubert* on n'en trouve de mention dans l'histoire que vers le milieu du XIIe siècle. Il appartenait à Gérard de Saint-Aubert, dit *Malfilâtre* ou *Maufilâtre*, à cause de sa turbulence et de ses excès. Le château de Saint-Aubert était un véritable repaire de bandits. Quand ses ponts-levis s'abaissaient, c'était pour laisser échapper une troupe de soudards, armés de toutes pièces, qui tombaient comme des vautours sur les campagnes voisines, qui pillaient, faisaient ravage, et revenaient chargés de butin.

Maufilâtre faisait les choses plus grandement que ses hommes d'armes. Il ne se contentait pas, lui grand seigneur, de détrousser quelques pauvres voyageurs, de piller de simples paysans ; c'était à l'évêque lui-même qu'il s'en prenait. C'était la ville du Câteau qu'il saccageait. On comprend qu'un pareil brigandage nécessita plus d'une fois de dures répressions. Souvent le château de Saint-Aubert eut des siéges à soutenir, souvent des ennemis acharnés assaillirent ses murailles ; mais elles étaient solidement construites, les tourelles qui les garnissaient étaient admirablement défendues. A l'abri de son donjon, le châtelain était en sûreté.

On lui dressa des pièges, il fut pris dans un voyage qu'il faisait aux environs. Rendu à la liberté sur serment d'être paisible à l'avenir ; repris pour cause de félonie, il fut mis à mort par le peuple.

Alors le château de Saint-Aubert passa aux mains de Nicolas, tuteur des enfans de Maufilâtre. Nicolas ne trouvant pas le château assez fort à son gré, quoiqu'il fût presque imprenable, fit travailler encore à ses fortifications. Les Cambresiens s'en émurent : ils ne voyaient pas sans une juste inquiétude ces terribles châteaux-forts s'élever dans le voisinage de la ville-mère. Ils comprenaient bien que tout cela servirait moins à la défense du pays qu'à en entraver les libertés. En conséquence, ils résolurent de se délivrer d'un bon nombre de ces édifices menaçans. Aidés du comte de Hainaut, qui mit un corps de troupes à leur disposition, ils commencèrent leurs opérations par le siége du château de Saint-Aubert. Simon d'Oisy, oncle des enfans du redoutable défunt, défendit si vaillamment le château de son beau-frère que les Cambresiens ne purent le prendre. Ils se vengèrent de cet échec sur les autres forteresses.

Le château de Saint-Aubert fut détruit en 1543, par Charles-Quint qui en fit servir les matériaux à l'érection de la citadelle de Cambrai.

Je ne saurais vous dire quelle était la forme de ce terrible manoir, qui joua dans le pays un rôle important. Il n'en reste pas de vestiges. Les habitans du village en montrent la place à quelque distance de l'église. Une ferme a remplacé le donjon où s'abritait l'homme qui avait mérité d'être appelé *mauvais fils*.

Chateau d'Estrun.

Jean Duchastiel et Gélic nous apprennent que le château d'Estrun fut construit par l'évêque Gaucher, vers l'année 1099. Le prélat se plaisait dans cette résidence. Il avait sans doute aussi de bonnes raisons pour se préparer des lieux d'asile en cas d'émeute. Un parti hostile à Gaucher existait dans la ville : il devint si puissant que l'évêque dut fuir : il se retira dans le château d'Estrun. Alors on vit surgir un homme, un de ces intrigans comme il s'en trouve dans tous les troubles populaires, qui sut se faire décerner le titre de *seigneur* et *défenseur* de la ville. Le premier acte de l'adroit parvenu fut de poursuivre celui dont il avait pris la place. Il s'allia avec les ennemis de l'évêque, assembla une bonne armée de bourgeois, et alla faire le siège du château d'Estrun. Il prit la forteresse qu'il fit raser. Quant à l'évêque il était parvenu à s'échapper et à fuir vers le Câteau où Godefroy le poursuivit.

Aux environs d'Estrun, sur une hauteur qui le domine, on voit l'emplacement d'un ancien camp nommé *Camp de César*. Cet endroit très propre à un séjour militaire fut occupé depuis par d'autres troupes à différentes époques. On y retrouve de temps à autre des médailles et des monnaies romaines.

Chateau de Thun-Lévêque.

Le château de Thun-Lévêque fut construit par Nicolas, évêque de Cambrai, lequel mourut en 1167. Ce château existait donc vers le milieu du XIIe siècle. Il fut saccagé par Simon d'Oisy qui, aidé des troupes du comte de Flandre, rebelle à son évêque, à son seigneur, satisfit de la sorte de mauvaises passions que Nicolas avait vainement tenté de conjurer. L'évêque, comte de Cambresis, s'était occupé de l'érection de cette forteresse pour s'en servir au besoin comme d'un refuge contre les insurrections bourgeoises. La bourgeoisie l'avait laissé faire, parce que, sans doute, elle ne se croyait pas assez forte pour s'y opposer. Mais à la mort du prélat, des bandes populaires se ruèrent sur le château, le pillèrent, comme cela se faisait d'habitude, et le livrèrent aux flammes.

Le successeur de Nicolas, Pierre d'Alzace, à qui le château revenait de droit, assembla le peuple pour savoir en vertu de quel droit, il s'était livré à la destruction du château de Thun. Le peuple répondit que l'évêque Nicolas lui-même, avait reconnu qu'il avait outrepassé ses pouvoirs en élevant cette forteresse, et que pour restituer aux pays ses libertés compromises, il avait autorisé cette destruction.

Pierre exigea des preuves qu'on ne put lui fournir ; en conséquence, il fit reconstruire la forteresse en partie aux frais des bourgeois. Ils eurent à payer pour cela une somme de six cents livres de monnaie courante.

Pierre était fils du comte de Flandre, on comprit qu'il n'y avait pas de lutte possible avec un pareil homme. On paya les six cents livres.

En 1339, Edouard III qui était en guerre avec le roi de France, s'empara du château de Thun-Lévêque où il laissa une forte garnison.

Guillaume d'Auxonne, alors évêque de Cambrai, s'était attiré cette mésaventure, en prenant le parti du roi de France, et en lui ouvrant les portes de Cambrai.

« En ce château, dit Froissart, n'avoit adonc aucune garde suffisant, car le pays ne cuidoit point être en guerre. Si furent ceux de Thun soudainement surpris, et le châtel pris et conquis, et le châtelain et sa femme dedans. Et en fist le sire de Mauny une bonne garnison, et y ordonna à demourer un sien frère qui s'appelait Gille de Mauny, que on dit Grignart, lequel fit à ceux de Cambresis et de la cité de Cambray plusieurs destourbiers (troubles), et faisoit ses courses trois ou quatre fois la semaine jusques devant la bonne cité de Cambray (1). »

Il arriva qu'un jour étant parti de bon matin, du château de Thun, *en compagnie de cent vingt armures de fer*, il poussa sa course jusque sous les murs de Cambrai. L'alarme fut sonnée dans la ville, les bourgeois montèrent à cheval et engagèrent une rude escarmouche avec le sire Gille de Mauny.

Celui-ci succomba ; il fut tué par un jeune seigneur nommé Guillaume Marchant qui le perça d'outre en outre avec sa dague.

Les Cambresiens ne surent pas profiter de la déroute qui s'en suivit pour reprendre le château de Thun-Lévêque ; Grignart de Mauny y fut remplacé par ses deux frères qui continuèrent à inquiéter le Cambresis.

Cependant les bourgeois et l'évêque supplièrent le duc Jean de Normandie, que son père, le roi de France, avait envoyé dans le

---

(1) Chroniques de Froissart : Liv. I. Part. I. Chap. LXXIX.

pays, de les délivrer de ces voisins incommodes. Le duc se rendit à leur prière, et réunit ses troupes qui étaient en Artois et en Hainaut. Il arriva de Cambrai sous les murs du château de Thun (1340). « Il fit là amener et charger six grands engins (machines de guerre) de Cambray et de Douay et les fit dresser et asseoir fortement devant la forteresse. Ces engins jetoient nuit et jour, pierres et mangonneaux à grand'foison, qui enfondroient et abattoient les combles des tours, des chambres et des salles, et contraignirent par ce dit assaut durement ceux du chastel. Et n'osoient les compagnons qui le gardoient demeurer en chambre et en salle qu'ils eussent, fors (si ce n'est) en caves et en celliers. Oncques (jamais) gens d'armes ne souffrirent pour leur honneur, en forteresse, autant de peine ni de meschef que cils (ceux-ci) faisoient. Desquels étoit souverain capitaine un chevalier anglois, messire Richard de Limosin et aussi les frères au seigneur de Mauny, Jean et Thierry.......... Pour eux plus grever et amener à mercy, ceux de l'ost (l'armée) leur jetoient et envoyoient par leurs engins chevaux morts et bêtes mortes et puans pour eux empunaiser (empester), dont ils étoient là dedans en grand'détresse, car l'air étoit fort et chaud, ainsi qu'en plein été. »

Ce moyen réussit : ne pouvant pas lutter contre les maladies, les assiégés demandèrent une trêve de quinze jours qui leur fut accordée. Cependant le comte Hainaut averti de l'extrémité où se trouvaient réduits les intrépides *soudards* de Thun-Lévêque, accourut à leur secours à la tête d'une nombreuse armée d'alliés, parmi lesquels se trouvait Artevel, le brasseur-roi qui voulut vendre son pays à l'infame Angleterre.

Mais le duc de Normandie avait pris ses mesures : les ponts qui joignaient les deux rives de l'Escaut avaient été rompus, et l'armée du comte de Hainaut assista sur l'autre bord du fleuve à la prise de la forteresse. La garnison se sauva sur des barques et fut reçue du comte avec les honneurs dûs à son courage et à sa vigoureuse résistance.

Je ne saurais déterminer l'époque de la destruction du château de Thun-Lévêque : il y a long-temps que cette forteresse n'existe plus ; un château moderne s'est élevée en sa place et la révolution vient de l'abattre.

Chateau d'Escaudoeuvres.

Le château d'Escaudœuvres existait dès le XIVe siècle. On lit dans Froissart, dans Duchastiel et autres, qu'en 1340 il fut assiégé et pris par le duc de Normandie. Ce château complice de celui de Thun-Lévêque envoyait également des routiers en *courses* dans le Cambresis. Il était extrêmement fortifié et fut rendu, selon Froissart, après six jours de siége, par le capitaine souverain, messire Girard de Sassegnies qui, soupçonné de trahison, périt misérablement en Hainaut. D'autres chroniques, et c'est le plus grand nombre, disent que Philippe-de-Valois était en personne au siége d'Escaudœuvres. A les en croire, le château ne se serait pas rendu au bout de huit jours, et il aurait déjà subi quinze jours de siége quand le roi y arriva. Il ne se serait même rendu que plusieurs semaines après son arrivée.

Quoiqu'il en fût, les cambresiens le demantelèrent et voulurent faire servir aux fortifications de leurs murailles les débris de cette forteresse qui avait si long-temps servi d'abri à leurs ennemis, de lieu de dépôt au butin des pillards.

Cette destruction complète n'empêcha pas le château d'Escaudœuvres de se relever par la suite. On voit dans la chronique de Duchastiel qu'en 1433 le duc de Bourgogne occupait *la forteresse d'Escaudœuvres auprès de Cambrai.*

Enfin, le même auteur nous apprend encore qu'en 1488 « fut prins le château d'Escaudœuvres, la veille du jour de Mgr Saint-Thomas. Et le rendit M. de Belforières à M. de Mirencourt, lequel mit garnison au château. »

Je perds ensuite la trace de cette forteresse qui devait être très bien défendue par les eaux de l'Escaut sur le bord duquel Froissart dit qu'elle était située (1). Cette circonstance rapportée par les chroniqueurs : que Philippe-de-Valois fut plusieurs semaines à la prendre, prouve de reste qu'elle était munie de puissantes fortifications. Elle fut du nombre des forteresses détruites par Charles-Quint, en 1543.

Aujourd'hui un petit château existe à Escaudœuvres, je ne saurais vous dire s'il est construit sur l'emplacement de l'ancien.

---

(1) Séant sur la rivière d'Escaut. — Froissart : Liv. I. Partie I. Chap. CXII.

Chateau d'Oisy.

L'époque la plus ancienne à laquelle mes souvenirs historiques font remonter le *Château d'Oisy*, est celle où le bon Liébert occupait le siége épiscopal de Cambrai : c'est-à-dire environ l'an 1060. Alors le château d'Oisy était très fortifié ; mais il serait impossible d'en donner la description ; nuls vestiges, nulle image n'en restent.

On sait seulement que Hugues d'Oisy, seigneur de cette forteresse, et *châtelain* de Cambrai, était un homme terrible et déloyal qui fit rude guerre à l'évêque, et exerça même quelque temps le métier de pillard.

Jean Duchastiel d'accord en cela avec d'autres chroniques, nous apprend que « Huon (Hugues) d'Oisy fit fermer un chastel au pays de Cambresis en un lieu appelé Bourjonval, à deux lieues près Cambray et y entra avec grande compagnie de mauvais garçons qui roboient et gastoient toute la contrée. Mais quand l'évesque le sut, il assembla gens d'armes à pied et à cheval et fit assaillir le chastel ; lequel fut pris et y boutèrent le feu ; et arrasèrent par forche. Mais ledict Huon n'y estoit point : il s'en estoit allé, fuyant en son *chastel d'Oisy* là où il fit tous les maux qu'il put à l'évesque. »

Or, voici comment un ancien manuscrit raconte une partie des vengeances de Hugues d'Oisy. « Le bon évesque Lietbert vint en une ville nommée Burichiel (1), pour dédier et bénir l'église et demeura là pour la nuit, où il advint que ledict Huon sut qu'il estoit en icelle ville. Si y vint de nuict avec aucuns garçons, et rompirent les gens de la maison où le saint évesque estoit; et vinrent dans la chambre où il reposoit. Mais messire Wibault, prévost de l'évesque, défendit longtemps ladicte chambre; mais sa défense rien n'y valut, car il fut occis; et fust l'évesque mené prisonnier au chastel d'Oisy. Et fust là long-temps; tant que Arnould, comte de Flandre le sut, lequel assembla grand gens, et vint conquester ledict chastel, et ramena l'évesque dans Cambrai en grand honneur. »

« L'an 1063, ajoute la même chronique, ledict évesque se print à venger du mauvais Huon, et détruisit le chastel d'Oisy, et chassa Huon hors de son pays. »

---

(1) M. Le Glay fait sur ce nom de Burichiel, le commentaire suivant : De l'avis de Colvener, le village où Liébert fut fait prisonnier par Hugues d'Oisi, serait Boiri-Notre-Dame, arrondissement d'Arras, canton de Vitri. Il n'y a pas plus de motifs pour cette localité que pour trois autres villages portant le même nom et situés dans les mêmes parages; Boiri-Bequerel, Boiri-Sainte-Rictrude, et Boiri-Saint-Martin. J'ajouterai que les noms de Bourlon et Buissi-Baralle, tous deux de l'ancienne châtellenie d'Oisi, présentent assez de ressemblance avec *Buricellum* pour entrer en concurrence avec Boiri. (Balderic annoté, pag. 543.)

Balderic et d'autres chroniqueurs rapportent les faits d'une manière conforme à ce qui vient d'être dit.

C'en est assez pour prouver la méchanceté du sire d'Oisy, et pour montrer encore ici avec combien juste raison les divers châteaux-forts semés dans le pays devaient déplaire aux populations qui l'habitaient.

Tout ne fut pas dit alors pour le château d'Oisy, il ne dormit pas long-temps dans le néant où l'avait plongé Liébert irrité.

L'évêque Gaucher dans cette grande expédition qu'il fit en 1095, contre les chateaux du pays, et qui lui valut les sympathies du peuple Cambresien, retrouva le château d'Oisy muni de grandes fortifications. « Il fit assaillir, dit Jean Duchastiel, le château d'Oisy, qui estoit très fort de murs et de fossés; le print et rasa tout par terre, car moult dommageable estoit au pays. » Le capitaine qui y commandait, s'appelait Gossuin.

Les pierres du château d'Oisy comme animées d'une vie incessante, se replacèrent encore les unes sur les autres. Plus fort que jamais, il reparaît debout en présence d'Edouard III, roi d'Angleterre.

En 1339, Edouard III étant en guerre contre le roi de France, faisait inutilement le siège de Cambrai. Pendant ce siège, Jean de Hainault, allié du monarque anglais, se détacha avec cinq cents lances et mille autres combattans pour aller s'emparer du château d'Oisy. Ils livrèrent en effet à cette forteresse un rude assaut, mais les chevaliers et écuyers auxquels elle était confiée, résistèrent si vaillamment que les 1,500 hommes d'armes durent se retirer honteusement. Ce fait prouve non-seulement la valeur des assiégés qui étaient peu nombreux, mais encore la force matérielle du château (1).

Carpentier dit qu'en 1438, Pierre de Levin, frère de Jacques, gouverneur d'Oisy et de Bohain, se qualifiait capitaine d'Oisy.

Je ne connais point l'époque de la destruction définitive du vieux château d'Oisy. J'ignore également ce que la république a fait du château moderne. Ce que je sais, c'est qu'il était situé dans une position très pittoresque, sur le sommet de la colline à peu de distance de l'église, et que ses jardins magnifiques s'étendaient sur le coteau qui regarde l'ouest. Un panorama délicieux se déroule de ce côté aux yeux de l'artiste ou du sage qui savent apprécier les beautés de la nature. Le dernier château d'Oisy qui avait oublié les vieilles traditions de guerre, et les félonies des premiers seigneurs de ce lieu, était naguère encore un séjour agréable et tranquille d'où les bienfaits sortaient pour se répandre sur les pauvres chaumières (2).

---

(1) Ce siège est rapporté par Froissart. Liv. I. Part. I. Chap. LXXXII.

(2) Il ne reste plus, du château d'Oisy, que les murs d'enceinte d'une magnifique cour d'honneur, laquelle est mise en culture. Rien n'est triste comme le contraste frappant de ces débris luxueux au milieu d'un champ cultivé.

Autrefois c'étaient de puissans sires que les seigneurs d'Oisy. « La juridiction de cette noble terre, dit Carpentier, était si « grande qu'elle s'étendait depuis les portes de Cambray jusques « aux environs de Bapaumes, et jusques au fort et village d'Es- « carpel, au delà de la ville de Douay ; et enfermait plus de 37 « villages à clocher, sans les hameaux, châteaux, maisons fortes « et autres fiefs nobles. »

Forts d'Arleux et du Forestel.

Les souvenirs de la ville et du château d'Arleux ne remontent guères qu'au XIe siècle. « Cette ville, dit Carpentier, se glorifiait de ses murailles et de ses tours qui semblaient la pouvoir conserver dans une tranquillité durant plusieurs milliers d'années, mais il faut qu'elle confesse que pour avoir esté forte, elle n'estoit pas des plus asseurées ; que ses pierres n'ont pas été presque plus durables que ses habitans, et qu'on pourroit aujourd'hui moissonner sur la plus part de ses édifices. » En effet, on retrouve les noms de *rue Margelle*, *rue Felix*, etc., attachés à certaines portions de terre aujourd'hui en labour dans les environs de cette ville détruite. Ces champs recouvrent des fondations de murailles contre lesquelles souvent vient heurter le soc de la charrue.

On lit dans l'histoire qu'au mois d'août 1581, le duc d'Alençon, après la délivrance de Cambrai, se porta immédiatement sur Arleux et en chassa la garnison espagnole.

En 1583, le 23 de juillet, le fort d'Arleux fut pris par un nombreux détachement de cavalerie Cambresienne, qui, aidé de quelques gens de pied, incendia cette forteresse, y fit un gros butin, et emmena une quarantaine de prisonniers.

En 1645 les maréchaux de Gassion et Rantzau se rendirent maîtres du fort et de la ville.

Près d'Arleux existait le château du Forestel, entre cette petite ville et l'*Abbaye du Verger*. Des chroniqueurs prétendent que c'est en ce lieu que fut détenu le terrible roi de Navarre, Charles-le-Mauvais (1).

Chateau de Rumilly.

Ce château fut l'un de ceux élevés, à la fin du XIe siècle, par de puissans seigneurs qui, profitant des luttes scandaleuses excitées par la mort de Gérard II, entre les compétiteurs de l'évêché, avaient cherché à faire prévaloir la puissance civile sur la puissance ecclésiastique. Le château de Rumilly fut l'œuvre d'un

---

(1) Nous avons déjà rappelé que M. Le Glay a tiré de cette tradition le sujet d'une nouvelle intitulée : *Le Captif du Forestel* Il a voulu ainsi donner du relief au pays d'Arleux. Mais cet humble village d'aujourd'hui a pour nous un bien autre mérite : celui d'avoir donné le jour à M. le docteur Le Glay.

chevalier nommé Manasses (1) lequel, au mépris de l'autorité de l'évêque (en même temps comte du Cambresis), fit hommage de ses terres au comte de Flandre.

« Un chevalier appelé Amouris, fit un chastel à Gouy, *et Manasses à Rumilly*, et guerroyèrent le pays à grand'force si durement, que à peine demoura hommes pour labourer la terre. »

L'évêque Gaucher dont la nomination vint mettre un terme aux intrigues dont le siège épiscopal était l'objet, jugea qu'il était urgent de mettre ordre à ses affaires de comte, avant de régler celles de l'évêque. Il solda une petite armée avec laquelle il rappela les châtelains à la raison. Il s'empara de la forteresse de Rumilly, entre autres, et la mit hors d'état de nuire. Cela ne se fit pas sans peine, car elle fit une vigoureuse résistance. « Là furent loin temps, mais les gens de l'évesque, un jour l'assaillirent de si grande vertu, qu'ils la prindrent et Manasses aussi qui l'avoist fait faire. Et fut le château-fort détruit ; et lui, occis (2). »

Il ne reste aucune trace du château de Rumilly : pas même dans les traditions du village. J'ai interrogé les vieillards ; nul n'a ouï parler des événemens de guerre qui en ont amené la ruine. Aucun champ, aucun chemin ne rappellent quelque souvenir qui puisse s'y rattacher.

---

(1) Dupont. 2ᵉ partie. Pag. 34. — Jean Duchastiel. — Et autres.
(2) Jean Duchastiel.

Château de Marcoing.

L'origine du premier château de Marcoing remonte à la fin du XIe siècle. On lit dans le manuscrit de Jean Duchastiel que Robert, comte de Flandre, voyant l'évêque Gaucher et son chapitre en dissension avec la bourgeoisie (1099), envahit le pays de Cambresis et *fit fermer un* CHATEAU A MARCOING, *pour plus gêner la cité de Cambrai*. En effet, ce château-fort, placé sur une des grandes routes qui communiquaient avec Paris, Amiens et toute la Picardie, entravait toute circulation. Voyageurs, marchandises, rien ne pouvait passer. Dans cette périlleuse occurence, l'évêque appela l'empereur suzerain à son secours. L'empereur Henry IV se rendit à sa prière, il arriva en Flandre en l'année 1101 et pénétra dans le Cambresis où il détruisit les forteresses qui tenaient le parti de Robert. Il y en eut cinq renversées de la sorte. D'abord celle de Marcoing, ensuite celles de Paluel, d'Inchy, enfin les forts de l'Ecluse et de Bouchain, qui sans être du Cambresis, tenaient sans doute pour le comte de Flandre.

Mais le château de Marcoing ne tarda pas à se relever de ses ruines. Vers 1153, il dressait plus fièrement encore ses tourelles sous la bannière de Jean de Marcoing. Cette circonstance devint le sujet d'une guerre dans le pays.

Voici en quelques mots l'historique de cet événement. Simon d'Oisy, châtelain de Cambrai, Gilles, son neveu, et Jean de Marcoing, avec deux de ses fils, assistaient un jour de cette année

1153, à un repas offert par l'évêque Nicolas, aux principaux seigneurs du pays. Jean venait de relever la forteresse de Marcoing, ce qui portait singulièrement ombrage au susceptible Simon d'Oisy. Celui-ci demanda au seigneur de Marcoing de quelle autorité il avait construit le fort qui le gênait. — De l'*autorité de l'évêque*, lui fut-il répondu. Cette réponse, loin de le satisfaire, l'irrita même contre le prélat. Il le rendit solidaire de ce fait qu'il regardait comme un attentat à sa puissance seigneuriale. Il s'emporta, au point que les fils de Jean prirent parti pour leur père d'une manière extrêmement violente. La présence seule de l'évêque empêcha que les dagues ne fussent tirées ; mais Simon d'Oisy conserva dans son cœur un projet de vengeance que les instances du prélat ne purent conjurer. Le comte de Flandre revenait d'une expédition en Normandie ; Simon d'Oisy l'alla trouver et lui offrit de le reconnaître pour son souverain, en lui faisant entrevoir qu'il ne serait pas impossible que tout le Cambresis en fît autant. Le comte hésita d'abord à accepter cette proposition déloyale : mais bientôt l'ambition le tenta et il vint surprendre et piller le château de Thun, qui appartenait à l'évêque. De là grande alarme dans Cambrai. On voulut négocier avec le comte qui n'accorda qu'une trève de huit jours. Or, la trève expirée, l'évêque pour se venger sur Simon de la ruine de Thun, alla de son côté attaquer, avec ses vassaux et les troupes de la ville, le château de Noyelles qui appartenait au seigneur felon. Il en fut bientôt maître et le livra aux flammes. Mais on aperçut l'incendie du guet d'Oisy, et Simon accourut avec les troupes du comte de Flandre. Il surprit à son tour l'évêque et sa petite armée. La mêlée fut rude ; l'évêque fut blessé et pris, on le relâcha, par respect pour sa dignité. Cent hommes restèrent sur le champ de bataille. Enfin l'on fit trois cents prisonniers, parmi lesquels étaient Jean de Marcoing et l'un de ses fils. C'est alors que Simon d'Oisy se souilla par un acte d'une lâcheté et d'une brutalité inconcevables. Il n'eut pas plutôt aperçu son ennemi de Marcoing, prisonnier, qu'il voulut le tuer, et le blessa très dangereusement à la tête.

L'affaire en resta là, l'évêque s'en tira en donnant au comte de Flandre et à ses successeurs la châtellenie de Cambrai, dont il dépourvut Simon et sa postérité. Le comte se tint pour satisfait : et le turbulent seigneur d'Oisy fort ébahi de l'issue de son intrigue, apprit du moins cette fois que félonie appelle honte et préjudice.

Le château de Marcoing continua donc à subsister. Nous trouvons la mention de Marcoing, sinon de son château, en 1339, dans une lettre d'Edouard d'Angleterre où il rend compte d'une incursion qu'il avait faite en France. *Le samedy suivant*, *dit-il*, (25 septembre) *venismes à Markeing qu'est entre Cambré et Fraunce.*

Combien le château de Marcoing dura-t-il encore ? Je ne saurais le dire. J'ai des raisons de croire 1° qu'il subit des siéges par les armes à feu, ce qui ne put arriver au plus tôt que vers la fin du XIVe siècle, 2° que le château actuel n'est pas sur l'emplacement de l'ancien fort militaire. Cette opinion s'appuie sur les documens suivans :

Sur la rive gauche de l'*Eauette* ou *Escauette*, petite rivière qui passe dans Marcoing et va se jeter dans l'Escaut ; à l'endroit même où la grande route qui menait jadis en France par Péronne traversait cette rivière que l'on passait à gué (1) ; l'on a trouvé, il y a quelques années, des vestiges de fondations énormes (2). Il est évident que ces fondations ont été celles d'un bâtiment bien autrement grand et solide que les chaumières et les fermes qui forment et surtout qui formaient jadis le village de Marcoing. A vingt pas de cet endroit on a rencontré, à quinze pieds de profondeur, un souterrain voûté, dans la maçonnerie duquel se trouvaient des crampons en fer (3). Ce souterrain dont la direction est parallèle à l'ancien chemin, s'étendait d'un côté vers les fondations dont il vient d'être parlé, et de l'autre vers l'église, auprès de laquelle on voit encore des débris de voie souterraine. Nous en parlerons tout-à-l'heure. Enfin, récemment on a trouvé en creusant le lit de l'Eauette, en face des antiques constructions, des armes de guerre de grossière apparence, des poignées d'épées, des tronçons de dagues, des canons de mousquets, de

---

(1) Des remblais considérables ont été fait récemment pour élever un pont au-dessus de l'Eauette, on a même fait faire en cet endroit un détour à la route qui jadis était directe.

(2) Ces fondations ont de nouveau été mises à découvert, lorsqu'on a construit le pont actuel.

(3) Le même souterrain a été retrouvé cette année (1845), en creusant les fondations d'une maison nouvelle. Il existe maintenant, inutile et perdu peut-être pour toujours, sous la cave moderne de la maison qui vient d'être bâtie.

petits boulets, en un mot de ces débris qui indiquent le lieu d'une bataille ou d'un siège (1).

Je conclus de tout cela qu'autrefois un fort existait sur la rive gauche de la rivière de Marcoing ; que sans doute ce fort était entouré d'eau ; qu'à coup sûr il s'y baignait d'un côté ; qu'il commandait la route sur laquelle il lui était facile d'intercepter toute communication. J'en conclus encore qu'il eut à subir au moins un siège par les armes à feu ; qu'enfin il communiquait avec des lieux éloignés par une voie souterraine. Les habitans du village croient généralement que cette route mystérieuse conduisait dans quelque bosquet voisin et au château de Cantaing qui lui-même avait une issue du même genre dans le bois de Bourlon. Ce qu'il y a de certain, c'est que, tout près de l'entrée principale du cimetière de Marcoing, se trouve, à découvert, une voûte dont il serait curieux d'explorer l'intérieur; c'est que, beaucoup plus loin dans le village, sur la direction de Cantaing, on voit dans le puits d'une belle et ancienne ferme, à la profondeur d'une quinzaine de pieds, une galerie que l'on dit appartenir au même souterrain. Tout cela est resté jusqu'aujourd'hui inexploré et peut-être même ignoré.

J'ai, dans des temps plus heureux, visité tous les lieux historiques du pays, j'ai interrogé les souvenirs, j'ai fait parler les rui-

---

(1) Ces assertions de l'abbé Tranchant nous ont été confirmées récemment par les vieux du village.

nes, j'ai beaucoup appris; mais je n'avais ni le temps ni les moyens de fouiller les entrailles de la terre. Je lègue à d'autres mes renseignemens, puissent-ils partager mon amour pour notre vieille et chevaleresque patrie : puissent-ils, guidés par les jalons que j'ai plantés, reconstruire un jour, dans un livre curieux, tout ce que la main des hommes et l'action destructive des siècles a effacé de la terre, ou caché dans son sein!

— Il existe, dit Henri de V...., un château moderne sur la place du village; vous croyez donc qu'il n'a rien de commun avec l'ancien?

— Il ne serait pas impossible, reprit l'abbé Tranchant, qu'il fût construit sur un terrain dépendant du château primitif. Ce terrain était peut-être le jardin de la forteresse, dans lequel on serait parvenu à l'aide d'un pont jeté sur l'Eauette. Mais suivant la disposition des lieux, telle qu'elle me semble avoir été anciennement, la route aurait passé entre le château moderne et l'ancien fort de Marcoing. Du moins, il y aurait toujours cette différence que l'un est sur la rive droite de la rivière, tandis que l'autre était sur la rive gauche. Je vous le répète, du reste, j'ignore à quelle époque le fort a cessé d'exister, et quand la maison qu'on décore aujourd'hui du nom trop ambitieux de château a été bâtie.

Ce que je puis vous dire encore sur Marcoing, c'est que, jusque vers le milieu du XVIIe siècle, ce village a été désigné, dans les actes publics qui s'y passaient, sous le titre de *Ville, Seigneurie et Pairie de Marcoing*.

C'est que l'église voisine et contemporaine du château des vieux jours, n'existe plus. Elle a été réédifiée. Le clocher l'a été au moins deux fois ; car celui qu'on voit aujourd'hui est de toute moderne construction, et j'ai trouvé dans les archives du village, *un reçu donné par Philippe Jardet, machon, le 24 de septembre 1685, d'une somme de quarante florins, pour avoir travaillé à la réédification du clocher.* Ainsi, le clocher primitif, le clocher réédifié en 1685, et celui d'aujourd'hui, voilà trois clochers dont l'existence est constatée.

La république respectera-t-elle celui-ci ? Nous l'ignorons, ce que l'on peut affirmer, c'est que ce que Dieu protège ne saurait périr. Vous le voyez encore dans cette circonstance : le redoutable fort de Marcoing n'est plus ; il en faut chercher les traces sous les pierres d'un torrent ; la maison du Seigneur domine toujours le village. Et si nos impies d'aujourd'hui la renversent, demain un peuple chrétien la relèvera ; tandis que le *vilain* bâtira sa chaumière sur les fondations du noble et féodal manoir.

A peu de distance, au nord-est de Marcoing, on voit un autre château de style espagnol, bâti en 1664. On l'appelle *Talma* (1).

---

(1) Aujourd'hui le château de Talma est en mauvais état de conservation. Il n'a pas même l'apparence d'une petite ferme.

Châteaux de Noyelles sur l'Escaut. — Cantaing. — Inchy. — Paluel. — l'Ecluse. — Cuvillers. — Fontaine. — Cauroir. — Beaurevoir. — Bohain. — Gonnelieu. — Bourjonval. — Chantemelle, etc.

Vous parlerai-je du *Château de Noyelles sur l'Escaut*, qui fut brûlé et saccagé en 1153 par les Cambresiens et l'évêque Nicolas? Vous savez en quelle circonstance ; je vous l'ai dit au chapitre du château de Marcoing. Vous n'avez pas oublié quelle déroute éprouvèrent dans ce château qu'elles venaient de détruire, les troupes de Nicolas qui, lui-même, fut fait prisonnier. Vous vous rappelez aussi qu'on le relacha à cause de sa dignité, mais que Jean de Marcoing fut retenu captif avec trois cents autres gens d'armes. Il périt dans cette affaire plus de cent Cambresiens.

Vous parlerai-je du *château de Cantaing*, dont, au dire de Carpentier, Jean Broyart sire de la Motte était qualifié capitaine, en 1438 ? Quelques vieilles murailles, des vestiges de fossés et de souterrains (1), qui disparaissent chaque jour sous la bêche du

---

(1) Voici une citation qui vient à l'appui de ce qu'a dit l'abbé Tranchant sur l'usage fréquent des souterrains, pendant les évènemens de guerre : « En chemin, furent prins et ruinez dans
» le Cambresis (1554) deux forts, opinastres à petite occasion,
» dont ils ressentirent la colère des victorieux. Le premier en-

jardinier, sous les riches végétations d'un beau verger, voilà tout ce qu'il reste de ce noble et antique manoir.

Rappellerai-je en passant le *château d'Inchy* où l'évêque Odon chercha une paisible résidence (1105), lorsqu'il succomba devant les droits de son compétiteur Gaucher : les forts de *Paluel* et de *l'Ecluse* dont j'ai eu occasion de vous parler dans cette revue rapide ?

Parlerai-je encore des châteaux de *Cuvillers*, de *Fontaine*, de *Cauroir*, détruits en 1543, et dont les matériaux servirent avec tant d'autres à l'érection de la citadelle de Cambrai ? des châteaux de *Beaurevoir* et de *Bohain* pris par les Bourguignons, et repris par les Français en 1523 ? de celui de *Gonnelieu* pris par les Bourguignons le 1er juillet 1536 ?

Si je voulais en faire des notices exactes, cela m'entraînerait dans des recherches dont j'aime mieux laisser le soin à l'historien qui viendra un jour.

» dura 36 coups de canons, et ouverture grande et large sans
» vouloir se rendre, devant lequel fut tué le capitaine Pierre-
» Longue, et 12 soldats que morts que blessés. *Toutefois n'y*
» *fut trouvée âme vivante, s'estant retirez par dessous terre,*
» *ou cachiez dans quelque cavins et minières.* L'autre estoit
» moins fort parceque c'estoit un meschant poulier de terre en
» appentiz contre la moitié d'une grosse tour avec ses fossez
» secs. »

Je ne vous entretiendrai pas non plus d'une foule d'autres petits castels dont les ruines et les souvenirs sont épars dans le Cambresis. Tels *la forteresse de Bourjonval* dont Hugues d'Oisy avait fait un repaire de voleurs. Vous pourrez vous reporter à ce que j'en ai dit à propos du château d'Oisy. Le *fort de Chantemelle* dans le voisinage du village d'Estourmel, et où l'on voit encore les débris amoncelés de ses ruines et les fossés qui l'entouraient.

Je m'occuperai encore moins du *château de Gouy* qui fut souvent, et notamment au temps de Rothard, de Gérard II et de Gaucher, un poste militaire redoutable aux évêques et aux bourgeois de Cambrai, mais qui n'étant pas du Cambresis ne peut trouver sa place dans la nomenclature des forteresses du pays.

Il y aurait des études extrêmement attrayantes à faire sur toute cette partie militaire de nos annales dont je viens d'esquisser quelques traits. On pourrait joindre à l'histoire des châteaux-forts celles des expéditions des armées diverses dans nos plaines désolées, dans nos villages incendiés ou détruits. La terre de Cambresis est fertile en champs de batailles, le sang de l'homme arrosa ses sillons, sous les pierres de ses forteresses renversées dorment les ossemens de ses soldats.

Il serait bon encore, pour compléter ces études, d'examiner quelles étaient les mœurs, les usages de nos maisons de guerre. Si légères qu'aient été les nuances, il y en a eu certainement de particulières à cette population à part.

Enfin il y aurait une question importante à résoudre : par quel enchaînement de circonstances, par quelle singularité d'événemens tous les châteaux dont il reste encore de grands vestiges, et parmi lesquels on remarque particulièrement ceux d'Esnes et de Lesdain, sont-ils groupés dans une circonscription assez étroite au sud-est de Cambrai? Sans doute leur position topographique est pour quelque chose dans leur conservation, mais elle ne suffit pas pour expliquer ce fait qu'on n'a peut-être pas assez remarqué jusqu'à présent.

Voilà, mes jeunes amis, cette revue rapide de nos vieux monumens militaires terminée non sans de glorieux mais tristes souvenirs. J'ai commis, je le sais, beaucoup d'omissions, mais je crois en avoir dit assez, pour faire naître en quelqu'un de vous le désir de pousser plus loin les investigations. Que l'homme est peu de chose ! me suis-je souvent dit en présence de ces vieilles murailles délabrées où le lierre rampe comme un long serpent vert ; de ces antiques tourelles où l'oiseau fait son nid ; de ces armures couvertes de rouille, de ces dagues, de ces poignards brisés qui gisent dans les sillons ! Où sont donc les cœurs qui battaient sous ces casaques de fer ? où sont les poignets vigoureux qui brandissaient ces lourdes lames ?... Tout cela, l'ouvrage des hommes existe encore... et les hommes ne sont plus. O mon Dieu ! comme ces réflexions nous rapprochent de vous ! les gloires s'en vont en fumée, les monumens tombent en poussière, une seule chose ne passe pas, c'est la voix qui sort des ruines et qui dit : *Dieu seul est grand !*

ONZIÈME SOIRÉE.

UN MANUSCRIT. — LE MOINE ARTISTE. — MEUBLES ANTIQUES. — QUELQUES MOTS SUR L'ABBAYE DE VAUCELLES. — OBJETS D'ART. — RESTITUTION DES JOYAUX ENLEVÉS AU COMTE PALATIN DU RHIN, ET RETROUVÉS A CAMBRAI.

En arrivant chez l'abbé Tranchant, Henri de V.... tira soigneusement de sa poche un manuscrit qu'il offrit au bon prêtre. C'était un magnifique livre d'heures qu'il avait trouvé, ce jour-là, entre les mains d'un enfant qui s'en amusait dans la boutique de son père. Ce précieux objet provenait d'un pillage; il avait été facile à Henri de l'acquérir moyennant peu d'argent; et c'était avec joie qu'il le remettait en des mains dignes de le conserver.

— Que d'objets d'art perdus pour toujours ! dit le vieux chapelain en soupirant et en acceptant ce présent : O France ! ô patrie des lumières, que de regrets, que de honte tu te prépares ! En effet, mes amis, pour un livre, ainsi sauvé par hasard, on en comptera cent déchirés, anéantis. Voyez ce petit chef-d'œuvre : voyez ces merveilleuses illustrations, ces lettres ornées d'arabesques bizarres, ces symboles, ces allégories où l'artiste a prodigué l'or, l'argent et les plus riches couleurs de sa palette. Admirez ces délicieuses miniatures, petits carrés de velin valant chacun dix fois nos plus belles miniatures modernes. Ces dessins, je le sais, sont faux de couleur, et laissent à désirer sous le rapport de la ligne ; mais les chefs-d'œuvres de notre siècle sont-ils exempts de reproche ? Le caractère funeste de la *régence* a imprimé son vice sur l'art français, et si les miniatures de ce manuscrit pêchent par trop de naïveté, bien des œuvres nouvelles pêchent par afféterie. J'aime mieux, je vous l'avoue, la naïveté du bon moine qui a peint ce petit livre. J'aime à le chercher, en imagination, parmi ses milliers de frères. Savez-vous que le moine peignant les rubriques est un beau type à placer dans l'histoire de l'art ?

Certes, l'artiste de nos jours, fougueux, enthousiaste, versant sur la toile les flots de sa couleur ; environné de statuettes, d'images délicieuses, trop délicieuses peut-être ! l'artiste animé par la vue des armures, des pièces de guerre dont il s'est fait un trophée ; inspiré par le riche coloris de ces brillantes étoffes, drapées sur quelque meuble, renfermant les secrets de l'harmonie dans leur plis mystérieux ; l'artiste égayé, surexcité par la parole bruyante, par le discours entraînant de ses compagnons qui le visitent, l'artiste est beau ; il est admirable ! le poëte dit : *C'est un Dieu sur la terre !* Mais le moine, mais ce vieillard au front chauve, à la barbe grise, ce vieillard solitaire assis dans sa pauvre cellule, sur un fauteuil de chêne, devant une petite table vermoulue, n'est-il pas aussi quelque chose? Quant à moi, moins enthousiaste que le poëte, je n'en ferai pas une divinité; mais je dirai : *Celui-là est un homme* ! car ses pensées sont profondes, son œuvre est une longue méditation ; pour lui point d'ornemens, point de luxe inspirateur. Ses statues, ses tableaux sont simples. Un christ est là devant lui, une image de Notre-Dame est attachée à la muraille, sans enthousiasme, sans bruit, sans gaîté, il pense, il prie, il travaille. A l'artiste du monde les riches tissus aux soyeuses et brillantes nuances : sous sa robe de bure le moine cherche les inspirations de la foi, souvent aussi les rêves bizarres de la solitude, les débauches de l'imagination viennent innocemment se placer au bout de son pinceau comme le grotesque au milieu du sublime, comme un contraste qui n'est plus de nos mœurs devenues plus sérieuses. Car notre siècle ne rit plus de bonne foi, il feint bien encore d'être gai, mais son rire est une grimace.

Le moine naïf devant Dieu qui lit dans son cœur, peint naïvement comme il pense ; il écrit posément, il prépare dans le silence et sans le savoir, des chefs-d'œuvre que la postérité recherchera, que l'on achètera au poids de l'or. Mais alors son nom, modeste comme lui-même se dérobera encore à l'admiration publique ; et tandis que le plus mince auteur inscrit orgueilleusement son chiffre au bas de la toile qu'il vient de peindre, l'habitant de la cellule lègue son œuvre comme une belle énigme, et l'on dira tout simplement : ceci est l'ouvrage d'un moine.

— Les talens du moine ne se bornaient pas à la peinture des livres, dit Charles de R....; nous en avons ici la preuve autour de nous ; ces meubles, ces objets précieux de tout espèce, prouvent qu'il maniait également bien le ciseau du sculpteur, et même le burin du ciseleur.

— Vous nous avez promis, M. l'abbé, de nous faire voir tout cela en détail : voulez-vous bien, puisqu'il est question d'art, aujourd'hui, satisfaire sous ce rapport notre juste curiosité?

— Très volontiers, reprit le bon prêtre : les événemens, vous le savez, m'ont rendu dépositaire d'un grand nombre de belles choses qui ne m'appartiennent pas, et que je crains bien hélas! de ne pouvoir jamais restituer à leurs propriétaires.

Examinons d'abord ces grands meubles de bois sculpté, nous verrons ensuite les curiosités qu'ils renferment.

Et d'abord, jetez les yeux sur cette belle crédence : admirez sa forme gracieuse, l'ensemble parfait qui règne dans les pièces diverses qui la composent. Elle est divisée en deux parties dont l'une superposée à l'autre, est soutenue par deux bizarres cariatides. Voyez la base et la frise supérieure de ce meuble: quelle élégance, quelle légèreté dans ces groupes de petits enfans poursuivant des levrettes! Comme ils jouent bien, ces enfans et ces animaux! Comme ils folâtrent, comme ils s'enlacent avec aisance. Rien n'est guindé; ils sont si légers à l'œil, qu'en vérité l'on comprend que les feuillages sur lesquels ils courent, soient assez forts pour les porter. Mais voici les cariatides, les supports de la crédence. Ces figures là sont plus graves ; ce ne sont plus seulement des ornemens, mais des parties utiles. Sur elles repose tout l'édifice de chêne. Vous y reconnaissez des têtes de vieillards ; vous devinez aussi que Satan a passé par là. Les bras croisés sur la poitrine, ils semblent attendre avec impatience la fin de leur fatiguant office. En effet, la corvée qu'ils font est dure et ennuyeuse ; ils sont, il est vrai, d'une force musculaire remarquable, mais la souffrance et la colère peintes sur leurs visages, leurs prunelles qui roulent dans de profondes orbites montrent assez le sentiment qu'ils éprouvent. Si la partie inférieure de ces damnés ne s'était trouvée immobilisée en se changeant en nature végétale, en se métamorphosant en rameaux couverts de fleurs et de feuilles, on serait tenté de craindre pour le meuble un ébranlement terrible. Car ce n'est pas sans raison que ces têtes cornues grimacent horriblement : au-dessus d'elles est un buffet gracieux dont les portes en bas-reliefs représentent des sujets sacrés. L'une rappelle *la Nativité du Sauveur*, l'autre l'ineffable *Sacrifice de la croix*: le premier et le dernier acte de la vie sublime de l'homme-Dieu. Toute l'histoire du salut des hommes est là! Du reste, ces tableaux sont complétés sur les revers du buffet par des bas-reliefs de même grandeur, représentant à gauche l'*Anonciation*, à droite la *Descente du Saint-Esprit*. A chaque coin du buffet, et pour soutenir l'attique, sont des statuettes de saints admirablement drapées. Le calme de leur pose, la suave ingénuité de leurs figures contrastent singulièrement avec les contorsions hideuses des cariatides inférieures. Au-dessous du buffet, dans la partie laissée à jour, est un fond en bas relief où le ciseau de l'artiste a sculpté des guirlandes de fleurs très ingénieusement agencées.

Enfin, vous pouvez remarquer au front de l'attique le chiffre de l'abbé de Saint-Aubert. C'est vous dire d'où provient ce beau meuble du XVIe siècle. C'est un des chefs-d'œuvre de la sculpture flamande. Aujourd'hui la mode dédaigne ces antiques merveilles : elles n'ont trouvé d'abri que dans les monastères toujours conservateurs, et maintenant que les monastères n'existent plus, elles s'en vont, dispersées dans les chaumières de village, à une ruine inévitable et cent fois regrettable (1). Là, l'ignorance les mutilera ; sous le marteau de l'enfant, sous le rabot du menuisier ignorant, ces belles têtes d'anges, ces arabesques, ces moulures élégantes tomberont par morceaux. Hélas ! la *sainte république* a profané, a détruit bien d'autres choses encore !

Voici maintenant un bahut, ou grand coffre dans lequel furent renfermés pendant long-temps les titres les plus précieux de l'Abbaye de Saint-Sépulcre. Les quatre côtés en sont décorés luxueusement. De grands oiseaux fantastiques, des griffons, des monstres imaginaires, s'y enlacent à des guirlandes, à des arabesques légères et découpées avec une hardiesse extrême. Le travail est du XVIIe siècle.

Puis voici une table à laquelle je connais peu de sembla-

---

(1) La belle crédence dont il vient d'être parlé, existait il y a dix ans, dans une chaumière du village de Tilloy. Elle a été enlevée par un de ces commis voyageurs spécialement chargés de faire, dans nos campagnes, rafle générale des objets d'art qui s'y trouvaient.

bles. Elles proviennent de la riche Abbaye de Vaucelles. En disant ces mots, l'abbé Tranchant leva un grand tapis qui couvrait cette table et découvrit l'œuvre originale d'un sculpteur du XVIe siècle.

Les jeunes gens admirèrent les pièces qui formaient les tréteaux de ce meuble. Sur des socles à moulures, sont couchés quatre chevaux marins à la queue écailleuse et recourbée en anneau, aux pieds palmés et croisés l'un sur l'autre. Leur tête gracieusement relevée est tournée en dehors : leurs oreilles sont dressées, leurs naseaux sont gonflés, leur œil pétille, leur crinière membraneuse est hérissée. Ces chevaux sont placés deux à deux et dos à dos. D'entre leurs croupes, et au-dessus d'un grand mascaron, s'élèvent des supports élégamment sculptés, garnis de petits mascarons, et ornés d'une cariatide-homme-barbu qui y est adossée et qui soutient la traverse supérieure de la table. Ce support se développe par le haut en gracieux éventail et se termine par une touffe de feuilles qui retombent négligemment de chaque côté. Les traverses qui unissent ces élégans tréteaux sont elles-mêmes enrichies de moulures et de découpures légères. Le dessus est une belle table de chêne d'environ quatre pieds six pouces de longueur et ornée élégamment d'une moulure dans son pourtour.

— Ce travail curieux, dit l'abbé Tranchant, a toute l'ingénuité, toute la naïveté de son siècle. Il est du XVIe ; il figurait dans la magnifique bibliothèque de l'abbaye de Vaucelles (1).

---

(1) La table dont on a fait ici la description, et que l'on suppo-

— Permettez-nous ici une halte, reprit Henri de V...; nous sommes jeunes, nous savons peu de choses; je voudrais bien avoir, et mes amis sont sans doute aussi curieux que moi, je voudrais bien avoir quelques notions sur cette belle abbaye qui passait pour la plus célèbre du pays et dont la république vient de faire un monceau de ruines.

— A deux lieues de Cambrai, dit le prêtre, à peu de distance des sources de l'Escaut, sur la lisière d'un bois immense, sur le bord de vastes et sauvages marais, douze cénobites, à la suite de saint Bernard vinrent en 1132 fonder l'abbaye de Vaucelles (1). L'illustre moine se rendait en ce lieu à la prière du fameux et terrible Hugues d'Oisy, qui, rentré en lui-même, voulait racheter ses péchés par de pieuses fondations. Les enfans de Citeaux s'établirent donc dans ces parages, et avec eux la civilisation. Je

se arbitrairement provenir de l'abbaye de Vaucelles, appartient à l'auteur des soirées de l'abbé Tranchant. Un autre meuble du même genre existe en mauvais état dans une des salles de l'hôpital de St-Julien.

(1) Vaucelles, de *vallis Scaldis* (vallée de l'Escaut). En effet ce lieu est la plus belle vallée du Cambresis. Le voyageur arrivé sur la hauteur de Bonavis s'arrêtait, naguère encore, transporté d'admiration, pour contempler cette vallée immense et pittoresque. Mais tout récemment les bois qui en faisaient le principal ornement, sont tombés sous la cognée du spéculateur.

ne vous parlerai pas de la belle église dont ils enrichirent le monastère ; je ne vous parlerai pas de ces longues murailles, de cette vaste ceinture de pierres dont ils entourèrent leurs immenses jardins ; je ne vous dirai pas combien de tourelles surmontaient ces murailles sur lesquelles on faisait le guet. Je ne vous dirai rien non plus de la ferme, des granges, des habitations de gardes, de valets, de moissonneurs dont le nombre était incroyable ; il vous sera facile de retrouver, en visitant les ruines de ce monastère géant, les traces de sa grandeur, de sa puissance, de ses richesses perdues. Je ne vous raconterai en détail ni les visites guerrières qu'il reçut, ni la trêve conclue en ce lieu entre Charles-Quint et le roi de France, le 5 février 1555. J'aime mieux vous parler de la magnifique bibliothèque dont l'abbaye de Vaucelles était propriétaire. Là, plus de quarante mille volumes, sans compter des manuscrits sans nombre et sans prix, s'étalaient sur les riches rayons d'une galerie somptueuse à laquelle étaient adjointes différentes salles d'études commodes et bien éclairées. Ce musée littéraire dans lequel le luxe et la magnificence avaient été prodigués, était l'œuvre de Dom Ruffin, l'un des derniers abbés de Vaucelles. Cet homme capable avait trouvé la bibliothèque en assez médiocre état ; mais lui, amateur éclairé des sciences et des lettres, y avait introduit les trésors sacrés et profanes qu'il avait été chercher lui-même dans des courses entreprises exprès, ou qu'il avait reçus de ses nombreux correspondans établis dans les villes principales de l'Europe. Des livres rares, des chefs-d'œuvres typographiques du XVe siècle, étaient collectionnés dans la riche bibliothèque des religieux de Vaucelles, et ce vaste trésor n'était pas stérile.

Mais un jour (il est bien récent hélas !) une bande de maçons a envahi ce palais des sciences, ils étaient armés de pioches..... vous savez comment ils en usèrent !

A propos de l'Abbaye de Vaucelles, continua le chapelain de Notre-Dame, je vous montrerai tout-à-l'heure une crosse en ivoire qui a été déposée ici il y a quelques mois, par un des savans religieux de ce monastère. Mais auparavant, je veux vous faire remarquer un meuble-applique, à suspension. Ces espèces de niches élégantes dans lesquelles on plaçait des crucifix, ornaient les oratoires ou les chambres à coucher des personnes riches. Celui-ci est d'une ingénieuse composition : un portique, des colonnes torses et des cariatides composent le corps principal du meuble ; le haut est surmonté de deux anges assis dos à dos et sonnant de la trompette ; le bas formant avant-corps à tiroir, est supporté par une cariatide d'homme.

Vous le voyez : j'y ai placé le beau christ d'ivoire que j'admirais un jour, lorsque vous êtes venus me visiter.

— Image sublime et proscrite ! répliqua Charles de R..., ne craignez-vous pas, mon respectable ami, que ce chef-d'œuvre, ainsi exposé, ne vous compromette quelque jour ? Si un agent de la république, si un de ces *tolérans apôtres de la liberté* s'introduisait ici...

— Que me fait à moi, interrompit le vieux prêtre, que me fait leur proscription ? Leur Dieu, c'est l'ogre national qui dévore ; le mien, c'est le Messie qui sauve. Ils exhibent les images de leurs tribuns, je n'oserais cacher celle du roi des rois. Je ne me fais pas illusion ; mon heure viendra, ils penseront à moi quand ils n'auront plus d'importantes victimes. Ferme ou pusillanime, le vieux prêtre payera son tribut à la soif des impies. C'est alors qu'il me sera utile de n'avoir point renié mon Dieu, car eux, ils renieront leur loi : ils me traîneront, moi vieillard, à leur tribunal de mort. En attendant ce jour, qui n'est pas loin sans doute, je prie pour la France, et c'est devant cette image sacrée que je ranime les élans de ma prière.

— Oh ! si jamais, s'écrièrent les jeunes gens, si jamais cet affreux tribunal osait porter la main sur vous....

— Il faudrait le laisser faire, reprit l'abbé Tranchant avec sang-froid et dignité. Si la divine colère qui s'appesantit sur la France, a besoin de victimes pour être appaisée, nul sacrifice n'est mieux à sa place que celui des hommes qui sont interposés, au nom du Sauveur, comme médiateurs entre le ciel et la terre. Mais laissons ces pensées qui semblent vous affliger, et poursuivons le cours de notre revue artistique.

En disant cela l'abbé Tranchant ouvrit la crédence sculptée qu'on venait d'examiner, et les jeunes gens virent, rangés dans ce beau buffet, une foule d'objets de curiosité d'un fin travail et d'un rare mérite.

Le prêtre leur présenta d'abord la volute d'une crosse en ivoire qui provenait de l'Abbaye de Vaucelles. Ce beau travail du XVe

siècle, représentait un bœuf à quatre ailes, foulant des épis et surmonté de pampres et de grappes (1).

— Les jeunes gens remarquèrent ensuite : un petit triptique en ivoire, représentant des scènes de la passion. C'était un joli travail du XIVe siècle. — Une statuette de la Vierge portant l'enfant Jésus, objet en bois de tilleul et d'un travail naïf et excellent. — Quatre beaux chandeliers en bois sculpté, représentant les quatre évangélistes, travail gracieux et original d'un moine vivant au XVIe siècle. — Une image du Christ, émail bysantin de la plus grande beauté, et du XIe siècle. — Une quenouille en ivoire et en ébène (2) ; le sommet de ce joli meuble représentait d'un côté la madone de Cambrai, de l'autre la résurrection du Sauveur. — Un calice en or fin d'une rare élégance. La coupe richement ciselée, était supportée par un groupe d'anges aux ailes enlacées formant la tige du calice. Sur le pied de ce vase sacré étaient des écussons où le burin avait ciselé des sujets sacrés. — Enfin un somptueux reliquaire et d'autres objets d'art à usage de dévotion.

Le vieillard montra encore à ses disciples de belles chasubles antiques, parmi lesquelles on en distinguait une qui avait servi

---

(1) La crosse en ivoire de l'abbé de Vaucelles a passé, après la révolution, entre les mains de M. Belmas, évêque de Cambrai, lequel l'a donnée à M. Failly, inspecteur des douanes.

(2) Aujourd'hui, propriété de M. Édouard Queulain.

à notre illustre et bienfaisant Vanderburch. Ce vêtement sacré où l'or se contournait en larges et épaisses broderies, où les pierres fines étaient prodiguées avec profusion, était chargé de grands médaillons contenant les images des saints prélats dont s'honorait la ville de Cambrai. Dans l'un était Saint-Géry, dans un autre Saint-Vaatz ; autre part Saint-Aubert, Saint-Vindicien et autres.

Puis la curiosité de nos jeunes gens s'exerça sur des vases flamands, sur des bouteilles ornées, sur des plats de Bernard de Palissi (1), etc.

C'était un petit musée que la chambre du bon chapelain : il avait reçu tant de dépôts ! car il y avait encore dans ces jours de désolation et de barbarie, bien des hommes amis de la religion et

---

(1) Bernard de Palissi, célèbre potier qui vécut à la fin du XVIe siècle, exerça à Saintes sa profession qu'il éleva à la hauteur de l'art le plus parfait. Il couvrait d'émail ses poteries et faisait ce que l'on appelle de la faïence. Il savait peindre sur verre il était également géomètre et géologue. Mais c'est surtout par la grace et l'originalité de ses *plats* qu'il se recommande dans les arts. Sur ces plats et ces cuvettes dont il pourvoyait abondamment les châteaux des rois et des grands, il semait des insectes, des reptiles, des coquillages qu'il moulait exactement sur nature. Ses lézards courant sous des fleurs, ses chenilles, ses feuillages sont d'une vérité frappante.

de l'art. Mais ce que le prêtre aurait trouvé de plus précieux à garder, n'y était pas. Nous voulons parler de l'image miraculeuse de Notre-Dame-de-Grace. Ce pieux trésor avait été déposé au musée comme objet d'art (1). Il figurait là en qualité de pièce curieuse. Le vénérable prêtre ne put s'empêcher d'exprimer le chagrin qu'il en ressentait : il aurait mieux aimé savoir l'image de Notre-Dame, cachée en quelque lieu respectable.

— Ils l'ont aussi profanée, dit-il, le puissant talisman auquel la religieuse crédulité du peuple a attribué tant de puissance. Et, en effet, pourquoi n'en aurait-il pas eu ? pourquoi la mère du Sauveur, lorsque devant son image, on la priait avec une foi fervente, n'aurait-elle pas intercédé et obtenu des graces pour ses enfans ? Le sceptique, l'homme superficiel, l'obscurant qui s'en tient à la désolante superstition du matérialisme, niera cette assertion; mais l'homme sainement éclairé croit à l'efficacité de la prière, parce qu'il comprend cette efficacité, parce qu'il en a l'expérience.

---

(1) On sait qu'après les premières saturnales révolutionnaires, et quand on eut détruit et brûlé beaucoup de belles choses sur la place publique, les meneurs de 93 à Cambrai, s'éprirent d'un beau mouvement de conservation artistique, et qu'ils profanèrent l'église de Saint-Aubert, en en faisant un musée où l'on déposait tout ce que le vol, le pillage et le meurtre acquéraient à la *nation* cambresienne.

Tout ce que vous voyez ici, ajouta l'abbé Tranchant, n'est rien en comparaison des trésors qui existaient à la métropole de Cambrai, et dont quelques objets sauvés du pillage par de pieuses ruses, sont confiés en mes mains.

— Oh! la république savait bien ce qu'elle faisait, dit Charles de R...; en confisquant les biens d'église, la généreuse fille qu'elle est, elle ne faisait pas vœu de pauvreté. Aussi est-il permis de suspecter un peu la bonne foi et le désintéressement de ses vues politiques.

— Les fourbes qui exploitent ce nouveau culte rendent peu de compte de leur mission; car s'ils disent que l'union fait la force, ils ne pensent pas que loyauté fasse richesse.

— Ils n'ont pas, reprit l'abbé Tranchant, la bonne foi de nos vieux cambresiens qui en 1412 restituaient loyalement, au comte Palatin du Rhin, des bijoux et des vases du plus grand prix que des circonstances singulières avaient fait tomber entre leurs mains.

— Qu'est-ce donc que cette histoire? demanda Henri de V...

— Je puis vous la conter. C'est un document historique qu'il est bon de conserver; il est utile à la connaissance des mœurs, des usages et de l'art. Mais pour ne rien ôter à son caractère officiel, je vais vous lire une partie des pièces authentiques relatives à cette affaire, lesquelles pièces ont été longtemps déposées aux archives du magistrat de la ville.

Restitution des joyaux enlevés au comte Palatin du Rhin, et retrouvés à Cambrai.

« Loys comte Palatin du Rhin duc en Bavière, a tous ceulx qui ces présentes lettres verront, salut. Comme naguères sur intention d'envoyer en Haynau, pardevers nostre très chier et très amé cousin le duc Guillaume de Bavière comte de Haynau, certaine vaissielle d'or, un chappel de plumes à pierreries et autres choses, encloses en un babut de cuir, c'est assavoir deux bassins d'or aux armés de nous et de feu nostre femme, item deux grans pos d'or à nos dictes armes, item trois simples hanaps d'or a pié, un à nos armes, et l'autre aux armes de feu notre dicte femme, item trois simples tasses d'or, les unes à nos armes, et les autres aux armes de feu notre dicte femme, item trois plats et six écuelles d'or à nos armes et de feu notre dicte femme, item un hanap d'or goderonné d'un fretelet rond à nos armes, item une aiguière d'or à pareille fachon comme le hanap devant dit à nos armes, item un gobelet d'or à la fachon d'Angleterre fait à la maniere d'une rose à un fretelet plat, dont il y a au plus haut nos armes, item un chappel de plumes de paons et de perles semé de esmeraudes quarrez de taille et avecques ce une robe de cuir, nous eussions fait chergier la vaissielle et joyaulx dessusdis, par aucuns de nos gens, qui ont été murtris et tuez sur le chemin, et leur aient iceulx vaisseaulx et joyaux esté ostez et desrobez, et depuis aient esté menez et treuvez en la cité de Cambray, où ils ont été, et sont encore, *en la garde des prevost et eschevins de la dicte cité* à la conservation de nous, comme des choses dessusdites, par le sire Demony chevalier conseiller et chambellan de M. le duc de Guienne, avons été et sommes suffisament informé, scavoir faisons que nous confians à plain des sens, loyaulté preudhomie, et bonne diligence de nostre bien amé escuier et serviteur George Hilkezœr, iceluy avons aujourd'hui fait ordonné constitué et etabli, et par ces presentes faisons ordonnons constituons et establissons, notre procureur et certain messager spécial et luy avons donné et donnons par ces présentes plain povoir et auctorité, de la dicte vaissielle joyaulx chappeaulx et aultres choses dessus declarées, à nous et à nos dits gens ainsy ostées et derobées lesquelles jurons et affirmons par nostre conscience à nous estre et appartenir, demander, requérir et pourchacier pour nous et en nostre nom, de iceulx joyaulx recevoir par compte et en faire faire bon et loyal inventoire et de tout ce qu'il en recevra, faire passer et accorder tant telles et si bonnes lettres de quittances ou descharge, qu'il appartiendra, comme besoing sera, et comme nous mesmes ferions, et faire pourrions se présens y estions en nostre personne : et promettons en bonne foy et sur l'obligation de tous nos biens présens et avenir, avoir et tenir ferme stable et agréable a toujours tout ce que par ledit George sera au cas dessusdit, fait, passé, ordonné, receu, quitté et accordé pour nous, et en nostre nom, sur les choses dessusdictes, leurs circonstances et dépendances. En tesmoing de ce nous avons fait mettre nostre scel à ces présentes lesquelles nous avons signé de nostre seing manuel donné en nostre chastel de Marcoussis le jour de Pasques commeniaux l'an de grace mil CCCC et douze.

» Signé Loys.

« Et sur le reply par Monsieur Berthier. Auxdittes lettres auxquelles sont annexées les suivantes append le scel dudit seigneur duc en cire rouge. »

—

« A tous ceux qui ces présentes lettres verront ou oront Pieres it Brougnars sires Dehaynin *baillieux de Haynau* salut : scavoir faisons que aujourd'hy datte de ces présentes, se comparut personnellement pardevant nous et en le présence de Jehan Delemotte et Wibelet l'Evesque clers hommes de fief de très hault et puissant prince no très reboubté seigneur Monsieur le comte de Haynau et de Hollande hault et très puissant prince *Loys comte Palatin* du Rin dux en Bavière, liquels de sa bonne volonté dist recongneust confessa et afferma qu'*il avoit eub et receub des prevots et eschevins de le chité de Cambray par les mains de George Hilkezœr son ecuier tous les joyaulx vaissielles d'or et coses connues* et plus a plain declarées es lettres de procuration dudit prince signées de sa main de son propre non, et scellées en chire rouge de son propre scel se qu'il affirma devant nous en bonne vérité parmy lesquelles ces nostres présentes sont annexées avec un grand bahut de cuir où qu'il etoient lesdits joyaux, desquels joyaux li dis prince quitta, et quitte, à toujours *lesdits prevost eschevins et Gérard Cordelois bourgeois de le dicte cité qui lesdis joyaux avoit eux en garde, et yceulx delivré audit George* ès noms desdits prevots et eschevins et habitans de le cité dessusdicte et sous autres à qui quittance en puet et doit appartenir. En tesmoing desquels coses estre en si congneutes par ledit prince nous en advons ces presentes lettres scellées d'ou scel de ledicte baillie de Haynau donné en le ville de Vallenchiennes le venredy vj jour dou mois de may l'an mil quattre cent et douze.

Auxdittes lettres annexées pareillement aux précédentes append le meme scel du baillage de Haynaut en cire rouge. »

Après la lecture de ces pièces intéressantes, le digne chapelain et ses disciples s'entretinrent quelque temps encore de questions d'art. On parla du magnifique jubé de Saint-Aubert et des boiseries du chœur de cette église. On se rappella le beau Saint-Jérôme qui avait existé dans une élégante niche gothique dont il reste encore des vestiges au coin des rues de Saint-Jérôme et du Marché au Poisson. On analysa la forme des clochers ; le style et les beautés des églises qui venaient de tomber sous la pioche sacrilège.

Le prêtre donna à ses disciples des renseignemens très curieux sur le nombre et le mérite des tableaux appartenant à l'archevêché de Cambrai, lesquels avaient été détruits, brûlés ou lacérés par les régénérateurs de 93.

— Vous ne sauriez croire, ajouta le pieux vieillard, la valeur de ces œuvres d'art. Leurs cadres magnifiques ont été brûlés et l'or qui les couvrait réduit en un lingot, a été vendu 915 fr. (1). On n'avait conservé que sept ou huit cadres.

Vous le voyez, dit l'abbé Tranchant en finissant, la ville de Cambrai était alors une vaste galerie d'œuvres d'art. Ses rues, ses places publiques étaient embellies de monumens historiques ; soit que l'on levât les yeux, soit qu'on les baissât vers la terre, le regard rencontrait toujours des chefs-d'œuvre. Les voûtes de nos temples étaient enrichies de sculptures, de peintures admirables; le pavé de nos églises, le sol de nos cimetières offraient encore à l'œil de l'artiste des pierres sépulcrales d'un grand mérite. Les plus simples églises même des villages de Cambresis étaient dépositaires de ces tombeaux doublement vénérables par les cendres qu'ils recouvraient, comme par le mérite artistique des sculpteurs. Tout cela, hélas! a été mutilé, brisé à coup de marteau.

Ces cendres profanées, ces tombeaux violés et détruits n'annoncent-ils pas au vieillard, au prêtre débile si voisin déjà des portes de l'éternité, que le glaive des vandales n'est pas loin de lui ?

Mais l'heure est avancée, ajouta le vieillard, séparons-nous, mes jeunes amis. A bientôt si nous vivons encore : et que la volonté de Dieu se fasse !

---

(1) Assertion de l'un des fondeurs, qui a touché sa part du lingot.

DOUZIÈME SOIRÉE.

L'Abbé Mutte. — Enguerrand de Monstrelet. — Jean le Robert. — Particularités concernant Fénelon. — Chambres de Justice : La Chambre Échevinale et la Feuillie.

.... Le digne chapelain, était sous le poids d'une tristesse vague, d'une préoccupation singulière. Il éprouvait ce malaise indéfinissable, avant-coureur des tristes événemens. Il semble que l'intelligence de l'homme, obscurcie par l'appareil matériel des organes qui la servent, perçoive néanmoins par intervalle, quelques-uns de ces éclairs d'en haut qui lui rendent visible un monde occulte : celui des âmes avec leurs désirs et leurs espérances, avec leurs vertus et leurs crimes. Mais l'éclair est si rapide, que l'intelligence ne peut saisir l'ensemble des tableaux mystérieux instantanément déployés devant elle par la divine inspiration : de là l'inquiétude inexplicable dont il est impossible de se rendre compte.

L'abbé Tranchant ainsi frappé, sans comprendre la cause de son trouble, entretenait assez froidement ses jeunes amis, des hommes recommandables de la cité cambresienne.

Il ne reprit un peu de ce zèle qui lui était habituel, que quand Henri de V... l'eut amené à parler de l'abbé Mutte. Le souvenir de cet ancien ami ranima le vieillard.

— Il y avait, dit-il, plus de vingt ans que j'étais bénéficier prêtre de l'église de Cambrai, sans connaître M. Mutte autrement que comme doyen de cette église ; lorsque l'on me confia la garde de la bibliothèque capitulaire. Un nouveau local venait d'être édifié et terminé en 1770, je fus chargé d'y replacer les livres de l'ancienne bibliothèque. Ce fut à cette occasion que j'entrai en relations particulières avec le savant M. Mutte. Il connaissait déjà mon inclination pour l'histoire locale, pour les antiquités de la vieille cité, sa patrie et la mienne. Il m'accueillit avec estime et bienveillance.

Je ne restai pas étranger aux études et aux recherches qu'il dut faire pour la rédaction du mémoire de M. De Choiseul. Vous savez que M. De Choiseul poursuivit pendant plusieurs années le rétablissement des droits de l'archevêché de Cambrai, à l'encontre de la bourgeoisie qui les déniait. Cette longue instance donna lieu à plusieurs factums. L'abbé Mutte, content de mes services, s'attacha à moi, et voulut me voir souvent. Il me communiqua ses manuscrits, et m'apprit une foule de particularités historiques. Il fit pour moi ce que je fais pour vous aujourd'hui, mes jeunes amis. Il fit plus, il mit sa bibliothèque qui était choisie et volumineuse à ma disposition. Il avait accompli beaucoup de recherches, écrit beaucoup de choses sur l'histoire du pays ; il me fit don de plusieurs de ses manuscrits, entre autres de celui d'Adam Gelicq (1).

Les principaux ouvrages de l'abbé Mutte sont : 1° Une *dissertation sur les Nerviens et autres peuples de la Gaule*; 2° Un *état du diocèse de Cambrai* considéré sous huit aspects différens; 3° La partie historique des *mémoires de M. de Choiseul*, etc.

Henri-Denis Mutte, né à Cambrai, le 15 mars 1706, fut chanoine de Saint Géry, puis grand chantre à Notre-Dame et enfin doyen de cette église.

Cet homme plein de doctrine et de vertu, mourut à Cambrai le 24 août 1774. Je n'ai joui de son intimité que pendant quatre ans, mais j'en ai conservé un souvenir qui ne passera pas et que j'emporterai dans la tombe.

Voici un exemplaire des chroniques de Monstrelet qu'il m'a donné dans les derniers momens de sa vie. J'y attache d'autant

---

(1) Après la dispersion des papiers du vénérable abbé Tranchant, assassiné révolutionnairement à Cambrai, la chronique d'Adam Gelicq tomba, nous ne savons par quelle circonstance, entre les mains de M. Desbleumortiers. M. le docteur Le Glay, bibliothécaire à Cambrai, ayant eu connaissance de ce fait, en négocia l'acquisition au profit de la Bibliothèque Communale, où la chronique est maintenant.

plus d'importance que, sur la garde du premier volume de cet ouvrage, M. le doyen Mutte a écrit une note très intéressante sur le vieux chroniqueur Cambresien. Cette note est un extrait des mémoriaux manuscrits de M. Jean-le-Robert, abbé de Saint-Aubert à Cambrai. — Fol. 227 du ms. original.

Voici cet extrait :

« Le XXe jour de juillet, l'an XIIII,C.LIII ; honourable homs et nobles Engherans de Monstrelet, escuyers, prévost de Cambray et bailly de Walaincourt, trépassa et eslisy (élut) se sépulture as cordelois en Cambray et fu là porté en ung portatoire envolepez d'une natte, vestus en habit de cordelois; le visage au nud et y heult VI flambeaux et IIII chirons, de III quartes chascun, autour de la bière, où il y avoit ung linceul estendu.... un habit de cordelois. Et heult l'office de le tresorie le quart de le dicte chire et li curet de chéens le quart des offrandes ; et n'y heult nient (pas) de drap. Et fut né de bas et fut uns biens honnestes homs, et paisibles, et chroniqua de son temps des ghérres de France, d'Artois, de Picardie et d'Engleterre et de Flandre, de ceux de Gand contre mons. Le duc Phle : et trépassa le XV ou XVI jour avant que le payx (la paix) fuct faicte en la fin de jullet, l'an XIIII,C.LIII. Loez en soit Dieu et bénis! »

— Ce document touchant Monstrelet, dit un des jeunes gens ; est une chose précieuse à garder. On apprend toujours avec plaisir les plus petites circonstances inédites relatives aux hommes dont on révère la mémoire. Mais quel était donc ce Jean-le-Robert qui a écrit des mémoriaux?

— Jean-le-Robert, reprit l'abbé Tranchant, natif d'Haveluy, aux environs de Valenciennes, fut abbé de Saint-Aubert. Il avait succédé à Jacques Lecoq qui s'était démis à cause de ses infirmités et de son âge. Il a écrit des mémoriaux intéressans pour l'histoire locale (1). Jean-le-Robert mourut le 2 décembre 1471. Il avait résigné la crosse en 1459.

J'attache un grand prix aux mémoriaux et aux chroniques. C'est dans le verbiage naïf et un peu diffus de ces œuvres écrites comme pensaient les moines, sans apprêt et sans art, que l'on trouve des détails souvent négligés par l'histoire. Ainsi on a beaucoup écrit sur Fénélon, et personne que je sache n'a fait imprimer certaines particularités relatives à ce prélat, et consignées dans les mémoires chronologiques. Ce mémorial dont je vous ai fait souvent des citations, s'exprime en ces termes :

« 1695. François Delamotte Salignac de Fénélon, fut nommé par Louis XIV, à l'archevêché de Cambrai, en cette année 1695. Il fut sacré à Saint-Cyr, le 10 juillet de la même année.

» Après sa nomination, il remit entre les mains du roi, le bénéfice dont Sa Majesté l'avait pourvu (2), disant qu'il était dans le cas des canons, et que son archevêché lui suffisait.

» Il ne fit pas d'entrée solennelle, mais il vint le 14 d'août et

---

(1) Ces ouvrages ont cessé d'exister à l'époque de la révolution.
(2) L'Abbaye de Saint-Valery. Il se défit en même temps du prieuré qu'il tenait de son oncle l'évêque de Sarlat.

arriva chez M. de Mombron, gouverneur de la ville, qui demeurait à Saint-Aubert. Aussitôt le gouverneur fit annoncer l'arrivée du nouvel archevêque par la décharge du canon. Le lendemain ; jour de l'Assomption, le chapitre le reçut avec les cérémonies ordinaires.

» 1698. Le feu ayant pris par la bibliothèque de l'archevêché, un quartier du palais fut consumé par les flammes. M. de Fénélon le fit rétablir sur la fin de ses jours.

» 1715. Fénélon mourut le 7 janvier, âgé de 64 ans. Il était précepteur des ducs de Bourgogne, d'Anjou et de Berry, lorsque Louis XIV le nomma à cet archevêché. Ce fut en l'an 1695. »

Ici commencent les particularités inconnues.

« Il était au commencement homme de cour. *Le peuple ne pouvait aucunement s'accoutumer à ses manières.* C'était l'usage de ce prélat d'interroger ou de faire interroger par les ecclésiastiques de sa suite, les enfans qu'on présentait pour être confirmés. Ces prêtres qui étaient tous Français, au lieu de s'exprimer en termes du pays, faisaient leurs questions en français; ce à quoi les enfans ne pouvant répondre, les cathéchistes s'échappaient quelquefois à les traiter d'ignorans. Ce procédé effaroucha fort le peuple qui, d'ailleurs, n'aimait pas trop les Français dans ce temps-là. On regrettait à tous momens Monseigneur de Bryas, qui était un seigneur du pays, populaire, accoutumé à notre façon de vivre. Celui-là, au contraire, tout poli et plein d'estime pour la nation française, *ne pensait trouver dans son diocèse, que gens stupides et barbares.* Il ne fut pas long-temps dans ces sentimens, et fut bientôt désabusé par les conférences qu'il eut avec plusieurs savans personnages qui, sous des apparences de simplicité, cachaient un trésor inépuisable de doctrine. M. de Franqueville, doyen de la métropole, fut toujours le sujet de son admiration. En effet, c'était un prodige de science, un homme de tête, de conseil et très entendu dans toutes sortes d'affaires.

» Fénélon dans les premières années de son épiscopat, mit au jour un livre qu'il avait intitulé : *les Maximes des Saints*. Cet ouvrage fut vivement combattu par l'évêque de Meaux (Bossuet). Malgré les efforts que fit l'archevêque pour soutenir son livre, il ne put éviter la censure de Rome : le pape le condamna le 13 mars 1699. Il n'eut pas plutot appris la condamnation de son livre, qu'il la publia solennellement. Il donna à l'église de Notre-Dame une remontrance en or fin de la valeur de *quinze mille francs*. C'est une figure représentant la Foi qui tient entre ses mains le Saint-Sacrement (1). On porte ordinairement cette re-

---

(1) La forme de cette remontrance est devenue, il y a quelques années, l'objet de longues controverses. Il s'agissait de savoir si la figurine qui représentait la Foi, foulait aux pieds un livre intitulé : *Maximes des Saints*. Les uns y voyaient un désir, de la part de l'archevêque, d'éterniser son repentir ; les autres qui niaient le fait, ne voulaient pas que Fénélon eût fait cet acte d'humilité. Nous ne reproduirons à cet égard aucune dissertation, nous dirons seulement qu'une foule d'autorités respectables sont venues affirmer l'existence des mots : *Maximes des Saints*, sur l'ostensoir de Fénélon.

montrance dans les processions. Il employa plus heureusement sa plume contre les Jansénistes et principalement contre le père Quesnel qui était à leur tête ; il fit paraître contre les novateurs plusieurs beaux livres qui méritèrent l'approbation de tous les savans.

» Vers l'an 1697, ayant été exilé de la cour et renvoyé dans son diocèse, il y exerça avec exactitude les fonctions de son ministère. Jamais ses domestiques ne le virent couché le matin, ils le trouvaient toujours occupé à l'étude. Il rappela le séminaire de Beuvrage et le plaça à Cambrai dans le refuge de Saint-André; là il formait les jeunes clercs par ses conférences et ses exhortations. Ce zélé pasteur célébrait ordinairement la messe à sept heures dans la chapelle de Notre-Dame-de-Grace. Outre les discours qu'il faisait les jours de grande fête, dans la Métropole, il donnait, tous les dimanches de Carême, une instruction dans l'église de Saint-Nicolas. Il était éloquent et rempli d'onction, mais on avait peine à l'entendre à cause qu'il parlait du nez. Il était d'une taille assez grande, fort maigre, ayant les yeux noirs et très perçans.

» Son étude continuelle et sa trop grande application abrégèrent ses jours : il mourut pauvre, sans argent et sans dettes. »

— Vous savez, ajouta le chapelain de Notre-Dame, que ce fut M. l'abbé Destrée, commandeur de l'ordre du Saint Esprit, qui fut son successeur. Mais il mourut avant d'avoir obtenu des bulles de Rome.

Auprès des mémoires chronologiques, poursuivit l'abbé Tranchant, est un volume de recherches intéressantes sur l'histoire judiciaire du pays. Ce travail a été entrepris par mon respectable ami, l'abbé Mutte. Ses investigations se sont portées sur les plaids de la chambre échevinale et sur ceux de la *justice du Marché* qui se tenait à *la Feuillie*.

— Qu'était-ce donc que la Feuillie? demanda l'un des jeunes gens ?

— La *Feuillie* était un fief dont l'érection est si ancienne, qu'on n'en connaît pas l'origine. Ce fief a été d'abord le patrimoine d'un particulier ; il a passé ensuite par acquisition à Guillaume de Hainaut. Il était fort étendu dans le Cambresis, l'Artois, le Hainaut, la Flandre même où il existait beaucoup de fiefs qui en relevaient. Ce fief était comme tous les autres, pourvu d'un baillage connaissant des matières féodales. Mais il n'avait pas de mairie dans Cambrai, bien que son chef-lieu y fût situé. Le terrain s'appelait LA FEUILLIE et avait donné son nom au fief. Son district s'étendait dans la ville sur les treize ou quatorze maisons qui font l'angle de la grande place, au *rang aux Poulets* et dans la *rue des Prisons*, finissant à la maison proprement dite *la Feuillie*, où ont toujours été et sont encore les prisons.

Dans le XI⁰ et le XII⁰ siècle, les évêques ont inféodé un office qu'ils ont uni au fief de la feuillie. Cet office s'appelle *la justice du marché*.

Plus tard la feuillie devint la propriété du roi. Il y eut plusieurs fois conflit de juridiction entre la feuillie et la chambre échevinale. Un arrêt du parlement de Flandre en date de 1742, finit par statuer sur les fonctions du bailli de la feuillie, sur les prérogatives de son office, et sur la justice qu'il devait exercer.

Il vous suffira de savoir sommairement, que comme *bailli du fief*, il exerçait avec les hommes de fief toute justice sur le territoire dudit fief, lequel ne s'étendait dans Cambrai, comme je viens de vous le dire, que sur quatorze maisons. Mais que comme *bailli du marché*, il ne pouvait faire d'autres actes que les *cerquemanages* ou bornemens d'héritages, les clains (plaintes en justice), et les arrets, et enfin intervenir dans les jugemens des procès intentés sur clains. La police de la ville et toute la haute magistrature judiciaire appartenaient à la chambre échevinale.

Ceci posé, vous comprendrez que les causes portées devant cette grande justice étaient bien plus nombreuses que celles qui appartenaient à la justice du marché. Une chose remarquable encore dans nos vieux usages judiciaires, c'est que les échevins qui avaient leur salle d'audience dans la maison de ville, allaient tenir des plaids à l'auditoire de la feuillie, à la *semonce* (réquisition) de la justice du marché. Ils allaient à ce tribunal comme juges d'emprunt, comme magistrat exerçant la justice foncière, et par devant lesquels la justice du marché assignait les parties saisies, pour être par eux prononcé sur ce qui devait suivre de la saisie.

Dans des études faites pour connaître la progression et la décroissance du nombre des procès on a trouvé ces résultats.

Le registre aux causes du vendredi servant pardevant MM. du *magistrat de la ville* contient:

Pour le plaid du 3 novembre 1564 — 90 causes.
id. du 19 novembre 1574 — 71
id. du 23 novembre 1584 — 76
id. du 4 novembre 1694 — 117
id. du 19 novembre 1604 — 69

Tandis que plus tard et notamment au commencement du XVIIIe siècle, chaque plaid ne contenait que peu de causes dont le nombre s'élevait rarement à dix, et plus rarement encore à quinze.

Le registre aux causes de *la Feuillie* fournit les documens suivans :

Pour le plaid du 14 novembre 1564 — 22 causes.
id. du 18 novembre 1574 — 17
id. du 27 novembre 1584 — 25
id. du 10 novembre 1594 — 17
id. du 17 novembre 1604 — 16

Vous pouvez juger en comparant les deux tableaux que je viens de mettre sous vos yeux, de la différence qui existait entre l'importance d'un tribunal et celle de l'autre (1).

Le tribunal affreux qui vient de se constituer, ajouta le vieil-

---

(1) Le premier plaid lisible au plus ancien registre de la *Feuillie*, était du jeudi 14 mai 1444. Il contenait 13 causes. Les plaids du jeudi se tenaient alors de quinzaine en quinzaine.

lard d'une voix émue, prendra dans l'histoire cambresienne une bien autre importance. Instrument de cupidité, de vengeance et de haine, il fera compter ses causes par ses assassinats.

En effet, le tribunal de Lebon était installé depuis quelques jours : on était en *floréal*, mois de mai, 1794. Le bon vieillard retomba dans ce morne abattement où les jeunes gens l'avaient trouvé en arrivant. Ils comprirent qu'il était convenable de respecter cette tristesse : et ils se retirèrent bien qu'il ne fût guère plus de neuf heures. L'abbé Tranchant leur serra affectueusement la main et voulut les embrasser ; puis après les avoir congédiés, il se mit en prière.

ÉPILOGUE.

Dans le milieu de cette même nuit, nuit sans étoiles, nuit morne et ténébreuse, la *justice* de sang frappait à la porte d'une petite maison de la rue de Vaucelette, celle qui porte aujourd'hui n° 3 (1). « — Au nom de la loi, ouvrez, citoyens ! c'était le cri

---

(1) Elle est habitée maintenant par une ancienne religieuse de Prémy et par M. André Flandrin.

des hyènes. La porte fut ouverte et les bandits se saisirent d'un pauvre vieillard qui avait à peine encore l'usage de ses jambes. Ce vieillard était l'abbé Tranchant. — Je vous attendais, leur dit-il, Dieu m'avait averti.

Ils l'entraînèrent brutalement presque nu : l'agonie du vieillard commença. Le lendemain le féroce Lebon prononçait en ricanant ces abominables paroles : « L'abbé *Tranchant* aura la tête *tranchée!* » et vers le milieu du jour, l'ancien chapelain de Notre-Dame montait au ciel par les degrés de la guillotine (1). Son crime était d'avoir conservé des écrits fanatiques et des objets réprouvés. Les *écrits fanatiques*, c'était *l'histoire de la vieille Patrie*, les objets réprouvés c'étaient les meubles, le christ d'ivoire, les chasubles antiques et le calice d'or dont nous avons parlé.

L'accusateur public affirma que ces chefs-d'œuvre artistiques servaient chez l'abbé Tranchant à *implorer le ciel pour le massacre des patriotes*.

Les jeunes disciples du saint prêtre ne connurent que dans la soirée de ce jour funèbre, la mort de leur vieil ami. Nous ne dirons ni leur indignation, ni leur douleur.

Fin des Soirées de l'Abbé Tranchant.

---

(1) Une pauvre fille contrefaite, sa nièce, subit le même sort.

TABLE.

Préambule. 5

Première Soirée. — Quelques mots sur l'Art Chrétien. — Analyse de l'Histoire de Cambrai. 9

Deuxième Soirée. — Sur les anciens Échevins et sur la Commune. 21

Troisième Soirée. — *Une Promenade dans Cambrai au XVIe siècle.* — Notre-Dame. — Abbaye de Saint-Aubert. — Le Château. — Le Fond des Ours. — La rue des Maseaux. — Le Grand Marché. — La Maison-de-Ville. — La Bretèque. — L'Horloge. — La statue de Jean de Bove. — La Chapelle de l'Hôtel-de-Ville. — Martin et Martine. — Incendie de la Pyramide de l'Horloge. — Les Feux de Joie. — La Capelette. — La Croix au Pain. — La Feuillie. — La Place d'Armes. — Le Flot de Kayère. — Le Marché au Poisson. — Le Maisiel Commun. — Le Pré d'Amour. — L'Auberge de la Bombe. — Le Couvent de Saint-Jacques. — La rue des Charpentiers. — L'Église de la Madeleine. — L'Église et l'Abbaye de Saint-Géry. — La Porte Robert. — La Porte Saint-Ladre. — Le Couvent des Lépreux. — Entrée de Robert de Croy. 45

Quatrième Soirée. — Comment le Cambresis devint dépendance de l'Empire. — Sur les fonctions des Échevins, Receveurs, Quatre-Hommes et Mayeurs. — Divers actes judiciaires des XVIe et XVIIe siècles. 69

Cinquième Soirée. — *Le Répertoire d'un Échevin*. Usages, Coutumes, Réglemens et Ordonnances relatifs aux Échevins et aux divers corps de métiers, ainsi qu'à la police de la Ville. 91

Sixième Soirée. — Vanderburch. — L'École Dominicale. La Fondation de Notre-Dame. 133

Septième Soirée. — Un Proscrit. — L'Abbaye de Saint-Sépulcre. 167

Huitième Soirée. — L'Hôpital des Pélerins de Saint-Jacques. — La Maison du Berger. — Le Pont de l'Aubelen. — L'Abbaye de Prémy. — Fait inconnu, relatif à l'insurrection bourgeoise qui rendit Cambrai à l'Espagne. — L'Église de Saint-Martin. — Le Beffroi. — Les Sœurs de la Charité à Cambrai. — Le Mont-de-Piété. 189

Neuvième Soirée. — Fortifications de Cambrai. — Châteaux Historiques du Cambresis. 217

Dixième Soirée. — Suite des Châteaux Historiques du Cambresis. 277

Onzième Soirée. — Un Manuscrit. — Le Moine artiste. — Meubles antiques. — Quelques mots sur l'Abbaye de Vaucelles. — Objets d'Art. — Restitution des Joyaux enlevés au comte Palatin du Rhin, et retrouvés à Cambrai. 305

Douzième Soirée. — L'Abbé Mutte. — Enguerrand de Monstrelet. — Jean le Robert. — Particularités concernant Fénélon. — Chambres de Justice : La Chambre Échevinale, et la Feuillie. 325

Épilogue. 336

www.ingramcontent.com/pod-product-compliance
Lightning Source LLC
Chambersburg PA
CBHW072011150426
43194CB00008B/1071